키워드로 여는 **현대 중국**

키워드로 여는 현대 중국

김창경 공봉진 이강인 김태욱
지음

중국 정부가 목표로 삼은 '2개의 100년' 중 첫 번째 목표의 해인 2021년은 중국공산당이 창당된 지 100주년이 되는 해이다. 현대 중국은 중국공산당 주도 하에 1949년 10월 1일에 건국되었다. 1949년 천안문 망루에서 마오쩌둥(毛澤東)은 "중화인민공화국, 중앙인민정부가 성립되었다"라고 천명하였다. 건국 직전인 1949년 9월 21일부터 열린 중국인민정치협상회의에서 마오쩌둥은 '중국인민들이 일어섰다(中國人民站起來了)!'라는 제목의 연설을 했다.

대한민국이 중화인민공화국과 수교를 맺은 1992년 8월 24일 이후로 양국은 전방위적으로 교류를 하기 시작하였다. 양국이 수교를 맺기 이전 대한민국에서는 중국을 일반적으로 '중공'이라 불렀다. 당시 한국에서 지칭하는 중국은 오늘날 '대만'을 지칭하는 용어였다. 2022년은 양국이 수교를 맺은 30주년이 되는 해이다. 수교를 맺을 당시의 중국과 현재의 중국은 매우 많은 차이가 있다. 이러한 중국을 이해하는 데 있어서는 다양한 접근 방법이 있겠지만, 이 책에서는 주요 키워드를 중심으로 접근한다. 중국을 이해하는 데 있어서 선행되어야 하는 부분이 용어에 대한 이해이고, 용어를 통해 중국을 보는 통찰력을 갖도록 해야 할 것이다.

대한민국에서 현대 중국을 연구할 때 크게 2개 시기로 구분하여 접근한다. 첫 번째는 1978년 개혁개방을 천명하기 이전의 중국이고, 두 번째는 개혁개방 이후의 중국이다. 개혁개방을 천명한 이후의 중국은 정치와 경제 및 사회 등 여러 방면에서 개혁과 개방이 진행되었다. 중국을 공부할 때 정치와 경제 및 사회는 유기적인 관계를 갖고 있기 때문에 어느 하나를 소홀히 할 수 없다. 또 이러한 방면은 중국 문화와 대중문화에 영향을 주고 있다.

그런데 중국의 정치와 경제 방면은 알아야 할 부분이 상대적으로 매우 많다. 특히 중국 정치는 1949년 이후의 중국 정치를 알아서는 안 되고, 1921년 중국공산당 창당부터 알아야 한다. 중국 정치는 중국공산당 역사부터 시작하여, 중국공산당 기구, 국가 기구, 중국공산당 당장, 헌법, 주요 인물의 사상과 이론 등 많은 내용을 알아야 하다 보니 다소 어려운 부분이다. 중국 정치에 있어서 가장 중요한 부분은 현재 중국 정치에 관한 내용이다. 어떤 시기이든 간에 현재의 시점을 매우 중요시 여기면서 일정한 기간의 중국 정치를 아는 게 중요하다.

중국 경제는 개혁개방 이후의 중국 개혁개방 역사를 알아두면서, 중국 정부의 주요 경제 정책을 중심으로 알아두는 것이 중요하다. 중국 경제 발전 과정을 보면 여러 경제 실험을 통해 진행해 왔고, 주요 경제모델의 성패를 통해 지역을 확산하였다. 오늘날에는 과학기술의 변화와 세계경제 변화에 따른 중국 경제 정책을 이해하는 것이 필요하다. 그리고 중국의 '경제 5개년 규획정책' 내용을 알아두면서, 도시와 농촌 발전 전략 그리고 주요 경제권을 중심으로 한 경제 발전 전략을 알아 두는 것이 중요하다. 이러한 것도 주요 용어를 통해 이해하면 좀 더 쉬울 수 있다.

중국 사회는 개혁개방 이전과 이후로 나누어 접근하고, 또 1989년 6·4 천안문 사건 전후로 구분하여 접근하는 것도 중요하다. 중국 사회는 중국 정치와 경제 변화의 영향을 많이 받으면서 변화해 왔다. 중국 사회에 대한 이해는 중국에서 매년 발표해 온 신조어를 중심으로 접근하는 것도 좋은 방법이다. 그리고 도농 간의 빈부 격차, 민족 간의 빈부 격차, 계층 간의 빈부 격차를 해소하기 위한 중국 정부의 다양한 정책을 이해하는 것도 매우 중요하다. 또 중국 정부가 목표로 하고 있는 '전면적인 샤오캉(小康) 사회 건설'과 '사회주의 현대화 건설'을 위한 다양한 정책들을 알아두어야 한다.

중국 문화는 일반적으로 알려져 있는 문화산업에서부터 시작하여 중국 대중문화에 대한 이해, 한국 대중문화의 중국으로의 진입 등을 알아두는 것이 좋다. 중국 정부는 소프트 파워를 강조하면서 문화산업과 문화사업을 중점적으로 발전시키기 위한 다양한 정책을 실시하고 있다. 중국 정부는 애국주의와 중화민족주의를 강조하면서 이러한 내용이 다양한 문화산업에 내포되어 있도록 주문하고 있다. 그렇기 때문에 중국 문화를 이해하기 위해서는 중국 정부의 주요 문화산업정책을 알아두어야 한다.

중국 정부는 중국공산당이 중심이 되어야 한다고 강조하면서, 중국 인민들에게 중국공산당의 주요 내용과 시진핑(習近平)의 주요 사상을 학습하도록 강요하고 있다. 이는 학교와 사회 전반에 걸쳐 진행되고 있다.

이 책은 '중국의 정치, 경제, 사회, 문화산업' 4개 방면의 주요 용어를 중심으로 현대 중국을 소개하고 있다. 4개 분야의 내용 중 다소 쉬운 분야부터 소개를 하다 보니, 책 구성은 '중국의 문화산업, 사회, 정치, 경제' 순으로 되어 있다.

시진핑은 "초심을 잃지 말고, 사명을 명심하라"고 강조하면서 중국 공산당이 창당한 이래로 걸어온 길을 강조하고 있고, 사회주의 현대화를 완성하기 위해 애국주의와 중화민족주의를 강조하고 있다. 중국이라는 나라를 알기 위해서는 쉽게 배울 수 있는 내용부터 공부하는 것도 중요하지만, 중국 정부가 강조하는 바가 무엇인지를 아는 것도 매우 중요하다.

　끝으로 출판을 할 수 있게 도움을 주신 경진출판 양정섭 대표님께 감사드린다.

2021년 1월 17일
대표저자 김창경

차례

제2장 **중국 사회** ― 95

제1장 중국 문화산업

중국의 문화산업은 급속한 성장을 거듭하고 있다. 2000년대 초반부터 시작되는 문화체제 개혁은 중국의 문화산업이 발전하는 새로운 전환점이 되고 있다. 2004년 중국의 문화산업의 규모는 3,440억 위안 정도였으나, 2013년에는 2.1조 위안에 달하였다. 이러한 성장 추세는 전체 GDP의 성장 속도보다 빠르게 진행되고 있다. 2006년부터 시작되는 문화체제 개혁의 확산 시기에는 전체적인 규모는 꾸준히 증가하지만 증가 속도는 약간 감소하고 있다. 그러나 2009년부터는 산업규모의 성장 속도가 다시 빨라지고 있다.

중국은 제12차 5개년 규획(2011~2015)을 통해 '문화 강국'으로 도약하는 것을 국가 목표로 정하였다. 그리고 문화산업과 문화상품 및 서비스 수출 확대에 대한 지원을 시작했다. 제13차 5개년 규획(2016~2020)에서는 시진핑 정부가 강조한 '인터넷플러스(+)' 정책에 따라 모

바일, OTT, O2O, 빅데이터 등 디지털 기술과 연계된 문화콘텐츠 생산
과 수요가 늘어났다.

한국콘텐츠진흥원의 '2016 해외콘텐츠시장 동향조사' 보고서에 따
르면 미국은 7010억 달러, 중국은 1760억 달러, 일본은 1600억 달러,
영국은 970억 달러, 독일은 910억 달러, 프랑스는 710억 달러, 한국은
520억 달러(약 59조 7천억 원) 순으로 나타났다.

중국의 문화산업의 성장 추이는 GDP에서 차지하는 비중을 통해서
도 알 수 있다. 리커창 국무원 총리의 2018년 전인대 정부 업무 보고
(2018.3.17)에 따르면 중국의 문화산업은 지난 5년간 연평균 13% 이상
의 고속 성장을 하고 있다고 밝혔다.

중국의 문화산업은 2000년부터 매년 두 자릿수의 성장율을 유지하
였다. 2019년 연매출액 500만 위안 이상 문화기업 5만 8천 개의 매출
총액은 8조 6624억 위안으로 2018년 대비 7.0% 성장하였다.

중국의 문화산업 부가가치는 2010년 처음으로 1조 위안(약 165조
원)을 돌파하였다. 2013년과 2016년에 각각 2조 위안(약 331조 원)과
3조 위안(약 496조 원)을 넘어섰다. 2016년은 중국의 GDP 대비 문화
및 관련 산업의 비중이 4.14%로 처음으로 4%를 넘어섰다. 2017년에
는 중국의 문화 및 관련 산업의 부가가치가 3조 4,722억 위안(약 575
조 원)으로 GDP에서 차지하는 비중이 4.2%에 달하였다. 전문가들은
중국의 문화산업이 2012년부터 연평균 13.7%씩 성장했으며, 2022년
에는 국내총생산(GDP)에서 차지하는 비중이 5%에 이를 것으로 전망
했다.

한편, 중국의 문화산업이 지역의 GDP에서 차지하는 비중이 이미
5%를 넘어서는 지역들이 많아졌다. 특히 상하이는 지역경제 발전 수
준이 상대적으로 높은 지역이다. 2014년의 상하이 문화산업 발전 보

고(上海文化産業發展報告)에 의하면 2013년을 기준으로 상하이시의 문화산업이 지역 GDP에서 차지하는 비중은 6.43%로 이미 5%를 넘어섰다.

2018년 3월 국무원의 조직 개편 규정에 따라 문화산업 관련 조직도 대폭 개편되었다.

• 중앙선전부의 기능이 확대되었다. 뉴스, 출판, 영화 관리 업무는 중앙선전부에 귀속되었고, 국가신문출판서, 국가판권국, 국가영화국의 현판을 공동으로 걸게 되었다.
• 국가광전총국이 출범하였다. 국가광전총국은 라디오·TV 관리정책 제정, 라디오·TV사업 산업 발전 계획 및 지도 조정, 라디오·TV와 온라인 시청각 프로그램 내용 및 품질 관리, 감독, 심의, 수입수출 관리, 웹드라마 등 온라인 시청각 프로그램의 관리 감독 및 심의한다.
• 중앙TV방송국 출범하였다. 국무원 직속기구로서 기존 CCTV, CGTN, CNR, CRI을 통합한 부서이다.
• 문화관광부 출범하였다. 문화 및 문화산업 발전, 관광자원 개발, 기존 문화부와 국가여행국(旅遊局)의 업무를 통합하였다.

---

1. 도시재생

1) 베이징 798예술구(798藝術區)

다산쯔(大山子) 798예술구는 중국을 대표하는 최초의 예술특화지구이다. 베이징 다산쯔 지역에 위치하고, 원래 이곳에 있던 공장의 일련번호가 798이었던 데서 '다산쯔 798예술구'라는 명칭이 탄생했다.

런던 템스강 남쪽에 위치하고 있
는 테이트 모던(Tate Modern) 갤러리
나 뉴욕의 소호(SOHO) 지역과 마찬
가지로 버려진 공장지대에 예술가
들이 하나둘씩 모여들기 시작하면
서 뒤따라 갤러리가 들어서고 카페
와 음식점이 생겨났다.

2008년 베이징올림픽 준비 기간 동안, 지역을 당대 예술의 새로운
문화 아이콘으로 발전시키고자 한 베이징 시 당국의 결정에 따라 대
대적인 지원과 정비가 이루어졌다. 그 결과 오늘에 이르러 국내외의
수많은 관광객이 운집하는 새로운 문화관광 공간으로 변모해 가고
있다.

2) 상하이 M50창의원(M50創意園)

상하이의 모간산루(莫干山路)에 위
치한 M50은 백여 명의 예술가들이
오픈스튜디오를 운영하며 커뮤니
티를 이루고 있는 현대미술 예술 단
지이다. 상하이의 M50은 뉴욕의 소
호(SOHO)나 베이징의 798예술구와
어깨를 나란히 하고 있으며, 미국
타임즈 매거진에서 상하이에서 꼭
가봐야 할 10곳 중 한 곳으로도 선정되기도 하였다.

모간산루 M50은 '모간산루 50'번지를 뜻한다. 모간산루 M50은 공

장 시설을 개조해 만든 것이 특징이다. 흉물스럽게 방치된 공장 지대의 건물에 감각적이고 개성 넘치는 예술가들의 색채를 덧입혔다. 옛 공장 건물의 굴뚝과 환풍구, 파이프 등은 그대로 보존하고 있다. 이러한 투박한 공장지대의 겉모습과 달리 내부는 예술가들의 톡톡 튀는 감성으로 가득하다. 상시로 전시되는 작품도 있지만, 시기에 따라 특별전이 열리는 경우도 많다.

3) 홍콩 서구룡 문화예술구
(西九龍文化娛樂區, West Kowloon Cultural District)

홍콩에서 대표적인 도시재생 사업으로는 '서구룡 문화예술지구 조성 사업'이 있다. 쇼핑과 관광으로 유명한 홍콩에 문화예술을 경험할 수 있는 공간을 조성해 도시의 예술적 감성이 함께 발전할 수 있도록 하는 사업인 '서구룡 문화예술지구 사업'은 1998년부터 시작하여 10여 년이 넘는 시간을 투자해 만든 장기 프로젝트이다.

서구룡 지역은 육로로는 중국, 해상으로는 홍콩과 가까운 곳이 위치해 있다는 지리적 특성이 있어서 중국 정부와 홍콩 정부에서는 이곳을 유럽과 아시아의 다리 역할을 할 수 있도록 만들었다. 또한 문화예술을 이용해 지역의 브랜드를 강화하고, 관광도시로서 홍콩의

입지를 보다 강화할 수 있다.

10년이라는 긴 시간 동안 진행된 '서구룽 문화예술지구 사업'은 홍콩이 중국으로의 반환이 이루어진 직후인 1998년 처음 논의가 이루어졌다. 홍콩의 정체성에 대한 혼란과 도시의 미래에 대해 이야기를 나누던 당시의 홍콩 정부는 홍콩이 문화와 예술의 도시로 발돋움하기 위한 계획의 일환으로 이 서구룽 문화예술지구 조성 사업을 추진하였다.

홍콩은 홍콩 본섬, 중국 본토와 연결된 주룽반도(구룽반도), 크고 작은 섬들이 홍콩특별행정구를 이루고 있다. 본섬은 뉴욕의 맨해튼에 비견될 만큼 성장했지만, 인구·경제·문화 등 모든 면에서 포화 상태였다. 홍콩 정부는 주룽반도 서쪽, 빅토리아항 앞바다에 간척지 40만 m^2를 매립하고, 그 위에 넓은 녹지를 조성해 문화예술 및 교육 시설 10개의 건립계획을 발표했다. 이것이 서구룽문화구의 핵심이다. 1998년 첫 구상을 시작했고, 2026년까지 단계적으로 개발, 국가와 민간이 공동 출자한 예산 300억 홍콩달러(한화 약 4.3조 원)가 투입된다. 공연 분야 시취센터, 전시 분야 M+미술관, 베이징 고궁박물관의 분관이 될 홍콩 고궁박물관 등 주요 시설의 건립 계획이 공개되면서 베일에 가려졌던 서구룽문화구의 윤곽이 서서히 드러나고 있다.

이후 사업이 완성된다면, 홍콩 서구룽 지역은 문화예술을 향유할 수 있는 인프라가 가득한 도시가 될 수 있을 뿐 아니라, 정부 주도로 시작된 10년 이상의 장기적 관점에서 바라본 도시재생 프로젝트의 성공 사례로도 주목받을 수 있을 것이다.

현재 다양한 현대미술관이 서구룽 문화예술지구에 들어올 예정인데, 특히 중국 정부의 심의로부터 비교적 자유로운 편인 홍콩에 지어진 예술구인만큼, 다양한 장르의 현대미술을 볼 수 있을 것으로 기대되며 중국 본토와는 다른, 홍콩만의 특성을 살린 공연예술을 볼 수 있는 공간에도 많은 투자가 이루어질 전망이다.

4) 후통(胡同)

후통은 1267년 현재의 베이징에 건설이 시작되었다. 원대(元代) 수도인 대도(大都)의 도로 건설에 관한 규정에 보면 폭 24보(약 37.2m)를 대가, 12걸음(18.6m)을 소가, 6보(약 9.3m)를 후통으로 호칭하고 있다.

후에 명나라 3대 황제인 영락제 때 대도를 기초로 베이징성을 형성시켰지만, 성 내의 대부분의 도로는 대도를 그대로 계승했다. 그러나 명나라 이후에 도로 건설에 관한 규정은 거의 없어지고 불규칙한 골목길이 다수 출현했다. 12대 가정제 시대에 베이징성 남쪽을 보강한 형태의 외성이 건설되면서 그 수가 늘어났다.

한 때 베이징의 관광지로 선호되었지만, 개발이 진행되고, 중국이 2008년 올림픽을 개최하면서 흉물이라고 하여 점차 정리를 하는 추세에 있으며, 일부만 보존이 되고 나머지는 강제로 철거하여 거주민들의 반발이 심하다.

그러나 이러한 일련의 변화에도 후통은 베이징 중심부에 위치하고,

700년의 역사를 간직하고 있으며 베이징 고도의 얼굴을 다양하게 보여주고 있다. 첸먼(前門) 대가에서 자금성의 뒷골목으로, 구로우(鼓樓)와 스차하이(什刹海)를 연결하고 다시 난로우구샹(南羅鼓巷)에서 용허궁 라마템플로 이어지는 모든 골목이 "후통"이다. 이곳은 현재 관광지화 되어 여행객들로 붐비는 곳도 많이 있다. 특히 스차하이는 국가4A급 여행풍경구로서 옛 베이징의 풍모가 가장 잘 온전하게 보존된 곳이다. 베이징시보다 더 오래된 역사를 지니고 있다고 한다. 이곳은 또한 후통의 규모가 가장 크게 되어 있고 인력거를 타고 후통거리를 둘러보는 시스템이 잘 갖춰져 있다.

2. 문화굴기

1) BAT

중국 미래산업의 주역, BAT는 바이두(Baidu), 알리바바(Alibaba), 텐센트(Tencent) 3대 인터넷기업이 중국 인터넷산업 발전을 견인함과 동시에, 문화산업에서의 글로벌 강자로   활약하고 있다. 이들 기업은 후발 주자이나 기존 글로벌 서비스(구글, 아마존, 트위터 등)와 유사한 서비스를 자국 환경에 맞게 제공하며 비약적으로 발전하고 있다. 또한, 각자 보유하고 있던 핵심 경쟁력과 이용자를 기반으로 빠르게 사업 다각화를 추진하고 있다.

바이두(Baidu)는 온라인 검색엔진을 바탕으로 중국 내 독보적인 위치를 차지해 왔으며, 빅데이터를 기반으로 하는 SW / HW 융합 생태계를 구축 중에 있다. 특히 검색 영역에서의 독보적 지위를 기반으로 축적한 빅데이터를 강점으로 하드웨어 협력업체에게 마케팅, 홍보, 유통 등의 지원서비스를 제공하는 BAIDU Inside 생태계 구성을 이루었다. O2O(Online to Offline) 영역에서는 알리바바나 텐센트에 비해 후발주자이나, 레스토랑 배달서비스를 특화시켜 빅데이터와 인공지능을 기반으로 한 스마트시스템으로 정확하고 빠른 서비스 진행, 2016년부터 의약품 배달서비스도 진행하고 있다.

알리바바는 본업인 전자상거래와 지불결제뿐 아니라 모바일메신저, 미디어 영역까지 업무를 확대하는 중이다. 알리바바는 기존 전자상거래와 지불 결제 영역의 우위를 기반으로 중국에서 가장 먼저 알리페이 기반의 O2O 서비스를 주도하고 있다.

텐센트는 위챗 플랫폼 중심의 메신저, 모바일게임에서 전자상거래, 모바일 결제, 인터넷금융 등으로 영역을 확대하고 있는 중이다. 알리바바와의 경쟁을 위해 전자상거래, 지불 결제, 인터넷금융에 사업을 집중 확장하고 있으며, 지불결제시스템인 텐페이를 기반으로 O2O 시장에 진출하고 있다.

이들의 특징은, 모방으로 시작한 서비스를 기반으로, 빠른 속도로 비즈니스모델을 형성하고, 신흥산업에 대한 중국의 규제공백을 활용하여 빠른 시간 안에 시장에 서비스를 정착시켰다는 데 있다.

중국 인터넷 대기업들은 '중국제조2025', '인터넷+' 등 정책의 연이은 제출에 따라, 각 사가 보유한 기술과 특화 분야를 중심으로 정부정책을 이행하는 주체로 활약하고 있는데, 이런 현상 뒤에는 중국 정부의 적극적인 인터넷문화산업정책이 자리하고 있다. 양회에서 중국 정부는 '13차 5개년 규획(2016~2020년)'을 통해 인간과 로봇의 상호 작용을 위한 인터넷 플랫폼을 확보하고, 공업용, 수술용, 서비스용 등 분야에서 로봇개발 등 인공지능의 상용화를 100대 프로젝트로 선정하였다.

특히 뉴노멀(New Normal) 시대에 혁신을 통해 산업과 경제 전반의 구조 전환을 도모하고, 생산성 향상과 경제성장율 제고를 견인한다는 정책 방향성을 볼 때, 인터넷기업을 통한 혁신플랫폼의 구축과 혁신 기술 개발, 상용화 실험은 가속화될 것이다. 인터넷+, 제조2025, 일대일로 등 정책은 신기술 개발과 상용화를 위한 실험 등 공간과 새로운 수요가 창출될 것이며, 절대 강자가 없는 글로벌 신흥산업 분야에서 중국 인터넷 기업의 빠른 발전과 시장 선점, 안착을 돕는 배경으로 작용할 것이다.

2) 온라인 동영상 플랫폼과 왕홍(網紅, Influencer)

2016년 중국 온라인 동영상 플랫폼 시장 규모는 약 615.9억 위안 (약 10조 5천만 원)으로 전년 대비 53.6% 증가하였다. 2018년 중국의 인터넷 동영상 플랫폼 사용자 수는 7.25억 명으로 전체 인터넷 사용자의 87.5%가 사용 중이다. 2019년 중국 인터넷 사용자 규모는 약 8억 7000만 명으로, 모바일 인터넷 사용자가 전체의 약 99%인 8억 6500만 명을 차지하고 있다.

중국의 3대 종합 동영상 플랫폼은 아이치이(愛奇藝, iQIYI), 텐센트비디오(騰訊視頻), 유쿠(優酷, Youku)로 시장 점유율 80.2% 수준이다. 중국 온라인 엔터테인먼트 시장은 2018년 6월 기준 945억 6000만 위안에서 2019년 6월 1463억 7000만 위안으로 성장하며 54.8%의 성장률을 기록하였다.

한편, 2016년에는 유료서비스를 중심으로 수익 창출이 활발하게 이뤄지고 있는데, 이를 위해 플랫폼별 자체 제작 콘텐츠 비율이 급격하게 증가하였다. 기본 위성 방송국과 비교하여 콘텐츠 심의제도 등이 까다롭지 않아 앞으로 더 큰 발전이 예상되며, 동영상 콘텐츠뿐만 아니라 1인 방송 및 온라인 쇼핑 등으로 비즈니스 범위를 넓혀 가고 있는 중이다.

온라인 동영상 플랫폼의 사용자가 늘어나면서 영향력 또한 커지면서 이에 대한 규제 정책 또한 많아지고 있다. 서비스 제공 업체는 플랫폼의 영향력을 더욱 강화하기 위해 자체 제작 콘텐츠에 더욱 집중하고 있으며 콘텐츠의 질을 높여 소비자들로 하여금 유료 서비스를 받아들이는 것에 대한 거부감을 줄이고 있어 더욱 확대되고 있는 상황이다.

중국의 온라인 동영상 중에서도 인기를 끌고 있는 숏 클립(Short Clip) 동영상 시장의 경우는 현재 트렌드에 맞는 짧은 재생 시간 등의 장점을 활용하여 크게 성장하고 있다. 숏 클립은 15초 정도 길이의 짧은 동영상으로 사용자가 직접 영상을 편집하여 VLOG에 공유하는  동영상 스트리밍의 일종이다. 대표적인 플랫폼으로 떠우인(抖音Douyin) 틱톡(Tik Tok)이 있다. 2020년 1월까지 틱톡 사용자 수는 약 4억 명이다.

틱톡은 15초에서 1분 이내 숏폼(Short-form) 형식의 영상을 제작 및 공유할 수 있는 글로벌 동영상 플랫폼이다. 글로벌 동영상 어플인 틱톡은 2016년 150개 국가 및 지역에서 75개의 언어로 서비스를 시작한 이래, 한국에서는 2017년 11월부터 정식으로 서비스를 시작했다. 중국판은 바이트댄스 중국 본사가 직접 서비스하고 있으며, 동아시아판은 싱가포르 지사인 TikTok Pte. Ltd가 서비스하고 있다. 또한, 중국 판과 해외판 모두 중국 공산당 간부가 관리·감독하고 있다.

한편, SNS와 1인 방송을 중심으로 더욱 주목받고 있는 것이 바로 왕홍이다. 왕홍은 팬덤경제를 기반으로 움직이고 있는 것이 특징이다. 2015년 왕홍 팬덤 전체 규모는 약 1억 명으로 2016년에는 3.85억 명을 넘어섰으며 왕홍 산업 부가가치는 약 580억 위안(약 10조 원)으로 조사되고 있다. 때문에 왕홍을 통한 수익 창출 가능성이 극대화되면서 이들을 전문적으로 관리하면서 수익 배분하는 매니지먼트가 생겨나면서 활발해지고 있다. 현재 24%의 왕홍이 매니지먼트 관련 기업과 계약을 채결하였다는 것만 봐도 왕홍의 인기는 절대적이라고 할 수 있다. 이러한 왕홍은 전자상거래와 인터넷 방송으로 수입을 올리고 있으며, 이는 중국 왕홍 산업 총 수입의 86.4%를 차지하고 있다.

왕홍 경제를 이끈 핵심 플랫폼인 웨이보와 1인 방송은 계속해서 성장 추세를 보일 것으로 예측되면서 왕홍의 가치 또한 꾸준히 성장할 것으로 보인다. 왕홍은 두 플랫폼을 넘어서 중국 문화산업 전반에 다양한 콘텐츠와 결합하면서 더 큰 영향력을 발휘할 것으로 보인다.

3) IP(Intellectual Property)와 인터넷 웹 소설

중국 문화산업의 최대 이슈는 IP개발이다. IP는 Intellectual Property의 약자로 '지적 재산'을 의미한다. 즉, 저작권, 판권 등을 포함한다.

인터넷 웹 소설이 우수 IP로 가장 많은 주목을 받았다. 웹소설은 판위러(泛娛樂)의 기반인 스토리를 가진 소설 작품을 위주로 형성돼 있다. 웹소설은 원작 소설을 기반으로 드라마, 영화, 게임 등이 활발하게 재생산 되고 있다. 특히 드라마로 제작된 작품들은 원작소설의 팬덤을 바탕으로 큰 인기를 끌고 있다.

이에 따라 웹소설 작가들의 판권 수익이 최대 1억 1천만 위안(약 186억 원)을 보이는 등 큰 성장을 보이고 있다. 인터넷 문학의 IP시장 규모 또한 빠르게 성장하고 있다. 2015~2020년에는 약 27%의 성장 추세를 보일 것으로 예측하고 있다. 중국에서 모바일 독서앱을 통해 전자책을 내려 받아 읽는 독자층은 무려 6억 명 정도로 미국에 이어 세계 2위를 차지하고 있다.

최근 인터넷소설 IP가 중국 문화산업의 핵심으로 급부상하면서, 중국 인기 온라인 소설 작가의 판권 가격이 공개되었다. 최고 인기 인터넷 소설 작가 당가삼소(唐家三少)의 대표적 소설인 〈두라대륙(斗羅大陸)〉(2015) 판권 수입이 약 1.1억 위안에 이르며,

" 모바일 독서족 6억명 시대, 20~30대,
인터넷소설로 백만장자 작가로 되다 "

랭킹 1위
탕가삼소(唐家三少)
2015년 판권수입
1억 1000만원

랭킹 2위
천잠감자(天蠶土豆)
2015년 판권수입
4600만원

랭킹 3위
양진동(杨辰东)
2015년 판권수입
3800만원

「판권수입으로 부자된 인터넷 소설가들」
(연변일보, 2017.02.13)

2012년 대비 4년 사이 16.6배가 올랐다. 랭킹 2위인 천잠감자(天蠶土豆)는 4천 600만 위안, 3위 양진동(楊辰東)은 3천 8백 위안을 각각 벌여 들였다. 상위 10위 작가들은 모두 1천만 위안이 넘는 판권 수입을 올려 중국의 신흥부호대열에 들었다. 불과 2012년에 비해 이 인기 작가들의 판권 가격은 무려 17배 수준으로 폭등하였다. 모두 1980년대 이후 태어난 젊은 작가세대들이란 점이 더욱 눈여겨볼 만하다.

중국 문화산업에서의 IP 개발은 꾸준히 이슈로 떠오르며 문화산업 벨류체인에서 핵심으로 작용할 것이며, 현재는 소설, 인터넷 문학, 애니메이션, 만화 등을 중심으로 IP로 개발하고 콘텐츠를 제작하고

있으나, 예능을 포함하여 게임 등 또한 IP로써 그 가치를 인정받고 영화 혹은 애니메이션으로 제작하고 있다.

중국의 인터넷 웹소설의 스토리는 영화, 드라마, 게임 등의 핵심 콘텐츠로 파생, 재생산되고 있다. 중국인터넷네트워크정보센터(中國 互聯網絡信息中心)의 보고에 따르면 2017년 12월 모바일 네티즌 수는 7억 5300만 명에 달하였고, 그 중 웹소설 이용자 수는 3억 7000만 회를 초과하였다. 2017년 12월을 기준하여, 웹툰과 웹소설, 잡지, 논문 등을 포함한 '디지털 구독(數字閱讀)'의 전체 시장 규모는 152억 위안에 달하였고, 이는 예년 대비 26.7% 성장한 수치이다.

2015년 위에원 그룹(閱文集團, China Literature)은 텐센트문학(騰訊文 學)과 성다문학(盛大文學)이 합병돼 만들어졌다. 2014년 12월 성다문학 은 텐센트로 인수되었다. 인수금액은 50억 위안(당시 환율로 약 9천 억 원)으로 일개 문학플랫폼을 인수하는 비용치고 너무 가치가 높은 게 아니냐는 평가도 있었으나 텐센트의 의지는 확고했다. 그들은 단 지 문학플랫폼을 인수하는 것이 아니라 그 속에 담긴 IP의 가치를 더 중요하게 여긴 것이다.

성다문학이 텐센트에 인수가 된 후에 QQ문학과 성대문학을 합해 2015년에 '위에원 그룹'이 탄생했다. 중국 웹소설 시장의 80% 이상을 장악하는 거대 플랫폼은 이렇게 탄생하였다.

텐센트는 문학플랫폼이 가지고 있는 가치를 진작부터 이해하고 있 었기 때문에 자신들의 QQ문학으로 만족하지 못하고 기존의 성다문 학을 인수, 웹소설 시장의 천하통일을 이루고자 하였다. 텐센트는 충 분한 현금과 유저 인프라를 가지고 있었고 이후 응용할 사업에 대한 비전도 충분했다.

위에원 그룹에서 운영하는 치디엔(起點), 창세(創世), 텐센트 열독(騰

訊閱讀), 홍시우티엔샹(紅袖添 香), 오샹서원(瀟湘書院) 등 다 수의 주류 웹소설 플랫폼을 운영하고 있다. 위에원 그룹 의 대표 웹소설 IP는 랑야방 (琅琊榜), 보보경심(步步驚心),

도묘필기(盜墓筆記), 귀취등(鬼吹燈), 택천기(擇天記) 등이 있다.

3. 영화산업

1) 하세편(賀歲片, 연말연시 특선영화)

하세편이란 신조어의 탄생은 오락영화의 흥성과 밀접한 관련을 갖 는다. 1997년 당시 중국 사람들에게조차도 이 단어는 생소했는데, 지금 은 연말연시가 되면 으레 기다려지는 아주 보편적인 영화가 되었다.

본래 이 신조어는 홍콩에서 전해진 것으로 알고 있다. 1996년도에 홍콩, 타이완, 대륙에서 동시 방영했던 액션스타 청룽이 주연한 〈홍번 구〉라는 홍콩영화가 연말연시 특선영화로 선보인 후, 영화 제작사들 은 이 성공적인 호응도를 보고 다들 연말연시에 흥행을 목표로 영화 들을 제작하였다.

중국 대륙에서도 직접 자신들이 제작한 영화를 이 연중행사 때 방영 하고자 하였다. 영화의 황금 기간이라 여겨지는 이 기간에는 국가의 큰 영화사들이 앞 다투어 자신의 영화사에서 가장 재미있고, 잘 만들어 진 영화들을 추천해 매우 치열하게 관객들을 유치하고자 하였다.

중국 대륙에서 처음 성공적으로 제작한 연말연시 특선영화인 하세편이 바로 〈갑방을방(甲方乙方)〉(1997)이다. 보통 하세편 영화들의 내용은 두 종류로 볼 수 있다. 하나는 설을 배경으로 하거나 소재로 한 영화들이고, 다른 하나는 설을 배경으로 하지는 않지만, 오락성이나 희극적인 요소를 부각시킨 영화들을 들 수 있다.

중국 대륙의 첫 연말연시 특선영화인 하세편 영화인 〈갑방을방〉은 엄청난 수익을 올리게 되었다. 이러한 영향을 받아 1998년에 들어서자 많은 영화사들이 줄지어 하세편을 내놓았다. 이는 영화시장을 향한 관객에 초점을 맞춘 영화사들의 새로운 움직임이라고 할 수 있다. 이러한 영화들의 움직임은 유희적인 텍스트로 변화한 상품화된 영화를 잘 반영해주고 있으며, 시장경제 안에서의 중국 사람들의 심리적인 변화와 가치관을 잘 드러내고 있다고 보면 되겠다. 이러한 하세편은 중국 영화가 시장논리에 의해 지배받는 대표적인 현상이다.

평샤오강의 또 다른 영화는 주선율 영화로 볼 수 있다. 평샤오강은 저자본의 코미디 영화에 기반을 두고 성장해 왔으나, 역사극 〈야연(夜宴)〉(2006)을 기점으로 〈집결호(集結號)〉(2007), 〈당산대지진(唐山大地震)〉(2010), 〈1924(一九四二)〉(2012)를 거치면서 꾸준하게 장르에 대한 보폭을 넓혀 왔다. 이 중에 〈집결호〉와 〈당산대지진〉은 장르의 외피를 두르고 있지만, 장르의 관습을 위반한다는 점에서 공통적이라 할 수 있다. 전쟁영화이며 동시에 블록버스터로 흥행에 성공한 〈집결호〉에 대해서 이를 좀 더 구체적으로, 그리고 다른 시각으로 살펴보도록 하겠다.

평샤오강은 〈집결호〉를 통해 중국 상업 영화의 새로운 장르를 개척하고 성공을 거둔 영화로 평가를 받았다. 또한 〈집결호〉는 중국 최초의 대형 현대물 블록버스터로, 2007년 부산 국제영화제의 개막 상영작으로 선택될 만큼 지명도가 있었고 실화를 바탕으로 한 영화이며, 상업영화 의 특성을 그대로 보여준 영화이다.

평샤오강 감독은 사회주의와 민주주의의 대립이 아닌 전쟁 속에서 생겨나는 인간 내면의 갈등과 전우애와 같은 정서적 가치를 공유할 수 있는 휴머니즘 영화를 만들려고 했다. 그러나 감독의 의도와는 달리 영화의 내러티브는 현 중국의 체재에 대한 대변인적 기능으로 전락된 상업성을 표방한 전형적인 주선율 영화의 한 형태를 보여주었 다는 것이다.

그리고 다른 시각에서 보면, 그동안 일상적인 소재를, 그리고 꿈을 이룰 수 있다는 소시민적 갈망을 희극적 색채로 풀어내며 중국 하세편 을 이끌어온 평샤오강 감독의 영화와는 근본적으로 다른 양상을 보이 는 것이 이 〈집결호〉인 것이다. 이 영화는 중국 내전 시기를 배경으로 하고 있다, 그는 서민들의 생활 속 애환과 그 안에 녹아 있는 유머를 주로 다루었던 이전의 색채와는 달리, 전쟁이라는 특수하고 절박한 상황 하에서 개인이 받는 상처에 대해 상세히 묘사하고 반성함으로써 비극적인 정서를 담아내고 있다. 그러나 이러한 개인적 비극성을 뒤로 하고 또 다른 이데올로기적 코드를 영화에 숨겨두었던 것이다.

〈집결호〉는 한중 합작영화이다. 한국의 특수효과팀이 참여하여 영화 속의 전쟁장면을 매우 실감 있게 만들도록 도와주었다. 영화의 전반적인 분위기와 영화적 효과는 한국영화 〈태극기 휘날리며〉의 전투 장면의 분위기를 내고 있다. 중국의 국내전과 중공군의 한국전쟁 등 1948년부터 1955년까지를 다룬 영화는 중국 인민해방군이 1951년 북한의 황성군 전투에 참가해 한국군과 대결하는 장면도 포함되어 있다.

2) 애국주의 영화: 모범극 영화과 주선율영화

중국 영화산업은 날로 더 발전하면서 새로운 모습들을 보이며 거듭 나고 있다. 특히 2000년대 들어오면서 중국의 영화와 영화산업은 유례없는 전성기를 맞고 있다. 이러한 놀라운 발전을 보이는 이면에는 또 다른 중국만의 독특한 영화적 특징을 지니고 있다. 정치와 상관된 시대적 특징을 영화에 담아내는 중국만의 특징이라고 볼 수 있다.

중국 영화사에서만 볼 수 있는 독특한 영화가 있는데, 바로 모범극 영화이다. 모범극 영화는 문화대혁명 시기에 나타난 중국 특색의 영화이다. 1960년대의 문화대혁명 시기는 모든 것이 정치적 판단에 따라 규정되는 시기였다. 영화도 예외는 아니었다. 따라서 일반적으로 중국 영화사에서는 이 시기를 구체적으로 언급하지 않는 경우가 많다.

문화대혁명 시기의 영화는 1968년 만들어진 다큐멘터리 형식의 〈위대한 성명〉을 제외하고 1970년까지 제작된 극영화는 거의 찾아보기 힘들 정도로 제작이 제한되었

홍색낭자군 (1961)

다. 1970년 마오쩌둥의 부인인 장칭(江靑)이 혁명 모범극인 이른바 '양판희'를 영화로 제작하도록 지시함에 따라 〈지략으로 위호산을 취하다〉, 〈홍색낭자군〉, 〈홍등기〉, 〈해항〉 등이 차례로 제작되었다.

모범극은 장칭이 제가한 연극 개혁 방안에서 비롯되었다. 장칭은 새로운 문화 주제를 담은 모델을 제시함으로써 기성의 문화체제를 부정하려 하였다. 장칭이 모델로 제시한 8개의 공연작품은 크게 경극을 개혁한 현대경극과 서구의 발레에서 서사극을 접목한 발레극, 교향악극 등 3가지 스타일에 한정된다. 당시에는 극단적으로 외래문화를 배척했지만 모범극에서는 서구의 양식이 중국의 전통양식보다 더 많이 수용되었다.

문화대혁명의 후반기에 접어들면 영화에 대한 정치적 간섭도 다소 줄어들어, 1973년 이후 문화대혁명이 끝나는 3년간은 〈새싹〉, 〈결렬〉 등 79편의 극영화가 제작될 정도로 본래의 모습을 회복하게 되었다.

최근 들어 시진핑 정부에서는 애국주의 고취가 눈에 띄게 나타나고 있다. 특히 영화산업에서 더욱 두드러지게 나타나고 있다. 이러한 맥락에서 관심 있게 봐야 할 영화가 바로 주선율 영화이다.

'주선율'이란 애국주의, 전체주의의 정신을 고양시키는 문화 경향을 뜻하는 단어로 1970년대 덩샤오핑이 이 개념을 제시한 이후로 널리 쓰이고 있다. 즉, '주선율 영화'란 '중국공산당의 정책을 선전하는 임무를 기본 취지로 하는 영화'를 말한다. 넓게는 사회주의 윤리의식을 강조하고 국가와 가족 등 집단주의를 고취하는 영화가 여기에 해당한다. 따라서 영화의 내용은 당과 국가를 미화하고 선전하는 일정한 패턴으로 구성된다. 한국의 1960~70년대 국책 영화와 같이 국민을 통제하고 대중을 교화시키기 위한 목적을 지닌 영화와도 유사한데, 여전히 중국 영화에서 차지하는 비중이 제일 높다.

최근에는 주선율 영화가 기존의 패턴을 벗어나 새로운 시도를 하고 있다. 경우에 따라서는 주선율 영화와의 구분이 모호한 주선율의 요소를 가미한 영화가 만들어지기도 한다.

그 특징을 보면 크게 세 가지로 나눌 수 있다.

첫째, 영화의 내용면에서 당과 정부정책을 수용하면서도 다양한 소재와 재미를 추구한다는 것이다. 둘째, 주선율 영화도 막대한 자본을 들여 블록버스터 형태로 제작되고 있다는 것이다. 셋째, 지명도 있는 감독들과 배우들을 캐스팅하여 주선율 영화의 관념을 깨고 새로운 형태의 정부정책 영화로 만든다는 점이다.

최근의 대표적인 주선율 영화로는 〈건국대업〉, 〈공자〉, 〈건당위업〉 등이 있다. 또한 최근에 들어서 중국의 주선율 영화, 즉 중국의 혁명 이데올로기를 표현하는 영화가 더욱 상업적 요소와 결합하여 많은 호평과 실적을 올리고 있다.

2017년 우징(吳京) 감독이 만든 영화 〈특수부대 전랑 2〉는 중국의 박스오피스 수입인 56억 8천만 위안을 올리는 놀라운 결과를 만들어 내었다. 중국과 영국이 공동으로 주최하는 제5회 중영 국제영화제에서 최우수 감독상과 조직위원회 특별공로상을 수상하기도 하였다.

영화 〈유랑지구(流浪地球)〉는 류츠신(劉慈欣)의 단편소설을 토대로 제작한 것으로, 2019년 2월 5일 중국 본토에서 상영되었다. 상영되자마자 관심이 집중되었으며, 시간이 흐를수록 박스오피스를 나날이 갱신할 정도로 큰 인기를 끌었다. 이 영화는 중국 공상과학영화의 역사적인 한 획을 그었으며 중국 영화의 새로운 전환점이 된 '중국 최초의 하드 코어 SF 영화'로 알려졌다.

중국 건국 70주년 헌정영화 〈나와 나의 조국(我和我的祖國)〉(2019)이 있다. 이 영화는 7편의 단편영화를 하나로 엮어낸 옴니버스식으로 구성되어 있다. 이 영화는 현재 시점의 중국과 사회를 구성하고 있는 다양한 군상들을 대변하고 있다. 그리고 영화에는 시진핑 정부가 추진하고 있는 중국몽을 실현시키기 위한 많은 열망과 지향점들을 투영시키고 있다. 영화는 결국 정부와 인민이 함께 '중화민족의 위대한 부흥'이라는 '조국(중국)의 꿈'을 이루어 나갈 것을 고무시키고 있다.

3) 중국영화산업의 대표주자 5세대와 6세대

1973년부터 과거의 영화인들이 복귀하면서 재건을 모색하던 중국 영화는 1980년대 혁명적으로 변화한다. 10년 이상 폐쇄됐던 베이징국립영화학교(北京國立映畵學校)가 1978년 다시 문을 열었고 국가와 영화산업의 관계도 새롭게 정립됐다. 시장경제를 계획경제의 일부로 통합하는 작업에 따라 정부는 영화에 대한 재정 지원을 철회했고 스튜디오들은 독자 생존의 길을 가야 했다. 시장경제의 원리가 파고들기 시작하면서 영화는 '선전'에서 벗어나 대중을 생각하는 예술로 변모하기 시작했다.

이런 분위기 속에서 이른바 '5세대 영화'가 등장했다. 1980년대 중반 5세대 영화라는 이름으로 중국 영화는 세계의 주목을 받기 시작한다. 국가 중심의 이데올로기에서 벗어나 인민들의 생활과 보편적인 문제들에 천착한 것이 5세대 영화의 경향이었다. 5세대 영화의 출발을 알린 신호탄은 천카이거(陳凱歌) 감독이 연출하고 장이모우(張藝謀)가

촬영한 영화 〈황토지(黃土地)〉(1984)
이다.

〈황토지〉는 공산당에 의해 기소
되어 상영 금지를 당했지만 국제영
화제를 통해 중국 영화에 대한 관심
을 환기하는 전환점이 됐다. 그 후
첸카이거 감독은 〈대열병(大閱兵)〉(1985), 〈아이들의 왕(孩子王)〉(1987)
으로 연이어 세계 영화계를 놀라게 했고, 촬영 감독 출신인 장이모우
감독 역시 〈붉은 수수밭(紅高粱)〉(1988)으로 주목을 받았다. 이들 외에
도 티엔주앙주앙(田壯壯) 감독의 〈말도둑(盜馬賊)〉(1986), 황지엔신(黃建
新) 감독의 〈흑포사건(黑砲事件)〉(1985) 등 많은 문제작들이 쏟아졌다.

장이모우 감독은 동시대 5세대 감독들 중에서 가장 돋보였는데,
다른 감독들과 달리 감각적이고 대중적인 영화로 인기를 끌었다. 강
렬한 색채로 인간의 욕망을 표현하는 장이모우의 탐미주의는 〈붉은
수수밭〉에서 〈국두(菊豆)〉(1990), 〈홍등(紅燈)〉(1991)으로 이어지면서
국제적인 명성을 얻었다.

5세대 감독들이 부상할 수 있었던 것은 지도자 덩샤오핑의 개방
정책에 의해 베이징국립영화학교에서 다양한 영화교육을 받았고 서
구 영화도 쉽게 접촉할 수 있었기 때문이다. 하지만 1990년대 이후
5세대의 한계는 분명해졌다. 중국 영화의 세계화라는 목표에 집착했
던 5세대 감독들은 중국의 정치·사회적 문제들을 도외시함으로써 이
후 세대들로부터 비판을 받게 됐다.

1990년대 이후 5세대의 이러한 성향을 꼬집으면서 등장한 것이 6세
대 감독들이다. 5세대가 베이징국립영화학교라는 터전에서 발원한
것이라면 1990년대 이후 등장한 6세대들은 1989년에 발발한 천안문

(天安門) 사건의 영향력 아래 있다. 6세대 감독들은 천안문 사태 이후 보수주의가 다시 영화를 장악하고 검열도 강화된 상황에서 등장했다. 6세대는 '독립 제작'을 통해 창작의 자유를 얻으려 했다. 이들은 재정적인 지원 없이 강력한 검열 아래서 작업했기 때문에 대부분 자국 내에서 개봉할 수 없는 영화를 만들었다.

6세대의 기수로 알려진 장위안 (張元) 감독은 〈베이징 녀석들(北京雜種)〉(1993), 〈동궁서궁(東宮西宮)〉(1996) 등을 통해 중국 내에선 금기시된 소재인 젊은이들의 방황, 동성애, 가족의 문제를 과감하게 전면화했다. 장위안의 뒤를 이어 장밍(張明), 지

아장커(賈樟柯), 로우예(婁燁) 등 많은 젊은 감독들이 과감한 소재와 이야기를 들고 나왔다. 이들은 자신들이 만드는 영화가 중국에서는 허락되지 않는 이야기라는 의미로 '지하영화(地下映畵)'라는 명칭을 사용했다.

6세대 감독들은 정부의 가혹한 검열과 탄압 속에서 힘겹게 영화 작업을 계속하고 있다. 그들은 5세대의 우회적인 화법에서 벗어나 자신들이 느끼는 중국의 현실을 직접적으로 제시해 많은 논란을 낳았다. 그러므로 이들에 대한 중국 정부의 핍박은 예정된 것이었다. 상영 금지는 물론, 중국 내에서 활동할 수 없도록 하는 등 창작의 권리 자체를 박탈당한 이들도 있었다. 최근에는 이러한 상황에 변화가 일고 있다. 중국 정부의 블랙리스트에 올라 있었던 6세대 감독들에 대한 해금 조치가 잇따라 발표되고 있다.

4. 중국 현대미술과 대중음악

1) 현대미술

2017년 12월 17일 밤 베이징의 폴리 옥션 경매에서 치바이스(齊白石, 제백석)의 12폭 산수화가 9억 3150만 위안(한화 약 1,500억 원)에 낙찰되었다. 이는 중국 미술품 경매사상 최고가로 판매되는 경이로운 사건이 벌어진 것이다.

서양의 피카소 작품 CARCON A LA PIPE(1905)이 2004년 5월 뉴욕의 소더비 경매에서 최고가 약 1억 달러(한화 약 1,221억 원)에 팔린 것보다 훨씬 더 비싸게 팔린 것으로 더 유명해졌다. 세계 미술계에서는 중국의 미술시장이 더 이상 내버려 둘 수 없는 엄청난 시장임을 확인하는 계기가 되었으며, 중국 베이징은 미술 자본이 몰리는 둘째 도시로 등극하였다. 특히 중국이 급속한 경제 성장을 이루면서 문화산업에 집중하고 있는데, 이러한 일환으로 미술시장을 더욱 활성화시키고 있고 또 자본을 여기에 집중하고 있다.

중국의 거대 자본가들은 자신들의 부를 과시하고자 하는 욕망이 미술산업에 투영되기도 하기 때문이다. 한 예로 문화산업의 선두주자인 완다 그룹은 중국 미술작품을 많이 사들이는 기업 중의 하나로 유명하다. 이처럼 중국의 부호들이나 미술 컬렉터들은 중국의 유명해진 작품을 비싸게 사는 것은 자랑스러운 일로 여기고 있다. 또 그들은 중국 작가를 피카소보다 더 비싼 국제적 유명작가로 만들어주는 역할을 담당하기도 한다. 이렇게 고가로 중국의 작가 작품을 구매하는 행위는 중국의 경제적 위상뿐만 아니라 중국의 문화중화주의 또는 문화굴기의 일환으로 볼 수 있다.

중국 근현대 미술발전사에서 보면 가장 중요한 역사적 변환점이 있는데, 문화대혁명(1966~1976)과 6·4천안문 사건(1989)을 들 수 있다. 어린 시절 문혁의 격랑을 겪고 억압적인 정치적 고통을 받아 성장한 세대가 지금의 중국 미술사를 이끌어가고 있는 작가들이기 때문이다. 중국 영화감독이나 당대 작가들과 마찬가지로 이들 역시 어린 시절 이러한 정치적 격변을 겪으면서 이데올로기의 속성을 알고 이에 대한 반항정신을 키워 왔기에 더욱 가치를 드러낸다고 볼 수 있다.

중국 미술사에서는 중국의 문혁이 큰 방향의 전환점이라고 평가하고 있다. 이에 1978년에서 1984년까지 진행된 중국의 미술사조는 크게 네 가지로 나누어진다. 첫째는 문혁미술에 대한 반발이고, 두 번째는 문혁의 상처를 반성하는 상흔미술, 셋째로는 정치성으로부터 벗어나서 본연의 완전한 미술을 이루는 형식미예술, 그리고 넷째는 개혁개방을 통해 이루어진 다양한 예술의 형상을 들 수 있다.

중국의 문혁이 권력의 선두에 있던 4인방이 체포되면서 문혁은 막을 내리고 새로운 미술의 장을 열게 된다. 하지만 여전히 문혁의 잔재가 남아 있어 정치는 해방이 되었지만, 미술의 제재나 표현에 있어서는 여전히 문혁 시기의 미술과 다를 바가 없었다. 새로운 정치에 부합하는 영웅들을 칭송하는 혁명영웅찬양의 양식은 그대로 유지가 되었다. 미술이 정치의 도구로 남아 그 역할을 담당하고 있었던 것이다. 그러다 1979년에 들어서면서부터 본격적으로 문혁미술로부터의 탈피가 시작되었다.

'실천은 진리를 경험할 수 있는 유일한 기준'이라는 표어 아래 대규모 토론이 벌어지고 기존의 정치적 문혁예술이 변화하기 시작하였다. 그리고 작가의 자기표현이 중시되는 분위기를 형성하기 시작하였다. 즉, 작가가 자신의 표현을 자신 있게 생활 중에 느끼는 것을 그대로 창작의 주체가 되는 것이 중요함을 인식하게 되었던 것이다. 이에 작가들은 몽환적인 느낌, 종교적인 느낌, 자유로운 느낌 등을 작가의 개인적인 창작 목적이 충분히 발휘하게 되었다.

1979년 이후로 문혁을 겪은 젊은 예술가들이 자신들의 경험과 감정, 실패에 대한 반성을 문혁에 빗대어 표출하기 시작하였다. 문학에서는 상혼문학(傷痕文學)으로 나타났고, 미술에서는 상혼미술(傷痕美術)로 표현하기 시작하였다.

'상혼미술'은 허두어링(何多苓), 청총린(程叢林) 등이 대표적이다. 상혼미술은 문혁, 명령에 따른 창작, 현실을 왜곡하는 것으로 벗어나려는 경향이 서양의 현실 비판주의와 합쳐져서 나타난 것으로 말한다. 화면에는 진실감과 비극이 가득차고 형식미에서는 차가운 색채가 지배적이며 중립적인 회색의 정치적 입장을 취하고 있다. 작가는 직접 경험했던 장면을 역사적 책임감을 가지고 화폭에 담으려 했다. 이런 반정치적인 작품을 공공연히 그릴수가 없어서 집에 숨어서 창작활동도 하였다.

이후 많은 초기 상혼미술작가들은 현실류로 그들의 화풍이 변화하였다. 여기서 말하는 현실류는 달리 말해 생활류 회화, 향토사실주의 회화를 말한다. 서사성과 전형성, 사실성을 중시하는 화풍으로 변화하게 된다. 또 다른 일부 작가들은 유미화풍으로 미술의 소재의 비정치적, 비사회적, 비현실적인 화풍을 주도해 나간다. 이는 형식미를 강조하기 위해 의도적으로 정치적 주제를 피하고 보다 인간 중심적인 주제를 선택하고 형식미에 집중하는 경향을 보이게 되는데, 후기 인상파의 화풍에 가깝다고 할 수 있겠다.

(1) 대표적 미술작가

서양의 미술계가 중국 미술시장을 바라보는 시각 역시 순수한 시각만 존재하는 것은 아니다. 오히려 이러한 이데올로기를 이용하는 시장에 대한 역공일 수 있다. 즉 시장에 내놓을 수 있는 새로운 작품을 발견했다는 것과 중국 공산당이 리드하는 공산주의를 문화적으로 공략할 수 있다는 이데올로기적인 것이기도 하다.

① 장샤오강(張曉剛, 1958년 생)

장샤오강은 '대가족', '혈연-대가족', '노트' 등으로 유명한 현대 미술작가이다. 그의 작품 속에는 중국의 시대적 격정과 이데올로기가 그대로 담겨져 있다. 이러한 그의 작품 경향의 배경은 자신이 어린 시절 겪었던 문혁의 아픔, 현대사의 천안문사태의 정치적 아픔을 몸소 체험하였기에 가능하였다. 그는 1958년 중국의 남부 윈난성 쿤밍에서 태어났다. 그리고 쓰촨미술대에 입학하여 그림을 그렸다. 그 당시 소련의 영향을 받아 사회주의 현실주의 그림을 그리는 시절이었지만, 그는 이러한 경향을 멀리하고 인상주의 화풍의 그림을 그렸다. 졸업 후 그는 독일과 프랑스에 잠시 유학을 떠나고 그곳에서 자신의 미술세계를 새롭게 정립하게 된다. 특히 초현실주의 호가 마그리트와 서양에서 보는 중국의 미술을 느끼면서 중국적 정체성에 대한 고민이 귀국 후 어머니의 낡은 가족사진을 접하고 영감을 얻어 대가족, 혈연의 시리즈를 탄생시켰다.

그의 미술작품 특징은 주로 회색 혹은 청회색의 배경에 무표정한 인물의 얼굴 배치로 붉은 선과 한 조각 떨어져 나온 빛으로 그림을 완성시킨다. 이는 당시 가족사진 속의 인물들이 한결같이 감정과 개성이 드러나지 않은 채 엄숙한 의식을 치르는 듯한 획일적 자세를 취하고 있는 것에서 출발한 것이다. 이는 자신의 가족사진뿐만 아니라 중국인들의 자화상을 비추는 거울과도 같은 것이다. 그의 그림은 철학

적 사유와 침묵, 그 속에 남겨진 역사의 아픔과 혼란을 담고 있다. 문학의 상흔문학처럼 중국의 상흔을 그의 작품 속에 고스란히 담고 있다.

② 왕광이(王廣義, 1959년 생)

왕광이는 1959년 중국 하얼빈에서 태어났다. 그는 저장 미술학원을 졸업했고, 이후 북방청년예술단체를 결성하고, 중국의 '85 뉴 웨이브' 운동을 주도했던 인물이다. 중국 내에서 최초로 팝아트를 시도하였는데, 중국의 '앤디 워홀'로 평가받고

있으며 대표적 작품 시리즈는 '대비판'이다. 그의 작품들은 문혁과 같은 사회주의 체제 하의 강렬한 정치 포스터 위에 중국에서 위세를 떨치는 인물이나 자본주의를 나타내는 상업광고나 브랜드를 결합하여 정치성을 띠는 팝아트미술을 개척하였다. 그는 그의 팝아트를 통해 중국의 갈림길, 즉 정치적 경제적 혼돈 속에서 방향을 잃고 어디로 가야 할지를 모르는 중국과 중국인들의 모습을 상징적으로 보여주고 있다.

동양과 서양 문화의 혼합이 그의 중요한 테마이며 그의 테마에는 정치와 경제, 문화 어느 한 쪽으로도 해석이 가능하며 작품 속의 작은 숫자들은 디지털세계가 되어 버린 현대를 상징하는 것으로 표현된다. 이러한 그의 독자적이며 철학적인 세계를 구축하고 있는 그의 작품들은 국제 미술시장에서 환영받고 있다.

③ 팡리쥔(方力鈞, 1963년 생)

팡리쥔은 중국 미술사에서 냉소적 사실주의의 대표주자로서 1963년 허베이성에서 태어났다. 베이징 중앙미술대학 판화과에 입학하였고 그가 졸업하던 1989년에 베이징에서 천안문사건이 터지자 이에 분노해 비주류와 반항의 의미를 담은 대머리 건달을 그리기 시작했다. 미래에 대한 희망이 무너지고 회의적인 그의 사고에는 냉소적 시선으로 1990년대 이후의 중국의 모습을 화폭에 담아냈다.

그는 작품에서 개인의 내적 갈등과 거대한 사회구조 사이의 갈등을 엿볼 수 있다. 파란 하늘, 파란 바다, 하얀 구름과 파도, 그리고 그 속에 남겨진 인간들, 그는 하늘과 바다처럼 넓은 열린 공간을 통해 자신의 내적 갈등을 분출하였다. 그의 그림에는 주로 건달이 주인공이다. 이들은 현대 중국사회의 변경에 있는 소외된 계층이며 동시에 사회질서에 대한 위협적 존재이기도 하다. 그들은 개혁개방을 주도하는 중국 정부에 소외된 실직자와 민공들을 나타낸다. 이들의 모습은 그의 작품 속에서 유니폼을 입고 대머리를 한 집단과 개인의 초상화로 나타난다. 이 부랑자, 건달들은 부조리한 사회 속에서 아무

것도 할 수 없었던 자신을 건달이라는 의미에서 표현한 것으로 작가의 분신이기도 하다.

④ 위에민준(岳敏君, 1962년 생)

위에민준은 '작가는 사회 변화에 따라 변해야 한다'는 생각을 가진 정치 팝아트를 하는 작가이다. 그는 1962년 헤이룽장성의 군인 가정에서 태어났다. 그리고 고등학교를 졸업하고 석유공장에서 전기공으로 일하다 다시 허베이사범대 미술학과에 진학하여 미술을 전공하였다. 그의 작품은 자아를 복제하는 듯한 '웃음'을 매개로 하는 팝아트 작품을 그리고 있다.

그가 과장된 웃음과 바보 같은 표정을 매개체로 작품을 하게 된 것은 문화 혁명 시기에 그가 겪었던 고통과 개혁개방에 대한 희열과 반성에 대한 표현이었다. 그는 어린 시절에 겪었던 친구의 선생님에 대한 일기로 인하여 학생과 선생님 간의 아픈 상처를 떠올리며 문혁 시기에 겪었던 서로간의 간격은 서로에게 아픔을 주었으며 그것을 극복하는 것은 바보 같은 웃음뿐이라고 여겼다. 이 바보 같은 웃음은 바로 생각의 거절이며 그것을 벗어나는 게 필요한 상태라고 여겼기 때문이다. 그러나 그는 남을 비웃는 것보다는 자신을 처절하게 비웃는 것이 자신을 표현하는 것이며 그 당시의 어떠한 압력을 피해 가는 하나의 방법으로 여겼기에 선택한 것이다.

그의 작품들은 서구에서 인지도를 많이 가지고 있다. 서구에서는 그의 작품을 통하여 변화하는 중국을 알 수 있으며, 중국인들의 생각이 어떠한지를 알 수 있기 때문이다. 그는 마오쩌둥의 문화대혁명, 덩샤오핑의 개혁개방을 몸소 체험한 것을 작품으로 체화하였으며, 현실을 추상적인 것으로 표현하기보다는 실재에 근접하는 형식을 취하는 작품을 주로 다루었다. 그의 웃음 시리즈에서 장면 시리즈로, 다시 현재는 '미궁' 시리즈로 발전하고 있다. 그가 미궁 시리즈로 옮긴 이유는 급변하는 현실에서 헤매는 개인의 일생 같은 다양한 스토리를 다루면서 사람들이 현실 속에서 겪는 혼란스러움을 작품 속에 담아내고자 했기 때문이다.

⑤ 쩡판즈(曾梵志, 1964년 생)

쩡판즈는 후베이성 우한 출신으로 중국 아방가르드 미술을 대표하는 인물 중의 한 사람이다. 사실적으로 묘사하기보다는 화면에 등장하는 인물의 심리를 표현하는 데 중점을 두는 화법을 구사하고 있다. 그의 특징으로는 두드러진 윤곽선과 거친 터치, 큰 눈동자와 손, 의도적으로 과장된 신체의 비례를 보여주고 있다. 이러한 특징적 의미는 사람들이 자신의 정체성을 상실한 채 자신을 감추고 살아가는 군중들을 의미한다고 볼 수 있다.

즉, 자신과 정치 영웅, 대중스타 그리고 예술적 영웅의 초상에 불규칙한 자유곡선으로 그들의 모습을 해체시키면서 인물의 내면의 진실을 표출하고자 하는 특징을 보여 준다.

1994년부터 시작하여 다양한 패턴으로 〈가면〉 시리즈를 이어 갔으며, 2000년 즈음 새로운 변화를 보이면서 다음 단계로 발전하는 모습을 보여주고 있다.

⑥ 중국 예술경매시장의 부상

중국 화가 장다첸(張大千)의 작품 거래 규모가 글로벌 미술품 시장에서 1위를 차지하는 등 세계 미술시장에서도 중국의 영향이 커지고 있다. 세계 예술계가 주목하는 장다첸은 중국 전통서화 화풍을 가진 화가로 널리 알려져 있다.

이와 더불어 중국의 예술품 시장은 2016년 기준 47억 9000만 달러로 전 세계 38%의 점유율을 차지하며 글로벌 최대 예술품 시장으로 부상하고 있다. 중국미술경매시장은 미국, 영국과 함께 세계 3대 시장 중 하나로 인증 받고 있다. 중국예술품경매시장의 대표적 평가기관인 AMMA(Art Market Monitor of Artron, 雅昌藝術市場監測中心)와 프랑스 Artprice가 공동으로 매년 집계하는 순위에서 경제적으로 세계 2위로 도약한 중국이 이제는 예술품 시장에서도 세계를 주름잡는 공급자이자 소비자로 나타나고 있다.

중국예술품경매시장은 크게 고서화, 도자기, 현대 미술품 등 3개 분야로 나뉜다. 그 중 1개 작품 가격이 3억 위안을 넘는 것은 고서화나 자기 등 대부분 고대 예술품이다. 그렇지만 최근에 현존하는 중국

작가들의 작품 가격이 천정부지로 치솟아 이미 세계 현대미술시장에 대단히 큰 영향을 미치고 있다. 이들의 작품이 중국은 물론 세계 미술시장을 좌우할 가능성이 커졌다.

소더비의 첫 번째 중국 경매에서 가장 주목을 받은 작품은 중국 출신의 프랑스 추상화가인 자오우지(趙無極)의 1958년 작 유화 〈추상화(Abstraction)〉다. 자오우지의 작품은 이날 8968만 위안(약 1470만 달러)에 낙찰돼 최고가 기록을 경신했다.

또 다른 중국의 산수화 대가 치바이스는 중국 현대 회화사에서 전통파 화가로 분류된다. 치바이스는 중국 내에서뿐만 아니라 세계 미술시장에서 가장 '비싼' 작가로 이름을 날리고 있다. 2011년 베이징에서 열린 미술품 경매에서 그의 작품 〈송백고립도〉(1946)는 4억 2550만 위안(약 718억 원)에 낙찰돼 중국 현대 회화 중 최고가를 기록했다. 그해만 따졌을 때는 피카소를 넘어선 최고 경매가였다. 이후 2017년 베이징 바오리(保利) 추계 경매에서 〈산수십이조병(山水十二條屏)〉이 9억 3150만 위안(약 1500억 원)에 낙찰되며 전 세계 중국 예술품 가운데 최고 가격도 경신했다.

2) 중국 대중음악

(1) 개혁개방 이후의 대중음악

1978년 12월 제11차 3중전회에서 천명되어 시작된 개혁개방 정책은 중국에 고도 경제 성장을 가져왔다. 그렇기에 오늘날 신중국은 1980년대에서 출발했다고 해도 과언이 아닐 것이다. 문화대혁명이 끝나고 개혁개방이 이루어지면서 이 시기 대중음악은 크게 3개 장르 및 특수한 음악 열풍으로 발전하게 되었다.

첫 번째는 서정풍의 음악 장르가 형성되었다. 문화대혁명이 막을 내리고 개혁개방 시기에 접어들면서 젊은 작곡가들은 가곡 창작에 새로운 열정과 창작활동을 보였다. 상당 기간 억압 받았던 그들은 사회적 분위기에 발맞춰 유럽의 음계체계와 중국 민족풍 요소를 융합하면서 차츰 대중음악의 기반을 마련해나가는 데 앞장섰다. 서정가곡에 대한 금지가 해제되면서 혁명가곡이 통치적 지위에서 물러나게 되었다.

두 번째는 홍콩타이완의 음악(港臺風)이다. 개혁개방이 되면서 그동안 혁명가요에만 익숙하던 중국인들은 그들과 이웃하고 있는 홍콩과 타이완의 음악에 관심을 보이며 이들의 음악을 듣기에 갈망하였다. 이러한 대중의 욕구에 맞춰 음반산업의 발전과 동시에 홍콩과 타이완의 유행가들이 카세트를 통해 대거 유입되면서 대륙에 홍콩타이완음악 열풍을 일어나게 되었다.

1979년 1월, 광저우에서 처음으로 테이프 음반을 발행하기 시작하면서 덩리쥔(鄧麗筠)의 이름은 하룻밤 사이에 전 중국을 풍미하며 사람들의 마음에 파고들었다. 1980년대 초, 홍콩 영화, 드라마의 인기를 시작으로 중국 대륙에서는 본격적으로 홍콩 대중문화가 유행하기 시작했다. 이 시기 중화권 대중음악의 판도는 홍콩과 타이완에서 만들어졌다고 해도 과언이 아니다.

세 번째로는 민족풍의 흐름이다. 서양 현대음악 기법에 중국 본토의 민간음악을 융합하여, 새로운 관념과 참신한 기법의 작품들을 창작하였다. 이 작품들의 가장 두드러진 특징은 중국의 아주 오래된 역사와 신비롭고도 소박한 민간생활, 그리고 전통문화에 남다른 관심을 표명하였다는 점이다. 대표적인 민족풍의 작곡가는 스광난이다. 그는 중국 건국 이후의 초기 대표적 작곡가로, 대부분 곡들은 중국 각지의 풍부하고 아름다운 소수민족의 민가를 찾아 응용하여 예술적으로 처리하여 민가특유의 소박한 음악 특징을 지니고 있다. 그의 음악 창작을 통하여 중국 개혁개방 초기 대중화한 '민족풍' 음악적 특성을 알 수가 있다.

개혁개방이 중국의 경제를 견인하면서 중국의 경제는 세계의 공장으로 성장하였다. 그리고 중국의 경제는 세계경제의 한 축을 담당하며 비약적으로 발전하게 되었다. 이러한 경제적 발전과 함께 중국의 대중음악은 한층 더 서구적 음악을 추구하게 되었고, 홍콩과 타이완의 음악은 더욱 깊이 중국인들의 생활 속으로 스며들게 되었다. 1980년대 중반을 기점으로, 홍콩과 타이완의 유행음악이 자리를 잡아가는 가운데, 새로운 장르 음악을 요구하는 세대들이 등장하게 되었다. 조용하고 감성적인 발라드풍의 음악에서 서구의 록 음악이 등장하게 되었다.

중국 최초로 인정되는 대륙의 음악현상인 록의 열풍을 '로콘롤풍'으로 부른다. 개혁개방 정책 아래 홍콩, 타이완, 서방 선진국 문화의 대거 중국으로 유입되었다. 대표적인 록 음악가로는 조선족 출신인 최건은 〈세상이 사랑으로 충만하길〉이라는 콘서트에서 중국적인 '함성', 록 음악을 선보이면서 대중음악의 '로콘롤풍' 그 신기원의 장을 열었다. 또한 이러한 분위기에 반해서 대중음악계는 '뿌리 찾기'라는 문화적 움직임이 활발해지면서 사회 전반에 전통민가를 재생산하는 음악현상이 나타났다. 문화적인 함의가 깊은 산베이 지역의 역사와 전통음악의 대중화의 산물인 '시베이풍' 음악현상은 지배이데올로기 아래서 유일하게 인정받았고 찬사를 받았다. 농후한 산베이 민간음악에서 소재를 구한 '시베이풍' 음악은 '황토고원', '산골짜기', '동굴', '흰 구름', '산이 붉고 아름답네'와 같은 가사들로 현대인들의 향수를 자극하였다. 1986년을 기점으로 대륙 대중음악은 '중국'적 록의 '로콘롤풍'과 '시베이풍'으로 1990년대 초에 이르기까지 성과를 거두었다.

이러한 중국의 대중음악은 1990년대에 들어서면서, 기본적으로 형성된 대중음악 스타일의 다원화, 세계화를 다루었다. 시장경제의 본격적인 도입과 홍콩, 타이완 및 서구로부터의 모방 속에서 광저우 등에서 스타시스템을 도입하여 대중음악의 기반을 차츰 마련해 나가게 된다. 1990년대 초의 가장 중요한 음악현상인 '붉은 태양' 열풍은 대중음악계의 전변의 시기, '옛 것을 그리워하는', 즉 마오쩌둥 시대의 '홍색가곡'과 '혁명가요'를 재창하는 음악현상이 나타났다. 음반 신화의 기록을 창출한 '마오 찬가' 열풍과 더불어 '컨트리 스타일'의 노래가 도시의 젊은이들에게 새롭게 다가왔다. 그동안 '시베이풍'의 음악에 흥미를 잃은 젊은이들은 통기타 하나로 지난 청춘을 잔잔하게 그리워했다. 이어 캠퍼스의 대학생들 사이에서도 1970년대 타이완에서 유입된 캠퍼스 스타일을 이어 꿈과 희망을 노래 속에 담았다. 이로써 컨트리 스타일의 음악이 전국적으로 확산되었다.

이와 동시에 대륙의 음반시장은 다시 홍콩의 '4대 천왕'과 타이완 인기가수들이 대륙 청춘남녀들의 마음을 흔들었다. 1990년대 말 이후에는 중국어 대중음악 생산의 중심은 홍콩이 아니라 타이베이로 변화되었다. 홍콩 4대 천왕 이후 타이완의 문화산업은 '4소 천왕'을 만들어냈다. 2000년대 이후에는 저우제룬이라는 걸출한 싱어송 라이터가 등장해 2003년 3월 '타임'지 아시아판의 표지를 장식하기도 했다. 오월천(五月天)이나 티지 백(Tizzy Bac) 같은 인디 성향의 밴드들도 중화권 전역에서 젊은 층의 환호를 받고 있다.

또 하나 1997년, 중국에서 방영된 MBC드라마 〈사랑이 뭐길래〉부터 본격적으로 한류가 시작되었다. 1999년 말에는 H.O.T 등 한국의 댄스 가수를 중심으로, 한류 콘텐츠는 중국 소비자들에게 강한 인상과 신선한 충격을 주었다. 그리고 한류와 더불어 특히 한국의 음악을 따라 부르고 춤을 즐기며 한국 풍을 따라하는 것을 최고의 가치로 여기는 일부 젊은 층들이 많이 형성되었다. 이들을 '한미(韓迷)'라고 부르는데, 한국 열성팬을 뜻하며, 여기에서 '迷'는 마니아를 의미한다. 2000년 이후 들어 이들은 한류에서 시작해서 지속적으로 동방신기, 소녀시대, G드래곤, 빅뱅, BTS 등으로 이어지는 K-pop에 열광하고 있다.

(2) 주요 가수

① 덩리쥔(Teresa Teng, Deng Li Jun, 鄧麗君)
본명은 덩리쥔(鄧麗筠)으로 타이완에서 태어났으며, 할아버지의 고향은 중국 허베이성이다. 베이징어, 광둥어, 영어, 일어로도 노래를 불러 중화권과 동남아시아 그리고 동아시아에서 전성기를 누렸던 여자가수이다. 그녀는 1995년 42세의 나이로 천식으로 태국 치앙마이에서 사망하였고 타이완에서 국장으로 장례가 치러졌고 유해는 타이베이 근교 진바오산에 안장되었다.

초창기 덩리쥔의 노래는 중국 대륙에서는 미미지음(靡靡之音), 즉 퇴폐적 음악으로 분류되어 금지되었다. 그러다 문화대혁명 이후 녹음기와 카세트 테이프의 대량 보급에 따라 중국 전역에 급속히 전파되었고 문혁으로 얼어붙은 대륙의 중국인들의 정서를 해갈해주는 역할을 하였다. 개혁개방 이후

그녀의 노래는 해금되었으며 덩리쥔도 당시 최고 지도자인 덩샤오핑의 라오덩(老鄧)에 대비된 샤오덩(小鄧)이란 애칭으로 불리게 되었다.

② 홍콩 4대 천황과 타이완 4소 천황

아시아 시장은 홍콩을 기점으로 영화산업과 대중음악이 발달하였다. 특히 1950~60년대 아시아 영화를 주름잡은 홍콩 영화사 '쇼브라더스(Shaw Brothers)'가 상하이에서 홍콩으로 거점을 옮겨갔다. 그리고 음악에서도 1964년 비틀스가 영국에서 직접 날아와 공연을 할 정도로 시장성이 컸다. 이러한 개방적인 사회 분위기에서 홍콩의 젊은 세대들은 밴드를 결성하고 팝 음악을 연주했다. 홍콩의 대중음악은 영어권에서는 칸토팝(cantopop) 혹은 칸톤 팝(cantonese pop)이라고 불렀다.

이후 홍콩은 1990년대 중반 이후에도 대중음악은 발달하면서 상품성 있는 아이돌(idol)을 계속 만들었다. 그 대표가 바로 1980년대 말부터 1990년대 초 장쉬에요우(장학우), 류더화(유덕화), 꿔푸청(곽부성), 리밍(여명)이 형성한 이른바 '4대 천왕'이었다. 이들은 알란 탐과 장궈룽을 이어 나타난 젊고 활발한 신인 가수들로서 지금의 아이돌 가수의 시발점이 되었고 팬덤을 이루게 되었다. 이들은 홍콩뿐 아니라 중국어를 사용하는 모든 나라와 지역에서 엄청난 인기를 누렸고, 이들의 얼굴을 담은 사진과 포스터는 동아시아 전역의 음반가게와 서점, 문방구에 진출했다. 때마침 중국 본토에서도 대중매체가 널리 보급되고 대중문화가 본격적으로 유행하기 시작하면서 전 중국으로 사랑을 받았다.

장쉬에요우는 1961년 홍콩 출신으로 4대 천왕 중에서 가창력이 가장 뛰어나며 '가신'으로 불린다. 영화에서는 주로 코믹 연기로 활약하였다. 류더화는 1961년 홍콩 출신으로 중화권에서는 그를 '상록수'라 부른다. 노래와 영화를 활발하게 오가며 인기를 많이 누렸고 특히 노래보다는 영화로 더 많이 알려져 있다. 꿔푸청은 1965년 홍콩 출신이며, 노래보다는 춤으로 더 유명하다. 현대무용과 민속무용, 라틴댄스, 힙합댄스까지 모든 장르를 섭력하였다. 리밍은 1966년 베이징에서 태어났다. 가장 귀공자적인 이미지를 진고 있으며, 가수, 배우, 시나리오작가 등 많은 재능을 지니고 있다. 특히 유니세프 친선대사를 지녀 그를 '자선천왕'이라는 타이틀을 얻게 되었다.

이들 4대 천왕 멤버들은 1990년대 후반 이후에는 광둥어가 아닌 베이징표준어 중국어로 노래하는 일이 부쩍 늘었고, 특히 류더화가 부른 〈중국인〉은 노골적으로 중국인의 자부심을 노래하였다. 이는 대륙인과 자신을 차별화하려고 애써온 홍콩인들의 정체성과는 매우 다른 것이었다. 그 배경에는 당연히 1997년 홍콩의 중국 반환이 있었고, 류더화의 노래는 홍콩 반환을 축하하는 대형 행사에서 연주되었다. 재미있게도 류더화라는 이름의 의미가 '덕망 있는 중국인(德華)'이라는 의미로 해석되어 류더화는 더욱 인기를 끌게 되었다.

그러나 홍콩 반환 이후인 1990년대 말 이후 중국어 대중음악 생산의 중심은 홍콩이 아니라 타이베이가 되었다. 홍콩 4대 천왕의 봉인 이후 타이완의 문화산업은 '4소 천왕'을 만들어냈는데, 린즈잉(임지령), 진청우(금성무), 쑤유펑(소유붕), 우치룽(오기룡)이 그들이다. 이후 각종 '천왕'들이 만들어지고 또 사라졌다.

③ 최건(崔健)

중국의 개혁개방 이후 중국 대륙에 인기를 끈 음악은 홍콩이나 타이완에서 들어온 듣기에 편하고 낭만적인 멜로디인 발라드풍이 대부분이었다. 그러나 사람들의 심리는 새로운 것을 찾는 것이어서 새로운 장르인 록 음악을 찾기 시작했다. 그러다 베이징의 외교관들이 밀집된 지역에서 서양의 록 음악이 조용히 젊은이들에게 퍼져 나가기 시작했다. 그 가운데 조선족 출신으로서 록 음악의 대부로 알려진 최건은 록 음악의 선두에 서게 되었다.

1986년에 불렀던 그의 '일무소유(一無所有)'는 많은 젊은이들에게 호응을 얻게 되었고, 1989년 천안문 사건 때 학생 시위대가 민중가요로 부르기 시작했고 최건의 인기는 정점에 올랐다. 중국 정부가 시위를 진압하자 최건은 베이징을 떠나 다른 지역으로 도피하기도 하였다. 하지만 중국 정부의 제재는 풀리었고 그는 다시 베이징으로 돌아올 수 있었다.

이후 최건은 1990년 록뮤직 투어 공연을 실시하였다. 그가 붉은 천의 눈가리개를 쓰고 정치적 가요를 부르자 중국 정부가 관여하여 투어는 중단되기도 하였다. 이후 최건은 지속적으로 '해결'(1991), '붉은 깃발 아래의 알(紅旗下的蛋)'(1994), '힘없는 자의 힘'(1998) 등을 연이어 발표하면서 중국과 아시아를 넘어서는 국제적 스타로 발돋움하였다.

이처럼 최건의 록 음악은 반정부적 노래의 대표가 되기도 하였지만 여전히 중국 내에서 록 음악의 큰 영향을 끼치고 있다. 재미있는 것은 그의 노래 '일무소유'는 오랫동안 '아무것도 가진 게 없다'고 느끼는 사람들의 정신세계를 사로잡고 있다는 것이다.

④ 저우제룬(周杰倫, Jay Chou)

중화권에서는 홍콩의 비욘드, 타이완의 우바이(五伯) 등의 록 밴드가 오랜 기간 스타의 지위를 확보하였지만 홍콩과 타이완의 록 음악이 서구나 일본처럼 광범위하고 탄탄하게 존재하기는 어려웠다. 그러나 이러한 분위기에서 록 음악뿐만 아니라 발라드 등 모든 장르를 섭렵한 뮤지션이 나왔는데 그가 저우제룬이다.

저우제룬은 중국에서 보기 드문 젊은 작곡가, 프로듀서 겸 영화감독, 배우, 사업가이다. 그는 1979년 타이완에서 태어났고, 어머니의 영향을 받아 3살 때부터 피아노를 배우고 클래식 음악을 배웠다. 초등학교 때부터 직접 작곡을 할 정도로 음악적 재능을 지녔다. 혼자 지내는 시간이 많아 친구들에게 많은 따돌림을 받거나 괴롭힘을 당하기도 했다고 한다. 음악가의 꿈을 꾸고 단장중학교 음악과에 입학하고 피아노와 클래식을 전공했다. 고등학교 때 대학입시를 두 번 실패하고 대학진학을 포기하고 있다가 1997년 타이완의 오디션 프로그램인 '초급 신인왕'에 지원하고 그의 뛰어난 음악적 재능을 알아본 프로그램 사회자인

우종시엔(吳宗憲)에게 발탁되어 스카우트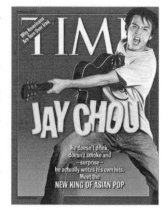
를 되면서 세상에 알려지기 시작하였다.
특히 그는 한때 유명 아티스트들의 작곡
가로 활동하다 2000년 솔로 앨범 〈杰倫
(Jay)〉로 정식 데뷔하였다. 그의 음악은
R&B 및 힙합과 같은 다양한 음악 스타일
로 장르를 통합해서 당시 많은 젊은 중국
인들의 사랑을 받게 되고 스타로 올라서게
되었다. 또한 2003년에 타임즈 아시아판 〈NEW KING OF ASIAN POP〉
에 표지로 선정되기도 하였다.

리롄졔의 영화 〈철인 무원갑〉의 테마 곡 '霍元甲'을 불러 영화음악
으로 영화에 입문하였으며, 2005년 〈이니셜 D〉로 배우의 길로 본격적
으로 들어섰다. 장이모우 감독의 〈황후화〉에 전격 캐스팅되어 저우룬
파, 공리 같은 세계적인 배우들과 함께 열연하여 큰 인기를 얻었다.
중화권 최고의 마이다스의 손으로 불리는 그의 차기작은 일본의 인기
만화를 원작으로 한 〈슬램덩크〉이다.

2007년 감독작이자 대히트작 〈말할 수
없는 비밀〉로 처음으로, 제44회 금마상영
화제에서 '올해의 타이완 영화상', '최고의
아시아 영화 지명상'을 수상했으며, 27회
홍콩 영화상, 아시아 영화상 후보작 및 기
타 상을 수상했다. 그는 중국의 전통 악기
와 스타일로 R&B 또는 록과 융합시켜 '중
국풍(中國風)'이라는 새로운 장르를 형성
했다고 평가받고 있다.

5. 중국의 명절과 축제

1) 중국 명절

(1) 춘제(춘절, 설날)

매년 음력 정월 초하루에 이루어지는 중국의 최대 전통 명절이다. 춘제는 한 해의 농사를 끝마치고 신에게 보답하기 위해 거행하는 행사로 풍년을 경축하는 날이다.

이 기간에는 서로 세배를 다 니며 폭죽을 터뜨리는가 하면 신년 축배도 나누고 찰떡, 만두, 경단 등을 먹는다. 도시와 시골 에서는 용춤, 사자춤 등을 추며 한해를 맞으며 질병을 내쫓고 새해의 풍작과 해운을 기원한다.

'제석(除夕)'이라 불리는 음력 12월 31일 밤에는 온 가족이 함께 '연야반(年夜飯)', 즉 제야에 먹는 음식을 즐긴다. 연야반을 먹은 후에는 가족들이 모두 모여 앉아 담소하고, 바둑, 마작, 옛날이야기 등을 즐기며 밤을 새기도 하는데, 이를 가리켜 '수세(守歲)'라 한다.

이윽고 밤 12시가 되면 집집마다 폭죽을 터뜨린다. 매년 연말이 되면 거리에는 곳곳에서 수많은 폭죽을 터뜨리며 모든 잡귀들이 물러날 것을 바란다. 중국인들은 "爆竹聲中舊歲除(폭죽소리 속에 지난 세월을 보낸다)"는 말이 있을 정도이다. 그러나 지금은 미세먼지와 쓰레기, 환경, 화재 발생 등으로 하여 법으로 도시와 근교에서 폭죽을 금하고 있다.

또한 춘제의 아침 북방 사람들은 집집마다 '교자(餃子)', 즉 만두를 먹는데, 이를 '갱세교자(更歲交子)'라고 한다. 교자의 '餃'는 교체를 나타내는 '交'와 중국어 발음이 같아서 만두(餃子)를 먹는 것은 신구(新舊)가 교체된다는 것을 의미한다.

(2) 원소절(대보름)

매년 음력 정월 보름날 중국 각지에서 대보름 축제를 연다. 서한(西漢) 문제(文帝)가 정월 보름날을 원소절로 정하였고 한무제(漢武帝) 때부터는 원소절에 연등을 걸기 시작했다.

동한(東漢) 영평(永平) 연간(58
~75년)에는 명제(明帝)가 불교를
제창하며 대보름날 밤 궁정, 사
원에 '등불을 밝히고 부처님에
게 복을 빌게' 하였으며 귀족과
서민들에게도 집집마다 연등을 켜달게 했으므로 연등절이라고도 부른다.

이후부터 줄곧 이어져 오다가 민간의 성대한 명절로 정착되었다. 송대(宋代)에 와서는 또 소 넣은 새알심을 물에 삶아 탕과 함께 먹는 '부원자(浮圓子)'를 만들었는데, 이것이 원소절의 명절식품이 되었다. 이후 사람들은 그것을 '원소(元宵)'라고 부르게 되었으며 이 절기 때에 이 음식을 즐겨 먹는다. 원소절에는 등불구경과 원소 먹는 것이 원소절의 두 가지 특징이다.

(3) 단오절

중국과 한국은 매년 음력 5월 5일이면 단오절을 지낸다. 오늘날 중국에서 단오의 유래에 대해서 가장 정통적인 설로는 굴원의 죽음을 추모하기 위해서 유래되었다는 것이 가장 유력하다. 굴원은 이소(離騷)를 지은 시인으로 전국 시기 초나라 애국시인이다.

굴원은 타협을 모르는 강직한 성격의 소유자였다. 춘추전국 시기에 당시 최강국인 진나라가 굴욕적인 요구를 해 오자 그는 이를 받아들이지 말고 진을 대항하고자 하는 합종설을 주장하였다. 그러나 초나라는 연횡설을 주장한 진나라의 장의의 전략에 속아 굴원은 실각한다. 이후 초나라의 정치가 굴원의 뜻과 맞지 않아 결국 모함을 받아 강남으로 추방된다.

굴원의 대표작인 〈어부사〉는 추방된 후 강남에 머물면서 집필한 작품이다. 굴원은 자신의 억울함을 참지 못하고 음력 5월 5일 돌을 품고 멱라수에 빠져 죽었다. 사람들은 그의 시체가 고기밥이 되지 않도록 대나무 잎으로 싸서 쫑쯔(粽子)를 만들어 물 속에 던져 주었고, 그 후 이러한 계속적인 풍습은 전통명절로 변하게 되었다. 또한 강물에 빠진 그의 시신을 빨리 구하기 위해 배를 열심히 저어 달려간 것을 기념하여 용선경주 시합도 형성되었다. 위대한 애국시인 굴원에 대한 존경과 추모를 표하기 위해 해마다 이 날이 되면 사람들은 쫑쯔(粽子)를 해 먹고 용주경기 등 행사를 벌인다.

(4) 중추절

중국의 추석인 중추절은 매년 음력 8월 15일로 춘절, 단오절과 함께 중국 3대 명절 중의 하나이다. 가을인 음력 7, 8, 9월 중 8월이 가을의 중간이고 15일이 8월의 중간이므로 가을의 한가운데  라는 의미에서 중추절이라고 부른다. 과거 중국은 농경사회였으므로 오곡이 풍성한 것을 달의 신이 부드러운 달빛으로 변하여 인간 세상에 복을 내리기 때문이라고 믿었다. 그래서 가장 밝고 크고 둥근 음력 가을인 8월의 15일의 보름달을 향하여 감사의 제사를 지내게 되었다. 중국의 중추절은 항아 고사와 밀접한 관련이 있기도 하다. 해마다 추석날 밤이면 달에 제사를 지내고 달구경을 하면서 월병을 먹는다.

또 월병과 관련된 고사로는 한족들이 주원장과 함께 원나라를 전복시킬 계획으로 비밀리에 거사의 날을 전달할 수가 없었다. 이에 주원장의 부하인 유백온이 음력 8월 15일 월병 속에 거사를 치를 날짜를 적은 종이를 몰래 넣어 알리자는 계책을 내어 전염병이 돈다는 소문을 내고 중추절에 월병을 먹으면서 전염병의 화를 피할 수 있다고 알렸다. 이에 월병을 산 사람들이 그 속에 적힌 중추절 밤에 거사한다. 뜻있는 자는 일어나라는 내용을 발견하고 힘을 모아 원나라를 물리쳤다. 그리고 명나라 최초의 황제가 된 주원장은 이 날을 기리기 위해 매년 중추절에 공을 세운 신하들에게 월병을 상으로 내렸다고 한다. 이것이 유래가 되어 중추절에 먹는 명절 음식이 되었다.

주나라 때 사람들은 가을철 중반의 달이 둥근 밤이면 달에 제를 지내곤 하였는데, 당대(唐代)에 이르러 추석에 달구경, 달놀이를 하는 민속은 매우 성행하였다. 북송 시기에 처음으로 음력 8월 15일을 중추절로 정해졌다. 추석날 밤, 둥근 달이 하늘 높이 떠올라 달빛을 세상에 비쳐줄 때면 가족들이 한데 모여 앉아 월병을 먹으면서 달구경도 하며 풍년을 기뻐하며, 가정의 행복을 기원한다.

중국에서는 중추절이 한국의 추석과는 그리 큰 명절로 대접을 받지 않는다. 그 이유는 중추절이 끝나고 얼마 지나지 않아 더 긴 국경절이 있기 때문에 멀리 힘들어서 고향에 돌아가는 사람들이 상대적으로 적다고 한다. 그리고 월병이 뇌물로 이용되어 공무원들이 비싼 월병으로 돌릴 수 없다고 한다.

2) 축제

(1) 하얼빈 빙등제, 빙설제

중국의 헤이룽장성 하얼빈시에서 매년 1월 5일~2월 5일 한 달간 얼음축제를 열고 있다. 중국 북방의 하얼빈은 겨울에 날씨가 매우

춥기에 결빙기가 190일에 달하여 예로부터 얼음도시로 불려왔고 세계 빙설문화의 발원지로 유명하다. 춥고 긴 겨울철에 특히 하얼빈시를 지나는 송화강 얼음은 빙설예술을 하기에 매우 좋다고 한다.

1985년 1월 5일 제1차 하얼빈 빙설제가 막을 올린 후부터 해마다 개최되어 국내외의 큰 호평을 받고 있으며 빙등제와 빙설제가 별도의 장소에서 개최된다. 제3차 동계 아시안게임이 이곳에서 개최되었다.

주로 공원얼음등, 공원눈조각, 국제얼음조각, 겨울수영, 아이스하키, 스피드 스케이팅, 고산스키, 야외스키 경기를 진행하는 동시에 빙설영화예술제, 서예, 사진전시회, 경제무역상담회 등을 다양하게 개최하고 있다.

(2) 베이징 용경협 빙등제와 베이징 국제영화제

용경협 빙등제는 베이징시의 대표적 겨울 축제로 매년 1월 15일~2월 28일에 베이징시 연경현 용경협에서 열린다. 용경협은 베이징 시내에서 차로 약 2시간 정도 떨어진 중국 국가에서 지정한 국가A4급 관광지로 유명하며 한 여름에도 공기가 맑고 서늘한 청정 지역이다.

하얼빈의 빙등제의 축소판으로 매우 비슷하며, 특히 한중 수교 15

주년을 기념하여 매년 한국관을 설치하여 한국의 문화를 알리는 장으로 그 역할을 하고 있다.

베이징국제영화제는 2011년에 시작한 국제영화제이다. 매년 세계 유명 영화배우들이 찾아와 축하를 하고 있다. 중국은 최근 경제 성장과 함께 영화산업도 발전하고 있어 세계적으로 관심을 끌고 있는 영화축제이다. 특히 중국 정부는 베이징국제영화제를 세계적인 영화축제로 만들려고 많은 노력을 기울이고 있다.

(3) 하이난 국제야자축제

하이난도는 중국의 야자섬으로 관광지로 아주 유명한 곳이다. 하이난 국제야자축제는 매년 4월 초순(음력 '3월 3일' 기간)에 중국 남방지역인 하이난에서 열리는 축제이다. 야자수는 하이난의 상징으로 되어 있다. 하이난 경제 특구의 풍모를 전시하기 위해 성 정부는 1992년 4월 3일~8일, 제1차 하이난 야자축제를 개최했다. 그 후부터 매년 4월 초순에 '국제야자축제'를 개최하여 하이난 야자문화와 당지의 풍치를 전시함과 동시에 경제무역상담회도 열린다.

이 축제 기간에는 야자축제뿐만 아니라 이족과 묘족의 '삼월삼' 민

속놀이도 특색적이다. 이 놀이는 이족 청년남녀가 사랑을 맺는 전통적인 명절놀이다. 이날에 예쁜 민족복장의 차림으로 미혼 남녀가 산란술, 죽통밥, 과일 등을 지니고 벌판에 모여 노래로 상대방에 대한 호감과 사랑을 나타낸다. 노래로 남녀가 눈이 맞으면 서로 선물을 교환하며 백년가약을 약속한다. 이족의 전통문화를 전파하고 민족경제 발전을 촉진하는 축제로서 수많은 국내외 관광객들이 참여하며 하이난 국제야자축제의 중요한 부분을 차지하고 있다.

또 꽃차 순행 행사도 있다. 하이난 전 지역을 20일 동안 돌아다니면서 정치적 업적과 기업 이미지 홍보를 위주로 이루어지고 있으며, 국내외 및 하이난다오의 특산물을 홍보하는 역할도 진행한다. 그리고 이 축제 기간에 야자섬 공주 선발 행사도 있다. 각 현과 시에서 출전한 여성들은 심사통과 후 꽃차 순행을 진행하며 결승에 진출한 여성들은 지역문화의 아름다움과 건강의 홍보대사가 되기도 한다.

(4) 칭다오 국제맥주축제

중국 칭다오 국제맥주축제는 전 세계로 매우 유명하다. 칭다오에 거주하던 독일인 선교사가 살해당한 사건을 빌미로 독일은 칭다오를

40년간 지배를 했다. 이후 이들은 점령 기간 동안 맥주를 만들어 먹기 시작했는데 이것이 오늘날 칭다오 맥주의 유래가 되었다.

이때의 점령 잔재로 남은 것은 독일식 붉은 벽돌 건물과 맥주 제조 기술이다. 그리고 이외에 칭다오 인근에 있는 라오산(노산)에서 퍼온 맑은 물로 만든 맥주인 라오산 맥주도 유명하다.

칭다오시는 지역 관광을 활성화하기 위해 1991년 8월에 칭다오 국제맥주축제를 열었다. 이 축제는 점차 유명해져서 맥주의 종주국인 독일 뮌헨의 옥토버페스트(Oktober fest)에 맞먹을 정도로 명성을 누리고 있다. 아시아 최대의 맥주축제이자 세계 4대 맥주축제로 인정받고 있다. 이 축제 기간에는 다양한 교류 세미나와 경제무역상담회 등이 개최되기도 한다.

또한 칭다오에는 맥주박물관이 있다. 이 박물관은 칭다오 맥주공장 내에 있으며, 이곳은 칭다오 맥주의 발상지이기도 하다. 박물관은 백년 역사와 문화, 생산 공예, 다기능 구역 등 3개 참관 구역으로 나눠 배치하고 있다.

참고로 칭다오와 함께 하얼빈에서 개최되는 세계적인 맥주축제인 하얼빈 국제맥주축제가 있는데, 이 역시 매년 7~8월에 열린다. 하얼빈은 여름과 겨울에 대형 축제를 개최하는 축제의 도시이기도 하다.

(5) 취푸(曲阜) 국제공자문화제

취푸시에서는 매년 9월 26일~10월 10일에 취푸 국제공자문화제를 개최한다. 국제공자문화제는 공자와 관련된 모든 기념행사와 학습, 여행, 이벤트, 비즈니스 등을 동시에 개최한다. 또 다양한 국제적 인물들이 모이는 큰 규모의 국제적 축제이며 중국이 가장 국제 영향력을 가지고 있는 10대 축제 활동으
로 중국 정부의 적극적 지원 아
래 중국 최대의 역사·문화 행사
로 자리 잡고 있다. 특히 이 기간
에 공자의 생애와 사상을 노래
와 춤, 의식 등으로 표현하는 문묘 일부 공연이며, 춤사위 하나하나에
공자의 예의사상과 상징이 그대로 담겨져 있다.

공자는 중국 고대의 사상가, 교육가로 기원전 551년 음력 8월 27일(양
력 9월 말) 취푸에서 태어났다. 공자의 조상으로는 송나라의 공족이었으
며, 공자의 3대 전에 노나라로 옮겨 왔다. 공자의 자는 중니(仲尼)이다.

공자는 유교의 시조이며 춘추시대의 정치가·사상가·교육가이며,
노나라의 문신이면서 시인이다. 그는 정치적으로 삼황오제의 이상적
정치와 조카를 왕으로서 성실하게 보필한 주공 단의 정치철학을 추구
하였다. 그리고 공자는 자신의 뜻을 펼치기 위해 중국의 전역을 주유
하였으나 공자의 유세에 귀를 기울이는 왕이 없어 그는 말년에 고향
으로 돌아와 후학 양서에 전념하다 생을 마쳤다.

국제공자문화제의 유래는 오래전부터 사람들은 해마다 공자의 생
일이 되면 그에 제사를 지내왔는데, 1984년 관광부처는 이를 계기로
'공자탄신고향관광' 항목을 개발하여 국내외 관광객들의 호평을 받았
다. 이후 1989년부터는 국제공자문화제로 개칭되어 다채로운 행사가
진행되고 있다.

이 기간 동안의 행사로는 공자제, 대형 '공자제전악무' 개막식, 공자
제전전시회, 공자고향서예전, 공림-공자가족 묘지전 및 경제무역상
담회와 전시판매회가 개최된다. 이밖에 공부, 공묘, 공자 출생지 공자
수학여행, 공자고향혼인풍속쇼 등의 특별관광도 있다.

3) 중국의 소수민족과 축제

(1) 소수민족 개괄

중국은 한족과 55개의 소수민족으로 구성되어 있다. 중국은 중화인민공화국 헌법 제1장 제4조에 의거하여 소수민족정책을 시행하고 있다. 그 내용에는 평등, 공동 발전, 언어 보존, 풍습의 자유 등의 내용이 수록되어 있다.

중국의 약 64%의 영토를 소수민족이 차지하고 있다. 또한 소수민족이 거주하고 있는 지역에는 중국 발전의 핵심적인 자원이 분포해 있기 때문에 정치적으로 소수민족의 통합은 필수불가결한 것이라 할 수 있다.

중국 소수민족 자치정책은 자치구, 자치주, 자치현 및 자치향으로

지난해 11월 현재 55개 소수민족이 중국 전체 인구의 8.48%인 1억1379만 명

후이족
❶ 1000만 명
❷ 닝샤 후이족 자치구 (중국계 무슬림)

몽골족
❶ 580만 명
❷ 네이멍구 자치구

러시아

카자흐스탄

위구르족
❶ 830만 명
❷ 신장 위구르 자치구 (중앙아시아 뒤르크계 민족)

몽골

조선족
❶ 219만 명
❷ 연벤 조선족 자치구 (한국계 중국인)

티베트
❶ 540만 명
❷ 시짱 티베트 자치구

만주족
❶ 1000만 명
❷ 랴오닝 성 (금나라 세운 여진족 후신)

인도

중국

미얀마

좡족
❶ 1800만 명
❷ 광시 좡족 자치구 (중국 최대 소수민족)

❶ 인구
❷ 주요거주지

중국의 주요 소수민족

구분을 해놓고 있다. 현재 5개 자치구, 30개 자치주, 120개 자치현 및 약 1,000여 개의 자치향이 존재하며 1984년에 개정된 '민족구역자치법'에 의거하여 시행되고 있다. 자치법을 요약하면, 위의 법은 수많은 소수민족들의 공동번영과 발전을 위한 것으로, 모든 민족이 일치단결하여, 통일된 사회주의 국가 건설을 위해 노력해야 한다는 것이다.

자치구는 비교적 높은 독립성이 보장되며 네이멍구자치구, 광시장족자치구, 티베트자치구(시짱자치구), 닝샤후이족자치구, 신장위구르자치구의 5개의 차지구가 설치되어 있다.

(2) 소수민족 축제

① 자매반

묘족의 젊은 남녀는 지형이 험하기 때문에 마을끼리 왕래가 적은 편이다. 그래서 축제 같은 행사를 통해 짝을 찾는 경우가 있다. 묘족의 축제 가운데 봄에 열리는 축제가 자매반 축제이다. 자매반 축제는 묘족 자치주의 북동쪽에 위치하고 있는 시동에서 벌어지는 축제로서 청춘남녀가 서로의 짝을 찾아 가는 축제이다. 묘족의 전통축제로서 2006년 중국 제1차 국가급 비물질 문화유산(무형문화재)에 등재되었다.

이 축제는 이 기간 동안 서로를 탐색하는 기간인데, 이 시기에 춤도 추고 노래도 부르며 어울리며 서로에 대한 관심을 갖

고 지켜보는 행사이다. 이때 여자들은 마음속에 자신이 마음에 들어하는 남자를 정해 둔다. 축제가 끝날 때 즘 여자들은 주먹밥으로 자신의 마음을 정한다.

좋아하는 남자에게 자신이 만든 주먹밥 안에 빨간 장미꽃, 좀 더 생각하고 싶을 때는 솔잎을, 우정으로 상대를 만나고 싶으면 젓가락 토막을, 싫으면 고춧가루를 넣어 자신의 마음을 표시한다.

묘족의 음식과 관련된 또 다른 축제는 천인 테이블 축제(천인장탁연)로 묘족 연회석 축제로서 일반적으로 자식이 결혼하거나 아기가 태어난 지 만으로 한 달이 되거나 또는 마을의 친목을 도모할 때 벌이는 잔치이다.

② 횃불축제

횃불축제는 윈난성 소수민족들이 대부분이 즐기는 축제이다. 나시족, 백족, 라후족, 이족 등의 민족들이 매년 음력 6월 25일에 여는 축제이다. 이는 오곡이 풍성해지기를 기원하며 미리 축하하는 풍작 기원 축제이다.

이 축제는 기존의 유목민족에서 농경민족으로 변화면서 이전의 문화를 포기하고 나타나게 된 새로운 축제문화이다. 이 축제 기간에는

밤에 자신들의 전통의상을 입고 많은 사람들이 횃불을 들고 동그랗게 둘러 모여 주위를 돌며 노래 부르며 춤을 추는 축제이다.

③ 물 축제(발수절)

물 축제는 윈난성의 소수민족인 태족의 전통축제이다. 이 축제는 윈난성에서도 가장 대표적이며 성대한 축제로 꼽히고 있다. 물 축제는 4월 중순에 약 3일 동안 열리는데, 보통 4월 13일부터 4월 15일까지 3일간 진행된다.

이 물 축제 기간에는 태족의 음악, 춤, 음식, 의상 등 태족의 다양한 전통문화를 함께 즐길 수 있다. 물 축제 3일째 되는 날을 신년-새해라고 하여 한 해의 첫날로 여긴다. 이 축제는 소승불교와 관련되어 있어 아침 일찍 일어나 전통의복을 입고 예불을 드리고 나서 서로에게 물을 뿌리며 행운을 비는데, 이는 몸을 맑은 물로 불순한 것을 씻어내고 새로운 한 해를 시작하라는 의미에서 서로에게 물을 뿌리는 전통축제가 되었다.

물 축제는 지역이 가까운 태국, 라오스, 캄보디아 등 동남아 지역에서도 비슷하게 열리는 축제이기도 하다. 태국의 물 축제인 송크는 세계적인 물 축제로 유명하다.

④ 막내절

중국 윈난성에 있는 소수민족인 이족은 음력 7월 14일부터 3일간 막내절이라는 축제를 연다. 이 축제는 특이하게도 공식적으로 여성들이 한 쪽 가슴을 내어 놓고 다니며, 또한 남자들은 이를 공식적으로 한 쪽 가슴을 만질 수 있는 독특한 축제이다.

이 축제의 유래는 수나라 때 큰 전쟁으로 많은 남자들이 죽었는데, 그들이 한 번도 여성의 가슴을 만져보지 못하고 죽은 군인들을 위로하기 위해 만들어졌다고 한다. 이러한 전통은 이 지역으로 관광을 온 모르는 남성들에게도 개방되어 있다는 것이다. 그래서 전 세계에서도 많은 남성들이 찾아오는 중국의 특이한 소수민족의 축제 중의 하나이다.

⑤ 대구(抬狗)절

구이저우성에 있는 묘족의 축제로 개를 숭상하는 전통에 따라 개를 모시는 축제를 말한다. 대구절은 개를 들어올린다는 의미로 개를 중심으로 열리는 축제이다. 이 축제의 유래는 묘족의 조상들이 자신들이 살고 있는 이곳에서 개의 도움으로 물을 찾지 못해 목이 말라 죽어

갈 때 개가 나타나 물이 있는 곳으로 안내해 줘서 조상들이 죽음의 위기를 면했다고 한다. 이후 이를 기리기 위해 개를 모시는 대구절 축제를 지내고 있다고 한다.

이 대구절 때에 개를 가마에 태우고 그 앞에 주술사가 사람들 앞에서 행사를 진행하고 사람들은 그 뒤를 따르며 노래를 부르고 북을 치며 춤을 추며 개를 모신다. 이때 개에게는 자신들이 만든 개의 옷과 모자를 직접 제작하여 입히고 개를 가마에 태워 논을 가로지르며 이때 논의 흙을 몸에 바르며 한 해의 풍년을 비는 행사이다.

⑥ 발등밟기

이 축제는 토가족의 남녀 짝짓기 축제로서 묘족의 자매반과 비슷한 축제이다. 토가족의 발등밟기는 3월 3일에 행하여지는 축제로 젊은 여자들을 위한 축제이다. 토가족의 처녀총각들은 한자리에 모여 앉아 노래로 자신의 의사를 표현하는데, 젊은 남자가 노래를 부르면 처녀가 화답을 한다. 토가족 여인은 마음에 드는 남자가 있으면 먼저 그의 발등을 밟으며 청혼을 한다. 토가족 남자가 결혼을 하고 싶으면 발을 밟힌 후에 똑같이 여자의 발등을 밟으면 된다. 그러나 남자가 발등을 밟히고 청혼을 거절하려면 소 1마리를 여자에게 주거나, 1달 동안 그 여자의 집에 가서 노동을 해줘야 한다.

⑦ 설돈절과 6월회

티베트의 설돈절은 매년 6월 말, 7월 초에 열리며 '요구르트 축제'라고도 한다. 이날이 되면 불교 신자들이 라싸에 모여 예배를 드리고 산에서 도를 닦는다. 친인들이 요구르트를 가지고 산에 올라가 도를 닦는 그들을 맞이한다. 산에서 집으로 돌아오는 길에 요구르트를 마

시며 춤을 추며 노래를 부른다.

6월회는 칭하이성 황남장족 자치주의 통런(동인) 지역에 열리는 축제로 여타 티베트 지역에서 볼 수 없는 이 지역만의 독특한 민속축제이다. 음력 6월이 이르면 7~8월 고산보리 수확 전까지 농한기를 이용해 각 부락이 섬기는 산신에게 제사를 지내는 축제이다. 이 축제는 민간민속행사로 마을의 법사가 산신과 접신을 통해 일 년의 길일을 전해 주는 것으로 행사가 진행된다. 남녀들이 민속춤을 추고 오색의 모자와 옷을 입고 전통춤을 춘다.

이 6월회는 마을마다 5일 정도 축제를 연다. 젊은 남녀들은 한자리에 모여 짝짓기를 하며, 한국의 윷놀이와 비슷한 2개의 윷을 가지고 점을 치는 행사도 있어 마을의 안녕과 풍요를 비는 것으로 진행이 된다.

⑧ 동족(侗族)의 씨름절(摔跤節)

구이저우성 갱동(坑洞)에서 매년 음력 2월 15일, 사채(四寨)에서는 음력 3월 15일에 열린다.

레슬링과 비슷한 씨름경기는 무술과 오락이 함께하는 동족의 전통운동이다. 이날 남녀노소가 모두 명절복장을 하고 모인다. 밤이 되고 경기가 끝나면 사람들은 멀리서 온 친구들과 큰 술잔치를 벌인다. 밤이 깊어지면 짝을 이룬 청춘남녀들은 달을 보고 노래하며 밤을 지새운다. 동족 씨름은 양 선수가 모두 손을 쓰지 않고 팔뚝의 힘과 허리와 다리의 힘을 이용한다.

6. 중국 관광산업 특징과 관광 명소

중국관광연구원은 2020년 12월 13일 2020 중국관광그룹발전포럼에서 '2020중국관광그룹발전보고'를 발표하였다. 보고에 따르면 중국 국내 관광시장은 향후 5년 10조 위안 규모를 형성할 것이라고 보았다. 또 중국 국내 관광객 수는 연 6억 600만 명이고, 해외 유입 관광객 수는 년 1억 4531만 명이다.

중국의 경제 성장과 함께 중국인들의 관광 욕구와 패턴은 다양해지면서도 점차 빠르게 성장하고 있다. 중국 정부의 도시화 추진으로 중국인들의 소득이 증가하면서 여행에 대한 요구가 확대되고 여행 관련 제한이 완화되면서 중국 국내뿐만 아니라 한국, 일본 및 동남아시아 그리고 미주 지역까지 그 범위가 점차 확대되고 있다.

사실 중국은 1990년대까지만 해도 국가에서 경영하는 국제여행사를 통하여만 중국을 관광할 수 있었고, 중국 내에서도 관광 허가 지역과 불허 지역을 구분하여 외국인이 갈 수 없는 지역을 지정해 둘 정도였다. 또한 기차표와 비행기표 역시 외국인들에게는 거의 두 배에 달하는 가격으로 비싸게 팔아 관광수익을 올릴 정도였다. 그러나 중국이 대외 개방을 하면서 이러한 차별과 제한이 해제되면서 중국에 관광을 가려는 많은 사람들이 몰려들게 되었다. 많은 외국인들이 중국의 유명한 관광지를 찾아 들어와 많은 관광수입을 올리게 되었다. 그러나 지금 중국의 도시들만 보면 여느 한국과 다를 바 없어 보이지만 트위터, 유튜브, 구글 등의 SNS를 이용할 수 없고, 비자 발급을 받아야 입국이 가능하며 각종 규제가 여전히 많이 남아 있어 사회주의 국가의 특징들을 볼 수 있다. 그래도 여행 인프라는 잘 되어 있는 편이고 여행하기에는 안전하고 쾌적한 편이다.

현재 중국의 관광정책은 외국인에게만 의지하지 않는다. 그동안 경제적으로 어려움을 겪었던 많은 일반 중국인들이 경제 소득의 증가로 중국 내의 많은 유명 관광지를 메울 정도로 많은 중국인들이 몰려들고 있다. 국가 지정 관광 지역은 수많은 인파로 몸살을 앓을 정도로 몰려들어 심지어 관광객 숫자를 제한하는 지경에 이르게 되었다. 또한 중국의 해외 관광 역시 이에 못지않을 정도로 해외에서 큰 손으로 대우를 받고 있다. 특히 중국은 해외 관광에 대해서 외화 유출과 같은 우려는 크게 하지 않는다. 일반 무역에서 균형을 맞춰 마찰을 피하기보다는 관광 수지 균형을 통한 마찰 회피를 이용하여 무역 불균형 마찰을 전략적으로 활용할 수 있기 때문이기도 하다.

1) 장이모우 감독의 인상(印象) 시리즈

장이모우 감독은 익히 잘 알려진 영화감독으로 세계적인 영화감독의 반열에 올라와 있다. 이러한 그가 2008년 베이징 올림픽과 광저우 아시안 게임의 총 감독을 맡아 그의 연출 능력을 전 세계에 알리면서 다시 그의 명성을 확인하게 했다. 이러한 거대한 연출 능력은 그 이전 인 1998년 베이징에서 자금성을 무대로 한 푸치니의 오페라 투란도트 에서 증명되었다.

이를 기반으로 그의 능력을 인정한 중국 정부는 장 감독과 함께 2003년 10월에 중국 구이린에 있는 양수오에서 첫 번째 인상 시리즈 인 '인상·유삼저(印象劉三姐)'를 제작 공연하였다.

두 번째는 윈난성 리장 옥룡설산의 인상리장(印象麗江),

세 번째는 항저우에 있는 시후의 인상시후(印象西湖),

네 번째는 하이난다오 바다를 배경으로 한 인상 하이난다오(印象海南島),

다섯 번째는 우이산의 인상대홍포(印象大紅袍),

여섯 번째는 충칭 우룽의 인상우룽(印象武隆),

일곱 번째는 인상푸퉈(印象普陀)이다.

이 작품은 장이모우 감독이 예술고문으로 참여하였다.

장이모우 감독의 인상 시리즈의 특징은 다음과 같은 5가지로 나누어 볼 수 있다.

첫 번째로는 공연 무대를 인공적인 실내 공연이 아니라 관광지인 자연을 최대한 이용한다는 것이다.

두 번째로는 무대가 크고 넓다 보니 많은 배우들이 필요하다는 것이다. 특히 주연급 출연자를 받쳐 주는 인원이 5백 명 정도가 기본이라고 한다.

세 번째는 각각의 인상 시리즈마다 각 지역의 독특한 이미지를 활용하여 색다른 볼거리를 제공한다는 것이다.

네 번째는 중국만이 가능한 공연이라는 것이다. 즉 대규모 인원과 거대한 공연장은 중국만이 제공할 수 있다는 것이다.

다섯 번째로는 현지 주민들의 일자리 창출이라는 것이다. 중국 정부는 공연 기획 단계부터 현지인의 일자리 창출에 주안점을 두고 감독과 상의하여 제작되었다는 것이다.

특히 경제적인 면에서 장이모우 감독의 인상 시리즈는 중국 지역의 경제에 많은 영향을 미쳤다. 지역 자연경관을 배경으로 지역민들이 공연 주체가 되어 공연되는 것으로 특징짓는데, 이는 중국 관광산업의 비약적인 발전을 선도해 갈 뿐만 아니라 지역사회의 경제적 발전에 크게 기여하고 있다.

첫 작품인 구이린 지방에서 개발된 '인상·유삼저'는 소수민족의 집단 주거 지역으로서 작은 마을에 불과했지만 이후로 구이린은 국제적 관광도시로 크게 부각되었으며, 구이린으로 관광을 오면 꼭 한 번은 봐야만 하는 하나의 코스로 자리매김하게 되었다.

또한 늘어난 관광객을 수용하기 위한 편의시설들이 확충되는 등 인상 시리즈의 성공은 지역사회의 경제 발전 및 지역 고용 창출에 많은 영향을 끼쳤다. 더 나아가 인상 시리즈는 주민들의 경제적 이익 이외에 지역민으로서의 자긍심 고취에도 큰 영향을 끼쳤다.

2) 농자러(農家樂, 농가 체험) 산업

중국에서는 생활 향유, 건강한 생활, 환경 보호, 생활의 질, 녹색생활 등의 언어가 대중매체를 통해 유행하고 있다. 이것은 한국의 웰빙과 같은 개념으로 중국인의 의식 구조와 생활 패턴에서 점차 확대되고 있다.

중국이 경제가 성장하면서 과거에는 가지지 못했던 물건 중 하나가 바로 자동차이다. 집이야 중국이나 한국 사람이면 다 반드시 사고 싶어 하는 것 중의 하나이지만, 자동차는 중국 사람들에게 있어 매우 귀중한 물건 중의 하나이다. 자동차 대중화가 중국에 불면서 중국인

들의 삶에 대한 질적 향상을
추구하는 인식과 맞물려 '향
유생활'이라는 의식이 생겨
났다. 특히 1955년 이래 중국
에서는 주 5일 근무제가 정착
되어 오면서 중국인들의 여

가생활과 자동차 문화 확산에 결정적 촉매제가 되었다.

　이러한 삶의 향유에 대한 욕구는 농촌체험(농자러)이라는 것이 등장
하기 시작했다. 중국 사람들은 차를 몰고 교회로 나가서 시골음식(농
자판)을 먹고 바람 좀 쐬다가 들어오는 것 정도로 인식하였다. 이것이
자동차 대중화와 소득의 증가로 농자러의 트렌드가 단순히 밥 한 끼
먹고 드라이브하고 오는 것이 아니라 땀을 흘려 채소를 직접 재배하
거나 과일을 직접 수확해 보는 체험형 상품으로 발전하고 있다. 특히
이러한 분위기는 좀 더 확대되어 시골에 내 땅 한 필만 있으면 레저생
활을 즐길 수 있다는 말들이 유행하면서 작은 개인농장을 갖는 분위
기도 형성되었다. 게다가 자녀들에게 농촌과 자연의 소중함을 알게
해 주는 건강한 웰빙체험이라는 요인까지 더해지면서 중국의 많은
부모들이 작은 농장을 소유하는 것도 붐이 일어나기도 했다.

　중국 특색의 사회주의를 강조하면서 서구의 자본주의 요소를 받아
들여 온 이후 중국인들에게 있어 최고의 가치로는 삶의 품질은 물질
기반에서 정신적 내면세계로 넓어지고 있다. 과거 중국인들은 제품의
가격, 품질, 기능 등을 중요하게 생각했다면 현재의 중국 소비자들은
브랜드, 개성, 체험 등을 중요하게 생각기 시작했다는 것이다.

3) 요유커, 싼커, 따이꺼우

(1) 요우커(遊客)

요우커는 한국에서 중국인 관광객을 일컫는 단어이다. 중국의 경제 발전으로 중국인들이 소비가 증가하면서 지리적으로 가까운 한국으로 많이 관광을 오고 있다. 이들은 주로 단체관광객 형태로 많이 오면서 상품의 소비 지출에 막대한 비용을 지불하면서 한국의 관광산업에 큰 영향력을 끼치고 있다. 특히 서울과 부산, 제주 및 공항 면세점에서의 이들의 소비액은 상당히 커서 면세점의 경우 중국인 관광객 수에 따라 매출의 영향을 받고 있다.

(2) 싼커(散客)

중국인의 개별 관광객을 말한다. 이전에는 주로 단체관광객 형태로 한국에 관광을 왔다면 주로 1980~2000년대 초반 출생의 밀레니얼 세대들은 단체관광보다는 개별적으로 혼자, 또는 몇 명이 어울려 여행을 오는 새로운 트렌드를 말한다.

주로 자유여행의 형태로 시간을 자유롭게 사용하고 스마트 폰으로 각종 다양한 정보를 검색하며 관광 정보를 얻어 자유롭게 여행을 하는 형태이다. 면세점보다는 백화점이나 일반 전통시장을 찾아가 그 지역의 문화상품을 즐기는 여행 형태이다. 이들은 한류 콘텐츠에 영향을 받아 한국 드라마나 영화, 또는 K-pop 등에 등장한 화장품, 의류, 장신구, 음식, 관광지 등을 구매하거나 여행을 간다.

(3) 따이꺼우(代購)

한국의 경제와 문화산업이 발달하면서 중국에서 한국의 물건을 사고 싶어 하는 사람이 많아지고 또한 한국으로 여행을 오는 많은 중국인들이 한국의 좋은 물건을 많이 사가는 형태가 크게 형성되었다. 특히 요우커와 싼커가 많아지면서 한국의 물건들이 중국으로 많이 들어가게 되어 한국의 제품이 인기가 있게 되었다. 이에 중국 국내에서 한국의 제품을 구입하고 싶지만 구매가 싫지 않아 이를 대신해서 물건을 팔아 이익을 보는 형태의 구매 대행 형태가 형성되었다. 이러한 중국식 구매 대행을 '따이꺼우'라고 한다.

보통 한국에 여행을 자주 오거나 아니면 한국에 유학 온 학생들이 따이꺼우를 많이 한다. 이들은 대대적인 홍보 및 자신의 인적 네트워크를 충분히 활용하여 수익을 증대시킨다. 그리고 구매를 의뢰한 사람에게 지속적인 신뢰도를 보여야 하기에 더욱 많은 제품과 할인 정책으로 그들의 구매욕을 자극시키기도 한다.

4) 중국 유명 관광명소

(1) 돈황-막고굴(莫高窟)과 명사산

돈황의 막고굴은 돈황 천불동이라고도 하며, 북조 시기부터 원대에까지 약 1천여 년의 세월 동안
만들어진 735개의 동굴로 이루
어져 있다. 인도 불교가 서역을
통해 중국으로 들어오면서 형성
되기 시작했고 형식화된 밀교
시대에 이르기까지의 석굴과 불
상들이 고스란히 담겨져 있으며
벽화를 통하여 그 당시 불교와 시대상을 엿볼 수 있는 아주 중요한
지역이다.

전체 석굴은 남쪽과 북쪽의 두 구역으로 나뉘어져 있는데, 남쪽
구역이 중심 지역이다. 이 남쪽 굴들은 과거 승려들이 불교 활동을
행하던 장소로 알려져 있으며 동굴 489개에 모두 벽화 또는 불상이
있다. 1961년에 중국 국무원에 의해 전국 중점 문물보호 단위로 지정
되었으며, 1987년에 유네스코 세계문화유산으로도 지정되었다.

거주 구역에는 중국식 온돌, 아궁이, 굴뚝, 벽감, 등잔 등 생활시설
을 갖추고 있다. 막고굴 전체로는 총 492개의 동굴에 벽화와 불상이
있다. 그리고 암벽에 세워진 당·송대 목조 처마 지붕 구조물이 5개
남아 있다.

돈황 지역에 또 다른 유명한 지역은 사막모래로 이루어진 명사산이다.
이 명사산은 돈황으로 약 5km
정도 떨어진 곳에 위치한 모래
산이다. 아주 가는 모래와 돌이
퇴적되어 형성된 산으로 이곳의
가늘고 맑은 모래가 바람에 의
해 일어날 때 아주 고운 소리가

난다 하여 명사산이라 명명하였다. 그리고 이 명사산 안에 있는 또 하나의 풍경은 월아천으로 초승달 모양의 작은 못이다. 길이가 약 200m, 폭이 50m 정도의 연못이다. 이 월아천의 물은 돈황 남쪽 곤륜산맥의 눈이 녹아 물이 흘러 지하로 들어와 저지대인 이곳에 솟아나는 것으로 알려져 있다. 특이한 점은 매년 큰 모래바람이 불어도 모래가 이 월아천을 잘 덮지 않는다는 것이다. 그리고 이 명사산 정상에서 월아천까지 모래 미끄럼을 타는 관광코스도 있어 이색적인 풍경을 느낄 수 있다.

(2) 시안-진시황릉과 병마용

중국 시안에는 전국시대를 통일한 진나라 시황제의 무덤이 있다. 높이가 약 76m의 거대한 높이의 능이다. 사마천의 『사기』에 보면 시황제 즉위 초부터 시작하여 중국 천하를 통일한 이후까지 많은 인력을 동원하여 만들었다고 한다. 내부에는 수은으로 강과 바다를 만들고 지하 궁전을 만들어 도굴하려는 자의 도굴을 막기 위해 자동발사 화살이 갖추어져 있다고 한다. 1987년에 유네스코의 세계유산을 등재

되었다.

진시황의 무덤은 아직 중국 정부의 공식적인 발굴이 이루어져 있지 않고 현재의 병마용 갱만 개방되어 있다. 1974년 시안의 외곽 지역에서 한 농부가 우물을 파기 위해 땅을 파다가 우연히 발견하게 되었다. 이후 본격적인 발굴 작업을 실시하여 이곳이 진시황릉에 딸린 병마용 갱임을 공식적으로 발표하였다. 발굴 당시부터 지금까지 총 4개의 갱이 발굴되었으며 처음 발견되면서부터 1호, 2호, 3호 갱은 관람할 수 있도록 하고 있다. 주변의 병마용을 복원하는 데는 수십 년 이상이 걸릴 것으로 예상하고 있다.

이 병마용에서 발견된 병사도용의 크기는 약 1.75~1.96m 크기로 만들어졌다. 병사들은 갑옷을 입은 것과 안 입은 것으로 구분되어져 있고, 모두 컬러로 채색된 도용이었으나 발굴 과정에서 자연의 햇빛에 노출되자 색이 바래졌다. 이 병마용은 세계 8대 경의 중의 하나로 꼽히고 있으며 모두 훌륭한 예술품으로 평가받고 있다. 또한 진나라의 당시 군사편제, 갑옷, 무기, 두발, 체형 등의 연구에 좋은 자료가 되고 있다.

(3) 쓰촨성-구채구(주자이거우)

쓰촨성은 중국의 상징인 '판다'의 고장이면서 삼국지의 유비가 세운 촉한 지역이다. 이곳에서 가장 유명한 곳으로 뽑자면 자연풍광 관광지로 구채구를 들 수 있다. 구채구는 1978년 국가자연보호구역이 되었으며, 1992년에 세계자연유산으로 등록되었다.

해발 2,500m에 위치하고 있다. 이 구채구는 원래 9개의 티베트족 마을이 사는 골짜기라는 뜻으로 깊은 숲속에 있다. 1970년대 말 이곳이 발견된 것은 우연히 이 지역의 나무를 벌목하러 온 인부들에 의해 발견되었고, 이후 신비로운 풍경이 점차 세상에 알려지면서 유명해지기 시작했다. 그리고 중국 지방정부는 이곳 주민들과 협의하여 3개의 골짜기를 관광지로 개방하면서 공개하게 되었다.

이곳에서도 오채지라는 곳은 이곳의 가장 아름다운 곳으로 뽑힌다. 맑고 깨끗한 비취색의 호수는 거울에 비치는 모습처럼 투명하고 호수 바닥의 돌들도 매우 선명하게 보인다. 구채구 폭포를 대표하는 진주 찬 폭포와 오화해 호수는 선경이라 할 만큼 아름답고 신비롭다. 오화해는 호수 바닥에 누워 있는 고목들과 수초들이 석회질과 반응하여 물 속의 전시장을 이룰 정도로 아름답다.

2017년 발생한 구채구 지진으로 당시 관광객과 주민 29명이 숨지고 525명이 다쳤으며, 130개 마을이 피해를 보았다. 이후 중국 정부는 일부 지역만 개방하고 나머지 지역은 여전히 봉쇄하고 있다. 개인 관광객의 입장은 당분간 제한되며 단체 여행객 수도 하루 최대 5천 명만 입장이 가능하다.

(4) 다통(大同)-윈강석굴

산시성(산서성)의 다통에 윈강석굴이 있다. 다통은 북위 왕조의 수도였으며 정치·경제·문화의 중심지였으며 523년까지 중요성을 잃지 않은 도시였다. 이곳에는 중국 최대의 불교 석굴로 총 252개 석굴과 51,000여 개의 석상이 있다.

이것들은 5세기에서 6세기경의 60여 년에 걸쳐 완성되었으며 중국 불교 석굴미술, 특히 북위 왕조의 불교 석굴예술 발전의 모습으로 평가받고 있다. 특히 460년 탄야오가 5개의 석굴을 만들었는데, 이를 담요오굴이라 부른다. 이 석굴은 엄격한 배치와 통일성의 디자인으로 중국 전통불교예술의 최고 걸작으로 보고 있다. 13~15m 높이의 거대한 석상을 세우기 위해 높게 굴을 팠고, U자형으로 설계를 하였고, 고대 인도풍의 초가를 본떠 만든 아치형 지붕이 있으며, 굴마다 문과

창을 만들었는데, 이 또한 독특한 설계이다.

원강석굴은 황실의 후원을 받아 5세기경에 시작하였으며 남아시아와 중앙아시아로부터 전해진 불교의 종교적 상징예술이 중국 전통문화와 성공적으로 융합되었다.

(5) 구이린(桂林)-계림산수

구이린은 '천하 산수의 으뜸(山水甲天下)'이라는 명성을 얻을 만큼 빼어난 자연환경을 자랑하는 곳이다. 해발 50~100m 내외의 기암 봉우리와 그 사이를 흐르는 리장의 맑고 깨끗한 물이 어우러져 천태만상의 절경을 엮어내고 있다. 이 밖에 각 산봉우리에는 수많은 천연동굴이 조성되어 있는데, 그 내부 경관이 화려하기로 유명하다.

구이린은 광시장족 자치구에 있으며, 카르스트 지형으로 약 36,000여 개의 봉우리들이 병풍으로 둘러싸여 있는 것처럼 아름다운 풍경을 자랑한다. 구이린은 계수나무 꽃이 피는 9월에서 11월이 가장 아름답

다. 간혹 우리는 주위에서 산수도(山水圖) 중 기암절벽 사이로 흐르는 강물에 노 젓는 뱃사공의 그림을 한 번쯤은 본 적이 있을 것이다. 구이린은 한 마디로 그림 그 자체이고 중국의 산수도 중 이곳을 소재로 그린 산수도가 상당히 많이 있다.

아름다운 곳으로는 세외도원, 코끼리를 닮았다는 상비산, 첩채산, 요산, 관암동굴, 천산공원이 있으며, 환상적인 몽환이강쇼, 아름다운 리장을 따라 유람하는 리장유람 등이 유명하다.

(6) 마카오-마카오 역사지구

마카오는 주강 하구 서쪽에 위치하며 주하이와 가까이 있다. 마카오반도와 타이파이섬과 콜로아네섬을 포함하고 있으며 광둥성 향산현에 속하였다. 마카오라는 명칭은 14세기에 세워진 마콕(Ma Kwok)사원의 이름에서 연원한다. 당시에는 원주민들이 여러 작은 마을을 이

루어 흩어져 살고 있었다. 주로 어업과 소규모 농경작을 하는 곳이었다. 이러한 마카오는 16세기 중반부터 포르투갈의 통지를 받았다가 1999년에 중국으로 반환되었다. 마카오의 역사는 세계 무역로 개척과 함께 지금은 중국 영토에서 마카오의 전략적 위치는 중국과 포르투갈 정부의 관계에서 매우 중요한 위치를 차지하고 있다.

마카오는 450년의 서양과 중국 문명의 만남과 발전을 보여주는 건축학적 총제이다. 마카오는 다양한 도시 공간과 혼합된 주거 지역이 잘 어울려져 있으며, 고대 중국 항구와 서구 도시의 미를 잘 연결해 주고 있는 곳이며 두 문명의 아름다운 조합을 잘 드러내고 있는 공간이다.

마카오 역사지구는 역사거리, 주거 지역, 포르투갈과 중국식 종교 건물과 공공건물들이 있다. 이곳은 동양과 서양의 문화적·건축적·미적 영향력이 공존하는 독특한 장소이며 유명관광지이다. 마카오는 활발한 국제무역을 바탕으로 한 중국과 서양의 최초의 만남이 이루어졌고 지금까지 그 교류를 이어가고 있는 아주 특색 있는 곳이다.

마카오 최초의 도로인 루아 디레이타(Rua Direita), 바라(Barra) 광장의 마조각(媽祖閣), 릴라우(Lilau) 광장, 페드로 5세 극장(1860), 성 도미니크 성당(1587), 예수회 기념 광장(Company of Jesus Square) 등이 있다.

5) 중국 유명 4대 정원

중국의 4대 정원은 1961년 국무원에서 발표한 제1차 전국중점문물보호단위 중에서 중국 전통의 우수한 정원 건축물로 공인받은 것을 말한다. 이는 베이징의 이화원(頤和園), 허베이성의 청더(承德)에 있는 피서산장(避暑山庄), 장수성의 쑤저우(蘇州)에 있는 졸정원(拙政園)과 유원(留園)을 말한다. 이화원과 피서산장은 중국 왕궁의 정원과 여름 별장으로 규모가 엄청나게 크다. 그러나 쑤저우에 있는 졸정원과 유원은 지방 하급 관리의 정원이며 규모는 작지만 중국 전통적인 정원의 모습을 그대로 간직하고 있다고 말할 수 있겠다.

중국말에 "강남의 정원은 천하의 제일이고, 쑤저우의 정원은 강남의 제일이다"라는 말이 있듯이 쑤저우에 있는 정원은 중국 고전식 개인 정원의 풍격과 예술 수준을 그대로 보여주고 있는 대표적인 건축물로 평가받고 있다. 쑤저우의 두 정원은 원림식 정원의 특징으로 일정한 공간에 물, 바위, 동굴, 대나무, 수목, 주랑, 서화작품 등을 적절히 결합하여 가장 중국적인 특색을 보여주는 정원이다.

(1) 이화원

중국 수도인 베이징에서 서북쪽으로 떨어진 곳에 위치한 중국 황실의 별궁이자 최대 규모의 황실 정원이다. 총 면적이 2.9㎢에 달하며 자연 풍광이 그대로 살아 있으면서도 인공 건축물이 환상적으로 잘

어우러져 있는 중국 조경예술의 최대 작품이다. 1988년에 유네스코 세계문화유산으로 등재되었다.

금나라 때인 12세기 초엽에 처음으로 조성되었다가 1570년 청나라 건륭제 때 확장하였다. 그러다 1860년 서구 열강의 중국 침탈로 파괴되었다가 서태후가 실권을 잡고 있던 1886년 재건되었다. 그리고 이때 이화원이라고 이름지어졌다. 주로 이곳에서 수렴청정을 했던 서태후는 일시적인 피서와 요양의 목적으로 건설되었던 이곳에서 각종 전각과 사원을 추가로 지었고 나랏일을 볼 수 있는 궁전 형태로 바꿨다. 이화원 재건 비용 때문에 청나라가 1894년 청일전쟁에서 패배했다는 말이 나올 정도로 막대한 자금을 들였다고 한다. 특히 놀라운 일은 이화원에 있는 거대한 호수인 쿤밍호는 인공호수이며 눈앞에 보이는 산인 만수산도 인공산이라는 것이다. 60m의 만수산은 전각과 사원, 회랑 등 3천여 칸의 전통 건축물이 있다. 쿤밍호를 파낸 흙을 쌓아 만든 산이 만수산이다.

또 이화원에서 중요한 건축물인 회랑인 창랑(장랑) 긴 복도이다. 길이가 778m, 273칸으로 중국에서 가장 크고 긴 복도이다. 천장과 벽에 많은 그림들이 그려져 있어 중국 최대의 야외 미술관으로 불린다. 이외에도 중국의 안녕을 기원하며 만들었다는 쿤밍호에 있는 떠 있는 듯한 석주—돌로 만든 배와 여러 개의 돌다리, 아름다운 석상들이 조화롭게 잘 배치되어 있다.

(2) 피서산장

피서산장은 중국에서 가장 큰 황실의 정원으로 허베이성 청더에 위치하고 있다. 이는 청나라 때 별궁으로 여름에 더위를 피해 황제가 이곳으로 피서를 하며 집무를 보았다는 데서 이름을 피서산장이라고 한다. 이 청더이궁과 열하행궁으로도 불렸다.

이 산장은 1703년 청대 강희제 때 짓기 시작하여 옹정, 건륭 3대 89년간에 걸쳐 완성된 별궁이며, 총 면적이 약 5천m²이다. 그 주위로는 성벽둘레만 10km에 이르며, 산장은 궁전구, 호박구, 평원구, 산만구 등의 4개 부분으로 나뉘어져 있다. 전체적으로 동남부는 물이 많고 서북부는 산이 많으며, 전체 중국 지형과 비슷한 지세로서 중국 원림예술의 걸작으로 평가받고 있다.

피서산장의 건축은 강남 지방의 많은 정원과 명승고적을 모티브로 만들었으며, 쑤저우의 사자림(獅子林)과 한산사(寒山寺), 항저우의 무릉사와 육화탑(六和塔), 자싱(嘉興)의 연우루(煙雨樓)를 참고하여 건축하였다고 한다. 이곳의 특징은 산 속에 위치한 정원이 있고, 정원 속에 산이 있는 120개의 건축물로 이루어져 있다. 그 중 강희제가 네 글자로 명명한 36경, 건륭제가 세 글자로 명명한 36경 총 72경의 경치를 감상할 수 있다.

(3) 졸정원

졸정원은 명나라 정덕년(16세기 초)에 만들어진 강남식 전통 원림의 대표적인 건축물이다. 총 면적은 약 5만m²이며 4대 정원 중 가장 크고 화려하며 동원, 중원, 서원의 세 부분으로 구성되어 있으며, 강남 수향의 특징을 잘 지니고 있다. 동원은 크고 탁 트였으며, 중원은 전체 정원의 아름다움이 잘 나타나 있고, 서원은 정교한 건축물을 지니고 있다.

왕헌신은 명나라 중앙관료였는데, 권력 싸움에서 밀려 고향으로 돌아와 이 정원을 짓고 자조하는 뜻으로 그 이름을 졸정원이라고 지었다고 한다. 졸정의 명칭은 진나라 시인 반악의 〈한거부〉에서 따왔는데, '어리석은 자가 정치를 한다'의 뜻으로 '졸자지위정(拙者之爲政)'이란 시의 한 대목에서 가져왔다.

졸정원은 전체 면적의 절반 이상이 연못과 수로로 되어 있어 여름

에는 연꽃이 화려함을 나타내고 연못가의 많은 누각들을 연결하는 회랑에는 복잡하면서도 아름답게 잘 연결되어 있어 연못, 누각, 회랑 등의 아름다움을 동시에 감상할 수 있게 잘 배치되어 있다. 1997년 수저우 원림에 포함되어 유네스코 세계문화유산에 등재되었다.

(4) 유원

유원은 4대 명원 중의 하나로 졸정원·사자림·창랑정(滄浪亭) 등과 함께 강남의 정원을 대표한다. 1961년 전국중점문물보호단위로 지정되었고 1997년 유네스코의 세계문화유산으로도 등재되었다.

쑤저우 고성의 서북쪽에 위치하며 졸정원과 비슷한 시기인 1525년 명대 가정 연간에 지방 관리의 개인 정원으로 조성되었다가 1593년

만력 21년에 완공되었다. 청나라 관리 유소(劉恕)가 수리하여 한벽장(寒碧莊)이라는 이름으로 개명하였다가 청대 광서 2(1876)년 관원이었던 성강(盛康)이 이를 개보수하면서 이름을 유원으로 개명하였다.

　유원은 중국의 전통적인 강남 수향의 특색을 잘 간직하고 있는 개인 정원으로서 명·청대의 풍격을 대표하고 있다. 원림은 건축 공간 예술이 매우 정교하고 대청은 크고 화려하며 누각이나 회랑을 서로 잘 배치하여 성곽으로 나가지 않아도 산림의 정취를 잘 감상할 수 있다. 유원은 크게 네 부분으로 나뉘며, 각각의 구역마다 각기 다른 주제를 가지고 있는데, 동부는 건축 위주로, 중부는 산수화원, 서부는 흙과 돌을 이용한 대가산, 북부는 전원 풍광의 특징을 가지고 있다. 특히 동원의 관운봉은 하나의 큰 태호석으로 되어 있으며, 높이가 6.5m이며 무게가 약 5톤에 이를 정도로 쑤저우에 있는 원림 중에서 가장 큰 태호석을 지니고 있다.

제2장 중국 사회

  중국을 공부할 때 흔히 듣게 되는 용어가 '중국 특색의 사회주의(中國特色社會主義)'이다. 시진핑 시기에 와서는 '신시대(新時代) 중국 특색의 사회주의'라는 말을 많이 접하게 된다. '신시대'라는 말이 하나 더 붙었다. 시진핑은 2017년 제19차 전국대표대회에서 "전면적인 샤오캉(小康) 사회 달성을 결정짓고 중국 특색의 사회주의가 신시대에 진입하는 중요한 시기에 개최된다"고 말하면서, 중국이 과거와는 다른 '신시대'에 진입했다고 선언하였다. 2017년 12월 '신시대'는 2017년 중국 매체 10대 유행어로 선정되었다.

  신시대란 "새로운 역사 조건에서 중국 특색의 사회주의의 위대한 승리를 계속해서 쟁취하는 시대이고, 전면적인 샤오캉 사회를 이루는 시대이며, 전면적으로 사회주의 현대화를 이루어 강국으로 진입하는 시대이고, 전국 각 민족 인민이 단결하여 끊임없이 아름다운 생활을 만들고 점차적으로 전체 인민공동체가 부유함을 실현하는 시대이며, 중화 후손이 협력하여 중화민족의 위대한 부흥이라는 중국의 꿈을 실현하는 시대이고, 중국이 세계무대의 중앙으로 진입하고 인류에 공헌하는 시대이다"라고 하였다.

중국은 중국공산당이 주도하는 사회이고, 여전히 사회주의 국가이다. 시진핑 정부가 들어선 이후 중국공산당을 더욱 강조하고 있는 것에서도 알 수 있다. 그렇기 때문에 중국 사회를 이해하기 위해서는 중국공산당에 대한 이해가 필요하다.

현재 중국 사회를 이해하기 위해서는 현대 중국을 구분 짓는 주요 시기인 개혁개방 이전과 이후로 나누어 알아두는 것이 좋다. 특히 개혁개방 이후부터 오늘날까지의 중국 정치·경제·사회 등의 변화와 관련 있는 주요 용어들을 알면서 중국을 공부하는 것이 매우 중요하다. 특히 '인구 문제, 도시와 농촌, 사회 통제, 언론과 신조어'는 현대 중국을 이해하는 주요 키워드이다. 예를 들면, 인구 문제를 살펴보면서 중국의 계획생육정책, 바링허우(80後)와 지우링허우(90後), 헤이하이즈(黑孩子) 등의 문제를 이해할 수 있다.

중국 사회 변동은 1978년 이후 변하기 시작하였지만, 최근에 들어와서는 변화 속도가 다소 주춤하는 경향이 있다. 이는 중국 정부가 중국공산당을 강조하는 가운데 사상을 좀 더 강조하면서 나타난 현상이라고 할 수 있다.

1. 인구 문제

중국의 인구 문제는 계획생육정책을 알아두어야 하고, 계획생육정책으로 인해 발생한 사회현상과 계층을 알아두어야 한다.

1) 계획생육정책(산아제한정책)

1970년 6월 저우언라이(周恩來)는 "계획생육(計劃生育)은 국가 계획 문제에 속한다. 위생 문제가 아니라 계획 문제이다. 당신은 인구증가조차 계획할 수

'계획생육 기본 국책', 1명만 낳는 게 좋다.

없는데, 무슨 국가 계획을 할 수 있겠는가!"라고 하였다. 이후, 인구계획은 정식으로 제4차 5개년 계획에 속하게 되었다. 그리고 1973년 국무원에 '계획생육영도소조(計劃生育領導小調)'가 설립되었고, 각 지역에는 계획생육과 관련한 업무 기구가 설립되었다. 중국이 건국한 이래로 계획생육정책의 변화 과정은 크게 4개 시기로 구분한다.

첫 번째 시기(1949~1953)는 아이 낳는 것을 격려하는 단계이다. 이 기간에는 낙태와 인공유산을 제한하였다. 1953년 8월 정무원(국무원의 전 명칭)은 위생부(衛生部)의 "피임과 인공유산법(避孕及人工流産法)"을 비준하였다. 위생부는 피임약 수입 금지령을 내리고 낙태를 법으로 엄격하게 단속하였다.

중국 당국은 "사람의 노력은 대자연도 이긴다(人定勝天)"는 구호와 함께 출산을 독려하였다. 중국 정부는 "믿을 수 있는 건 사람뿐", "기적은 사람이 이룬다" 등을 제창하였다. 마오쩌둥(毛澤東)은 "사람이 많아야 국력도 강해진다(人多力量大)"며 다산을 적극적으로 권장하였다.

두 번째 시기(1954~1977)는 계획생육의 느슨한 단계이다. 중국공산당은 1956년 9월 제8차 전국대표대회에서 계획생육 방침을 공식적으

로 제시하였다. 1962년에 "계획생육의 확고한 제창에 관한 지시(關於認眞提倡計劃生育的指示)"를 공표하였다. 지시에서는 "도시와 인구가 조밀한 농촌에서 생육을 조절해야 한다고 제창하였고, 인구의 자연증가율을 적당하게 통제해야 한다"고 하였다. 그리고 생육 문제는 계획이 없는 상태에서 계획이 있는 상태로 점차적으로 가고 있다고 하였는데, 이는 중국의 계획생육정책의 중대한 문건이다.

1964년에는 국무원계획생육위원회(國務院計劃生育委員會)가 성립되었고, 중앙계획생육판공실(中央計劃生育辦公室)이 성립되었는데, 문혁 초기에 잠시 중단되었다가 1971년에 회복하였다. 1966년 1월 28일 중공중앙은 "계획생육 문제에 관한 비시(關於計劃生育問題的批示)"를 발표하였다. 이때 계획생육의 실행은 매우 중대한 일이라고 강조하였다.

1973년 12월 중국 당국은 '전국계획생육활동대회'에서 '만(晚), 희(稀), 소(少)' 원칙을 강조하며 계획생육정책을 발표하였다. 여기에서 만(晚)은 남자 25세, 여자 23세가 넘어 결혼해야 한다는 의미이다. 그리고 희(稀)는 출산과 임신은 4년 정도 간격을 둬야 한다는 것이고, 소(少)는 최대 2명을 넘지 말아야 한다는 것이다. 당시 중국에 "하나도 적은 건 아니지만, 둘은 딱 좋고, 셋은 많다(一個不少, 兩個正好, 三個多了)"라는 구호가 있었는데, 이는 중국 정부의 계획생육정책에 대한 관점을 잘 보여준다.

세 번째 시기(1978~2013)는 엄격한 계획생육 단계이다. 이 시기에는 '독생자녀', '1.5자녀(一孩半)' 정책, '쌍독이해(雙獨二孩)' 정책이 실시되었다. 1.5자녀정책은 1984년 19개 성(省)을 대상으로 첫째가 딸이면 둘째를 낳을 수 있게 하였다. 그리고 쌍독이해정책은 2002년 9월 "인구 및 계획생육법" 규정을 개선하면서 실시되었는데, 부모가 모두 외동일 경우 2명까지 낳을 수 있도록 허용했다.

네 번째 시기(2014~현재)는 완화된 계획생육 단계이다. '단독이해(單獨二孩)'에서 '전면이해(全面二孩)'정책이 실시되고 있다. 단독이해는 2014년에 실시한 것으로 부모 중 한 명이 외동일 경우 둘째 출산을 허용하였다. 2016년에 한 자녀정책을 폐지하고 전면적인 두 자녀정책을 시행하였다.

중국에서 계획생육정책은 1980년 당 중앙의 공산당원과 공청단원들에게 보낸 편지에서 언급되었고, 동년 9월 제5차 전국인민대표대회 제3차 회의에서 새로운 "혼인법"이 통과되면서 본격화되었다. 혼인법에서 "부부 모두가 계획생육을 실행할 의무를 가진다."라고 규정하였다.

다음은 1970년부터 실시된 계획생육정책이다.

1971년 7월 8일 국무원은 "계획생육 사업 완수에 관한 보고(關於做好計劃生育工作的報告)"를 전하면서 계획생육 업무에 대한 강한 영도를 요구하였다. 1973년 7월 16일 국무원은 '계획생육영도소조(計劃生育領導小組)'를 설립하였다. 계획생육의 선전교육에 '만, 희, 소'라는 구호를 제안하였다. 1975년 마오쩌둥은 "1975년 국가경제 발전 보고에 관해"에서 "인구는 반드시 통제해야 한다."라고 하였다. 1978년 10월 26일 중공중앙은 "국무원 계획생육영도소조 제1차 회의에 관한 보고(關於國務院計劃生育領導小組第一次會議的報告)"(69호 문건)에서 "부부가 1명의 자녀를 낳는 것이 가장 좋고, 가장 많은 것은 2명이다. 출산 간격은 3년 이상이다."라고 하였다.

1979년 1월 계획생육영도소조가 전국계획생육판공실 주임회의를 소집한 이후, 근본적인 변화가 생겨났다. 중국에서의 계획생육은 "단지 1명만 낳다"로 바뀌었다. 1979년 12월 18일 전국계획생육판공실 주임 천무화(陈慕华)는 회의에서 "한 쌍의 부부는 1명의 자녀를 낳는 게 가장 좋다. 이것은 금년 이래로 계획생육 업무를 전개하는 과정에서, 결론지어 나온 인구 성장 억제의 가장 좋은 경험이다."라고 하였다. 그리고 "계획생육 업무의 중점은 부부가 1명의 자녀를 낳도록 전환해서 중국 인구 문제를 해결하는 전략 임무이다."라고 하였다.

1980년 9월 25일 당 중앙은 "전 공산당원과 공청단원에게 보내는 중국 인구 성장 억제에 관한 공개 서신(關於控制我國人口增長問題致全體共産黨員、共靑團員的公開信)"을 발표하였고, 부부가 1명의 자녀만을 낳을 수 있다고 하였다.

당 중앙은 당원들에게 단 한 명의 아이만 낳을 수 있도록 앞장서달라고 호소했다

한편, 그 이후의 계획생육 관련 내용을 살펴보면 다음과 같다.

1981년 3월 6일 제5차 전국인민대표대회 상무위원회 제17차 회의에서 국무원 기구 개혁 방안이 통과되었고, 국가계획생육위원회(國家計劃生育委員會)가 성립되었다. 천무화 부총리가 국가계획생육위원회 주임을 맡았다.

1982년 2월 중공중앙과 국무원은 "진일보된 계획생육 업무에 관한 지시(關於進一步做好計劃生育工作的指示)"를 발표하였다. 이와 관련하여 ≪신화사≫는 3월 13일 "국가 요구에 따라 간부와 직공, 도시(城鎭) 거주민은 특수상황으로 비준을 거친 자를 제외하고, 부부는 1명을 낳을 수 있고, 농

부부 1쌍은 1명의 아이만 낳는 게 좋다!

촌은 보편적으로 부부가 1명의 아이를 낳을 수 있다. 어떤 집단이 실질적으로 어려움이 있어서 두 번째 임신을 요구하면 심사와 비준을 거쳐 계획된 안배를 할 수 있다. 어떠한 상황이든 세 번째 임신을 할 수 있다."라는 내용을 보도하였다. 이 지시에는 "소수민족 또한 계획생육을 해야 한다. 요구는 약간 느슨한 편으로 구체적인 규정은 민족자치 지역과 관련 있는 성, 자치구가 당지의 실제 상황에 근거하여 제정하고, 1급 인대 상무위원회 혹은 인민정부에 보고하여 비준 후에 집행한다."라는 내용이 포함되어 있다.

당시 중국 인구는 1982년 7월 1일 0시를 기준으로 제3차 인구조사를 실시하였다. 동년 10월 27일 공보에 따르면, 당시 전국 인구는 1,031,882,511명이었다. 그 중 한족은 936,703,824명으로 전체 93.3%를 차지하였고, 소수민족은 67,233,254명으로, 6.7%를 차지하였다. 소수민족 중 쫭족(壯族)이 13,383,086명으로 가장 많았고, 그 다음은 후이족(回族)으로, 7,228,398명이었다. 가장 적었던 소수민족은 러빠족(珞巴族)으로 1,066명이었고, 그 다음은 먼빠족(門巴族)으로 1,140명이었다. 1964년 인구조사와 비교하였을 때 한족은 285,407,456명이 증가하였고, 소수민족은 27,309,518명이 증가하였다.

1982년 9월 제12차 전국대표대회에서 계획생육을 기본 국책으로 확정하였고, 동년 12월 새로운 헌법 제25조에 계획생육 관련 내용이 삽입되었다. 그리고 제49조에서는 "혼인, 가정, 모친과 아동은 국가의 보호를 받아야 한다. 부부 모두는 계획생육의 의무를 실행해야 한다."라는 내용이 삽입되었다.

1984년 4월 중공 중앙이 비준한 국가계획생육위원회 당조의 "계획생육 업무정신에 관한 회보(關於計劃生育工作精神的滙報)"(7호 문건)에서 "진일보 완성된 계획생육 업무의 구체적인 정책을 제출하여, 규정의 조건에 따라 비준을 거쳐 두 번째 임신을 할 수 있고, 계획을 초과한 두 번째 임신과 여러 차례의 임신을 엄격하게 금지한다."라는 내용이 들어갔다. 그리고 "소수민족의 계획생육에 대해 고려할 수 있다. 인구가 1천만 명 이하 민족의 부부에게 둘째를 낳을 수 있게 허락하고, 개별적으로 셋째를 낳을 수 있지만 넷째는 낳을 수 없다."고 하였다.

1991년 5월 중공중앙과 국무원은 "계획생육 업무 강화로 인구 성장의 엄격한 통제에 관한 결정(關於加强計劃生育工作嚴格控制人口增長的決定)"을 발표하였고, 현행 계획생육정책을 명확하게 관철하였으며, 엄격하게 인구 성장을 억제하였다.

2002년 9월 1일부터 시행한 "중국 인구와 계획생육법"의 제17조에는 "공민은 출산의 권리가 있고, 법에 의거하여 계획생육의 의무를 실행해야 한다. 부부는 계획생육의 공동 책임을 실행해야 한다."라고 되어 있고, 제18조에서는 "공민은 만혼만육(晩婚晩育)을 해야 하고, 부부는 한 자녀를 낳아야 하고, 법률과 법규 규정 조건에 부합해야 두 번째 자녀 낳는 것을 요구할 수 있다. 구체적인 것은 성, 자치구, 직할시의 인민대표대회 혹은 그 상무위원회의 규정에 따라 실시한다. 소수민족 또한 계획생육을 실행하는데, 구체적인 것은 성, 자치구, 직할시의 인민대표대회 혹은 그 상무위원회의 규정에 따라 실시한다."라고 되어 있다. 다음 내용은 각 지역 규정에서 실시한 두 번째 출산을 할 수 있는 조건을 정리한 것이다.

중국에서 합법적으로 두 번째 출산을 할 수 있는 조건 9가지
① 부부 모두가 외동인 경우
② 농민인 경우

③ 남자가 노인 가정을 부양해야 하는 경우
④ 광부와 어부 등 특수 직업인 경우
⑤ 소수민족
⑥ 귀국한 화교와 홍콩마카오대만 동포의 부부 중 한 명인 외국인인 경우
⑦ 부부 중 1명이 상이군인인 경우
  (혹은 기본적으로 노동 능력을 잃어버린 장애인)
⑧ 첫 번째 자녀가 신체에 장애가 있는 경우
⑨ 재혼 부부인 경우

2013년 11월에 제출된 "중공중앙의 전면 개혁 심화의 약간의 중대한 문제에 관한 의견(中共中央關於全面深化改革若干重大問題的決定)"에서 "부부 중 1명이 외동인 경우에는, 2명의 자녀를 낳을 수 있는 정책을 실시한다."고 하였다.

2013년 12월에 비준된 "출산정책 조정 보완에 관한 의견(關於調整完善生育政策的意見)"에서 "제18차 3중전회의 계획생육 견지에 관한 기본 국책을 실현하기 위해, 한 쪽이 외동인 부부는 2명의 아이를 낳을 수 있는 '단독양해(單獨兩孩)' 혹은 '단독이해(單獨二孩)' 정책을 실시하여 점차적으로 출산정책으로 조정 완성한다. 인구의 장기적인 균형 발전을 촉진하기 위해 결책부서 출산정책을 조정 완성을 안정적으로 실시할 수 있도록 해야 한다."라고 하였다.

2014년 1월에서 6월까지, 전국 각 성에서 '단독이해' 정책을 실시하였다. 2015년 10월 29일 제18차 5중전회에서 "부부가 2명을 낳을 수 있는 '전면이해(全面二孩)' 정책을 실시하고, 적극적으로 인구 노령화에 대응해야 한다."고 공포하였다.

이른바 '두 자녀 정책'은 2016년 1월 1일부터 실시되었고, 구체적인

실시조치는 지방인대에서 "계획 생육조례"를 수정하여 두 자녀 정책의 상세한 규정을 집행할 것이다. 전면적으로 두 자녀 정책을 개방한 후, 상응하는 지방성의 법규가 정식으로 실시한 후 출생한 '두 자녀'는 합법적이

전면적으로 2명의 아이를 낳을 수 있는 정책은
2016년 1월 1일부터 시행

다. 만약 부부가 모두 독자인 경우에 두 자녀를 필요로 하면 시간을 잘 정해야 한다.

2016년 "전국인민대표대회 상무위원회의 '중화인민공화국 인구와 계획생육법'에 관한 결정"은 제12차 전국인민대표대회 상무위원회 제18차 회의에서 2015년 12월 27일에 통과하였고, 2016년 1월 1일부터 시행하였다. 수정된 내용 몇 가지를 살펴보면 다음과 같다.

첫째, 제18조 제1항이 2개의 항으로 나뉘어졌다. 수정된 내용은 "부부는 2명의 자녀를 낳을 수 있다. 법률과 법규 규정의 조건에 부합하면 다시 자녀를 낳을 수 있다. 구체적인 시행은 성, 자치구 직할시 인민대표대회 혹은 지방인민대표대회 상무위원회 규정을 따른다."이다. 추가된 것은 제4항인데, "부부 쌍방의 호적 소재지의 성, 자치구, 직할시 간의 다시 자녀를 낳을 수 있는 규정이 불일치할 경우에는 당사인의 유리한 원칙에 따라 적용한다."이다.

둘째, 제20조가 수정되었다. "아이를 낳을 수 있는 연령의 부부는 자신의 선택에 따라 계획생육 조치를 취하여, 원하지 않는 임신을 예방하고 감소할 수 있다."고 하였다. 두 번째 아이를 출산할 경우에는 호적에 등재하지 못한다. 만약 둘째를 낳게 되면 벌금을 내어야 하고, 직장에서 쫓겨나기도 하고 공직에서 불이익을 당하기도 한다.

2) 헤이하이즈(黑孩子, 흑해자, 무호적 아동)

　중국에서 호적이 없는 사람들은 '어둠의 자식'이라는 뜻의 '헤이후 (黑戶), 헤이하이즈(黑孩子)' 등으로 불린다. 호적이 없으면 건강보험 등 각종 사회보장제도의 혜택을 받지 못하는 것은 물론 학교에 가지 못하는 등 정상적인 생활을 하기 어렵다. 헤이하이즈는 중국이 1980 년 '한 자녀 갖기 운동'을 펼치면서 양산되었다. '헤이후'는 '계획생육 정책' 위반, '출생의학증명' 미발급, 입양 수속 미처리 등의 이유로 생겨났다. 60% 이상은 중국이 1979년부터 실시한 계획생육정책의 피해자들로 알려져 있다.

　헤이하이즈는 농촌에 많고, 남아선호에 밀린 여자 아이들이 대부분 이다. 도시에서는 아들·딸 가리지 않고 한 자녀밖에 가질 수 없고, 노동력이 필요한 농촌에서는 첫째가 딸이면 둘째를 낳을 수 있게 하 였다. 만약 어기게 되면 엄중한 처벌이 따른다. 우선 벌금 1만 위안(120 만~130만 원)을 내야 하고, 직장에서 쫓겨나게 된다. 셋을 낳으면 벌금 이 두 배여서 아예 파산도 할 수 있다. 그러다보니 법외(法外) 자녀를 호적에 올릴 수 없는 것이다.

　중국 정부는 2010년 제6차 인구조사를 실시할 때, 무호적자들이 자진 신고를 할 경우 호적에 올려주겠다고 밝혀 호적이 없는 사람들이 조사에 적극적으로 응했다. 중국이 2011년 공개한 '헤이후' 자료에 따르면, 중국 전체 인구의 1%인 1300만 명이 '헤이후'로 집계되었다. 이들은 그동안 교육, 의료 등 각종 사회보장제도에서 배재됐고 신분증 을 제시해야 하는 철도, 항공기 등의 공공서비스도 이용할 수 없었다.

　2016년 1월 14일 중국 국무원은 "무호적자 호적등록 문제 해결에 관한 의견(關於解決无戶口人員登記戶口問題的意見)"을 발표하였다. 호적

등기는 법률이 부여한 '공민의 기본적 권리'라고 강조하며 '헤이후(黑戶)'에게 후커우를 부여해야 한다고 밝혔다. 국무원은 앞으로 "후커우 등기에 대해서는 그 어떤 전제 조건도 달아서는 안 된다"며 "이번 조치가 민생보장, 사회 공평 정의 촉진, 국가통치체계 추진 차원에서 이뤄진 것"이라고 강조했다. 시행 1년 만에 1400만 명이 호적에 등록돼 큰 성과를 거뒀다는 평가를 받았다.

3) 샤오황디(小皇帝)와 샤오궁주(小公主)

계획생육정책에 의해 1980년대에 태어난 세대들은 대부분이 외동이라 사랑을 독차지하며 황제처럼 풍족하게 키워졌다고 해서 1990년대에 들어와 '샤오황디(小皇帝, 소황제)'와 '샤오궁주(小公主, 소공주)'라는 말이 생겨났다. 또 이들이 1980년대에 출생하였기에 바링허우(80後)라고 부르기도 한다. 요즘은 1990년대에 출생한 세대와 2000년대에 출생한 세대까지 포함하여 모두 샤오황디와 샤오궁주가 된 것이다.

(1) 바링허우(八零後, 80後)

바링허우는 중국에서 1980년대 출생한 세대를 일컫는 신조어이다. 1979년 중국의 '한 가구 한 자녀 정책' 이후 1980년대에 출생한 세대를 지칭한다. 외동으로 태어나 어린 시절에는 샤오황디 또는 샤오궁주라 불리기도 한다. 이 세대들은 태어날 때부터 6개의 주머니를 차고 태어났다라고 한다. 이 말은 할아버지와 할머니, 외할아버지와 외할머니, 아버지와 어머니가 각 주머니에서 용돈을 줄 정도로 귀한 자식이란 뜻이다.

2009년 현재 20~29세 연령대에 있는 바링허우 인구는 약 2억 400만 명으로 직장, 결혼, 생육, 집 장식, 자동차 구매 등 중국 소비시장의 주력 층으로 점차 부상하였다.

이전 세대보다 소득이 높고 SNS 등을 통한 정보 공유에 능한 것도 바링허우 세대의 특징이다. 바링허우는 자신

어린 시절의 기억을 되찾다

들만의 개성을 추구하고, 컴퓨터와 인터넷 사용에 능숙하여 정보화 시대에 적응한 세대이기도 하다.

바링허우는 대학 확대 모집 정책이 실시된 세대라서 학력 수준도 높다. 중국의 경제 성장의 혜택을 본 세대로 외국 브랜드를 경험한 세대이다. 예를 들면, 이들은 맥도널드나 켄터키 치킨 등의 서구문화에 익숙한 세대로 외국 문화를 거부감 없이 받아들일 줄 아는 세대이다. 이들은 이전세대와는 다르게 여가를 선호하며, 여행의 주요 소비층이 되었다.

바링허우는 공유경제시장과 해외직구시장을 주도하였다. 중국은 2013년 처음으로 온라인 해외 구매를 허용하였다. 2010년대 중반 한국을 방문한 중국 주요 관광객들이 바링허우 세대와 지우링호우 세대였다. 이들은 한국에서 '요우커(遊客)'라 불렸는데, 이들은 인터넷을 통한 정보 습득 1세대로 해외 여행 계획 시 모바일과 온라인을 통해 검색을 적극적으로 진행하였다. 이후 단체관광이 아닌 개별관광객으로 한국을 방문하는 사례가 늘다 보니 이들을 '싼커(散客)'라고 불렀다.

이 세대의 대표 주자로는 세계적인 피아니스트 랑랑(郎朗, 1982~)과 중국 청소년들의 우상 한한(韓寒, 1982~)이 있다. 랑랑은 랴오닝성

선양(沈陽) 출생으로 만주족이다. 랑랑은 '중국의 모차르트'라고 불릴 정도로 유명하다. 2008년 베이징올림픽 개막식에서 연주를 하였고, 신세대 문화의 아이콘으로 불린다. 한한은 상하이 출생으로, 작가와 가수이면서 카레이서이다. 대표적인 작품은 〈삼중문(三重門)〉이다. 타임지가 뽑은 2010년 중국에서 가장 영향력을 가진 사람 8위에 선정되었다.

지우지우족(99族)

1980년대에 태어난 사람들은 계획생육정책 때문에 가족들로부터 사랑을 독차지 하였다. 그래서 대부분 융통성이 없고 고집이 세다는 편견을 갖고 있다. 이들 80후 세대는 이미 99를 가졌지만, 나머지 1을 더해 100을 만들려는 완벽한 삶의 태도를 가진 이들을 말한다. 그러나 '완벽한'이란 단어는 오히려 부정적인 의미를 띤다.

---

(2) 지우링허우(九零後, 90後)

지우링허우 세대는 1990년 1월 1일부터 1999년 12월 31일에 태어난 중국 공민을 가리킨다. 어떤 때에는 1990년 이후에서 2000년 사이에 태어난 중국 공민을 가리키기도 한다.

지우링허우의 인구는 1억 7,400만 명에 이른다. 이들은 인터넷이 발달한 시대에 태어났기 때문에 컴퓨터와 인터넷 사용에 능숙하다. 이들은 기성세대에 비해 개방적이고 자유분방하며, 창업에 관심이 높다. 그리고 1995년 이후에 출생한 세대를 'Z세대'라고 부른다.

인민일보는 "90허우를 평가하려면 신세대를 알아야 한다(品評90後, 就是感悟新時代)"라는 기사를 통해 90허우 세대를 '복잡하고 방대한 집단'이라고 정의했다. 여기서 말하는 복잡함은 한 마디로 정의할 수 없는 그들만의 다양한 개성을 뜻하고, 방대함은 중국과 세계에 행사하는 영향력을 의미한다.

지우링허우는 1인 가구 시장의 성장을 주도하였다. 지우링허우 세대가 제품을 구매할 때 고려하는 부분은 개인의 선호도이다. 주요 소비분야는 온라인 오락, 온라인 게임, 온라인 콘텐츠이다. 지우링허우 세대는 소셜미디어 플랫폼과 온라인 화장품 시장에서 활발한 소비를 한다. 이들의 소비 주요 키워드는 '즐거움, 새로움, 개성'이다.

특히 지우링허우는 개혁개방 시기에 청년기를 보낸 부모의 영향을

링링허우(零零後)

링링허우는 2000~2009년에 태어난 사람을 가리킨다. 링링허우는 '한 자녀 정책'이 폐지되기 전에 태어난 마지막 세대다. 이들은 스마트폰과 함께 자랐기 때문에 스마트 세대라고 불린다. 또 '모바일인터넷원주민'이라고도 불린다. 링링허우는 비교적 풍요로운 환경에서 자라왔다. 하루 용돈도 이전 세대보다 높다 보니 소비 능력도 향상되었다. ACGN(애니메이션, 만화, 게임, 소설) 시장의 핵심 소비자로 기대되고 있다.

2017년 4월 28일 서울 여의도 콘래드호텔에서 열린 머니투데이미디어 글로벌 콘퍼런스 '2017 키플랫폼(K.E.Y. PLATFORM 2017)'에서 판청자산(PANTHEON ASSET, 磐晟資産)의 링디(凌笛) 이사는 "앞으로 중국의 GDP 성장이 둔화하겠지만 링링허우 세대를 눈여겨본다면 기회를 포착할 수 있다"고 강조했다.

받아서 자본주의적이면서도 개인주의적인 성향을 지닌 것으로 간주된다. 그리고 해외 유학을 한 사람들이 많고, 자신의 성취감과 만족감을 위해 소비하는 성향이 강하다.

지우링허우 세대는 인터넷 사용에 능숙하여, 해외 직구를 통해 원하는 물건을 구매한다. 그래서 해외 직구족을 뜻하는 하이타오족(海淘族)이라는 신조어도 생겨났다.

2. 도시와 농촌

1) 호적제도: 후커우(戶口)

중국은 1958년부터 도시와 농촌 간 인구 이동, 특히 농촌으로부터 도시로의 유입을 엄격히 제한하는 "호구등기조례(戶口登記條例)"를 실시해 왔다. 1958년 1월 9일 중국의 제1차 전국인민대표대회 상임위원회 제91차 회의는 "중화인민공화국 호구등기조례"를 통과시켰다.

거민호구부

1958년 1월 10일 인민일보(人民日報) 1면에는 '인민대표대회 상무위원회 호구등기조례 채택' 소식과 마오쩌둥이 서명한 주석령(主席令) 소식이 실렸다. 또한 제4면에는 해당 조례 전문, 관련 조례 초안에 대한 설명, 관련 논평 등이 게재되었다. 이후 약 30여 항에 이르는 호적 관리 법규가 마련되었는데, 이 호적제도는 농민들의 계층상, 그리고 신분상 자유로운 유동을 엄격히 제한하는 결과를 초래하였다.

중국의 호적은 도시 호적(城市戶口)과 농촌 호적(農村戶口)을 구분하는 이원화체제였다. 도시에서는 국영기업 직원, 간부, 지식인 등이 주체가 되어 도시주민으로서 급여를 받고 의료, 교육 등 폭넓은 사회 보장을 향유할 수 있다. 농촌에는 이러한 보장이 없는 대신 일정한 토지를 배정 받아 농업에 종사해 왔다. 엄격한 호적 관리체제 때문에 농민이 도시 호적을 취득하기 위해서는 도시에서의 취직, 대학 입학 및 군 입대 등 이외에는 원칙적으로 불가능하였다.

'호구등기조례' 제10조 2항: 공민이 농촌으로부터 도시로 이전할 시는 필히 도시 노동 부문의 채용증명, 학교의 합격증명 또는 도시 호적 등록기관의 전입(轉入)허가증명을 지참하고, 상주지의 호적 등기기관에 전출(轉出) 수속을 신청해야 한다.

1984년 국무원은 농민들이 도시에 진출하도록 허용하였다. 임시거주증제도는 광둥성 선전시에서 1984년 처음 시행된 뒤 중국의 다른 도시들로 급격히 확산되었다.

선전경제특구 거주증

선전시 바오안구
임시거주증

베이징시 임시거주증

임시거주증 소지자들은 수년 동안 같은 도시에 살더라도 현지 도시 호적자가 아니라는 이유로 주택, 교육, 의료 등에서 차별을 받아 왔다. 이 때문에 일부 농민공들은 자녀들을 고향으로 보내 학교에 다니도록 하는 등 어려움을 겪어 왔다.

1990년대에 들어서면서 적지 않은 지방정부가 점차 호적제도 개혁을 실행하였다.

1991년 11월, 저장성(浙江省) 원저우(溫州)시는 '녹색카드제'를 실시하였다. 이 카드를 외지 사람들이 취득하게 되면 원저우시민이 향유하는 모든 권리를 똑같이 누리게 되는 것이다. 예를 들어 자녀들의 취학, 성인들의 취업, 사회 보장 등 외지인들이 받게 되는 상대적 불이익을 말끔히 씻어낼 수 있게 되는 것이었다.

1993년 12월 상하이시는 '남인호구제(藍印戶口制)'를 실시하였다. 이는 상하이에 투자하거나 상품 주택을 구입하는 외지 사람들이 신청할 수 있는 상주 호구였다. 상하이의 경제 성장 유인으로 제시된 것이다. 1995년 선전경제특구에서 상하이가 제시한 조건보다 더 광범위한 조건으로 '남인호구제'가 실시되었다.

1997년부터 국무원은 정식으로 '소도시 호적 관리제도 개혁시점방안(小城鎭戶籍管理制度改革試點方案)'을 비준하였다. 방안에서는 소도시에서의 취업과 거주를 일정한 조건에 부합한 농촌 인구에게 소도시에서 도시상주호구를 처리할 수 있게 허락하였고, 동시에 계속해서 대중 도시인구수의 증가를 통제하였다. 2001년 3월 30일 국무원은 공안부의 "소도시 호적 관리제도 개혁 추진에 관한 의

텐진시 남인호구부

견(關於推進小城鎭戶籍管理制度改革的意見)"을 비준하고 하달했는데, 이로부터 소도시 호적제도 개혁이 전면적으로 추진되었다.

국가발전개혁위원회 쉬샤오스(徐紹史) 주임은 2013년 6월에 개최된 제12차 전인대 상무위원회 제3회 회의에서 "소도시에서는 정주 제한을 완전히 철폐하고, 중도시에서는 정주 제한을 단계적으로 완화하고, 대도시에서는 정주 제한 조건을 조금씩 완화한다."라고 밝힌 바 있다.

〈표 1〉 소·중·대도시 호적 관리

소도시	인구 100만~300만 명 규모의 소도시에서는 직업과 주거지 보유 등 조건에 부합할 경우 호적 취득 신청 가능
중도시	인구 300만~500만 명의 중도시에서는 취업 상태, 사회보험 납부 상황에 따른 일정 기준 이상의 포인트 축적 시, 호적 취득 가능한 제도 구축 및 운영(단 사회보험 납부 연한 요구는 5년을 초과하면 안 됨.)
대도시	인구 500만 명 이상의 상하이, 베이징 등 대규모 도시에서는 엄격한 호적 관리를 계속 시행

2014년 7월 30일, 중국 국무원은 호적제도 개혁 방안인 "호적제도 개혁의 추진과 관련된 의견(關於進一步推進戶籍制度改革的意見)"(이하 '의견')을 발표하였다. 이는 농촌으로부터 도시로의 이주를 엄격히 제한하는 호적제도의 개혁 가이드라인이다. 도시의 인구 규모가 작을수록 농촌 호적자의 도시 호적 취득을 용이하게 하였다.

'의견'은 총 3개 측면의 11조의 구체적인 조치를 포함하고 있는데, 호구 전입정책의 조정, 도시-농촌 통일적인 호구 등기제도 마련, 거주 증제도의 전면 실시, 인구정보관리제도의 정비 등을 포함한다. 핵심적인 내용은 '농업'과 '비(非)농업'을 철폐하여 도시-농촌 이원 구조를 철폐한 것이다. 호적제도 개혁의 목표는 크게 두 가지이다.

첫째 목표는 2020년까지 1억 명의 농업 전이인구(농업에서 비농업으로, 종사하고 있는 주요 직업을 바꾸는 인구)와 기타 상주인구(6개월 이상 한 지역에 머무르는 인구. 따라서 원 호적지와 상주 소재지가 다른 경우가 점점 많아지고 있음)를 도시호구로 전환하는 것이다. 둘째 목표는 중국이 지향하는 샤오캉 사회에 걸맞은 사회 관리와 공공서비스를 제공하는 신형 호적제도를 마련하는 것이다.

'의견'은 "도시-농촌의 통일적인 호구 등기제도를 마련하고, 농업 호구와 비농업 호구의 구분과 이에 따른 남인호구 등 호구 유형을 폐지하고 주민 호구로 일괄적으로 등기한다"고 밝히고 있다. 50여 년간 지속되어 온 '농업'과 '비농업'의 구분이 사라지게 되는 것이다.

농민공(農民工)

'민공(民工)'이라고도 부른다. 농촌을 떠나 도시에서 일하는 이주노동자를 일컫는 말이다.

'농민공' 문제란 기본적으로 '호구'와 관련된 문제이다. '호구제도'란 주민등록제도와 유사한 일종의 통제제도로 거주 지역에 따라 '도시 호구'와 '비도시 호구'를 발급, 관리하는 제도다. 삼농 문제가 본격적으로 제기된 2004년의 농민공에 대한 공식통계는 1억 2천만이고 실제로는 2억에 달한다고 한다.

신세대(新生代) 농민공은 주로 80후세대, 90후세대를 가리키는데, 농민공 중 60%를 차지하고 대략 1억 명 정도이다. 이들은 학교를 졸업한 후 도시로 가서 일을 한 세대로서, 농업, 농촌, 토지, 농민 등에 익숙하지 않다. 이들은 도시 사회로 진입하여 융합되기를 갈망한다. 신세대 농민공의 특징은 '3고 1저'이다. 높은 수준의 교육을 받았고, 직업에 대한 기대치가 높고, 물질과 정신적인 것을 향유하려는 요구가 높다. 하지만 그러나 일을 견뎌내는 힘은 약하다.

2012년 신화망 자료에 따르면, 신세대 농민공들을 도시 주민으로 융합시키는 일이 도시화와 현대화에 관건이 되고 공평 정의와 사회 안정을 유지하는 필수적인 과업이 됐다고 지적했다

2015년 국무원은 호적(戶口)제도 개혁의 중요한 일환으로 "거주증 잠정 조례(居住證暫行條例)"를 발표하였다. 총 23개 조항으로 구성된 동 조치는 2016년 1월 1일부터 시행되었다. 거주증 소지자는 의무교육, 기본 공공취업서비스 등 9개 분야의 기본 공공서비스 및 출입경(境) 서류 처리, 동력 엔진차 등록 등 7개 분야에서의 편의 서비스를 누릴 수 있다. 거주증 소지자가 거주지의 상주 호적을 신청·등록한 연결 창구와 도시별 호적 정착 기준을 명확히 하였다.

2) 단위(單位)와 사구(社區)

(1) 단위

1949년 중국이 건국한 이후 중국 정부가 도시 지역 주민에게 적용하였던 '단위체제'는 일반적으로 국가기관 단위, 사업 단위, 기업 단위로 나뉜다. 국가기관 단위란 공산당, 입법부, 행정부, 사법기관, 군, 정치협상회의 등 국가를 구성하는 중앙과 지방의 각급 권력기관을

상하이 기층사회

상하이 기층사회 주민의 거주생활 공간은 두 가지 방식으로 조직된다. 바로 단위와 거민위원회(居民委員會, 주민위원회)이다. 단위는 다시 국가기관 단위, 기업 단위, 사업 단위로 나뉜다. 국가기업 단위에는 중앙과 지방의 당과 정부 조직이 속한다. 기업 단위에는 각종 형태의 기업이 속하고, 사업 단위에는 교육, 과학, 문화, 위생 분야의 각종 조직이 속한다.

단위는 정치적 기능과 사회경제적 기능을 가지고 있다. 내부에 설치된 공산당 조직을 통해 소속 직원을 지배한다. 식량 등 기본적인 필수품의 배급과 월급의 지급은 물론 교육, 문화, 보험, 의료, 거주 등을 제공했다.

가리킨다.

사업 단위는 국가가 국유자산을 동원해 설립한 조직으로, 주로 교육·과학기술·문화 등과 관련된 사회적 서비스를 제공하는 각종 협회·학교·연구소·문화단체 등이다. 기업 단위는 크게 국유기업과 사영기업으로 구분된다.

개혁개방 이전에는 처음 만나는 사람과의 인사말은 무조건 "你是哪個單位的?"이었다. 단위는 직장, 기관, 단체 등 의미로, "你是哪個單位的?"는 '당신의 직장은 어디입니까?'라는 의미를 뜻한다. 단위는 '근무처(직장)'라는 뜻으로, 개혁개방 이전의 중국에서의 사회활동은 모두 단위를 통해 이뤄졌다. 본인 의사와는 무관하게 대부분의 중국 공민은 단위에 소속되었다.

농촌에 인민공사가 있었다면, 도시에는 단위가 있었다. 단위는 도시의 기초 행정 단위 조직이었다. 단위는 취업의 유일한 선택이었고 신분 결정과 호구, 사회보험, 출생, 혼인 승낙 등에서 막강한 권한을 가졌다. "집을 떠나서는 살 수 있어도 단위가 없는 생활은 상상할 수 없다"는 말이 나올 정도였다.

공유제 주택

단위 소속 주민에게만 제공되며, 주민은 무상과 다름없는 매우 저렴한 사용료만 내고, 자식에게 물려줄 수도 있었다. 주택시장이 존재하지 않았던 시기에, 공유제 주택은 주민에게는 안정적인 거주생활이 가능한 수단이었다.

공유제 주택은 기본적으로 단위의 직장(예를 들어, 공장)과 동일한 부지 내에 조성되는 것이 일반적이다. 동일한 단위 소속 주민들은 동일한 주택단지에서 거주한다. 단위의 종류에 따라 주민에게 제공되는 혜택도 달랐다.

(2) 사구(社區)

1990년대 중반부터 '단위체제'는 해체되기 시작하였고, '사구 조직' 으로 바뀌었다. 사구 조직은 사회 기층 조직으로 정착하게 되었다. 도시 공간을 구성하는 핵심 역할을 했던 단위가 붕괴하자 중국 정부 는 기층성 군중자치 조직으로 지역 내에서 단위의 보조 역할을 수행 했던 주민위원회를 '사구주민위원회'로, 그 관할 구역을 '사구'로 재편 하면서 '사구자치(社區自治)'를 강조하기 시작했다.

중국에서 기층 조직이라고 할 때는 일반적으로 현급 이하의 행정 조직과 행정 조직에는 속하지 않는 농촌의 촌민위원회(村民委員會)와 도시의 사구위원회(社區委員會)가 포함된다. 사구는 기층 행정권력인 가도판사처(街道辦事處), 주민들의 '자치' 조직인 주민위원회(居民委員 會), 주택소유자 조직인 업주위원회(業主委員會), 주민대표대회 등으로 구성된 기층사회 관리체제를 의미한다.

3) 인민공사(人民公社)

인민공사는 중국에서 농촌의 사회생활과 행정 조직의 기초 단위로, 농업 집단화를 위해 1958년에 설치되었다. 1958년 8월 중공 중 앙정치국 확대회의에서 기존 합 작사의 합병에 의한 인민공사 설립이 결정되자 불과 1개월 사 이에 전국 모든 향에 한 개씩, 약 24,000개의 인민공사가 성립되

인민공사 좋아!

기에 이르렀다.

인민공사는 기본적으로 농촌에 있었던 합작사를 합친 대규모 생산 조직이다. 인민공사에서 모든 주민이 생산, 소비, 교육, 정치, 공업·농업 등 생활의 모든 기능을 실시하였다. 인민공사에는 공동 식당·유치원·양로원·병원 등 복지시설을 설치하고, 분배제도로서는 무상급여제와 임금제를 병행하여 실시하였다. 인민공사에서 '식량, 의복, 주택, 의료, 교육'을 보장하였다.

1978년 안후이성에서 최초로 농가생산청부제(包産到戶)가 시작되었다. 농가생산청부제는 생산량을 할당하고 성과에 따라 포상하고 책임을 묻는 제도이다. 농가생산청부제가 중공 중앙의

인민공사 식당 식권

승인을 받게 되자, 인민공사는 급속히 해체되기 시작하였다. '농촌 개혁의 아버지'로 불린 두룬성(杜潤生)은 1980년대 초 농가의 생산청부제 실시에 주도적인 역할을 맡았다. 1982년의 신헌법이 정경 분리·정사 분리의 원칙을 명확히 규정함으로써 농촌사회를 지배해 왔던 인민공사제도가 사실상 해체되었다.

4) 토지제도

1988년 7차 전국인민대표대회는 헌법의 토지 임대 불가 규정을 삭제하고, 토지사용권은 법률에 의해 재양도할 수 있다는 조항을 추가하였다. 또 같은 해에 통과된 중화인민공화국 토지관리법에서도 국가는 법에 의해 국유토지의 유상 사용 제도를 실행한다고 규정하였다.

	도시	농촌
소유권	국가	농지(30년)
사용권(연한)	택지(70년) 공업용지(50년) 상업용지(40년)	집단적 건설용지 • 택지 • 공익성 공공시설 용지

중화인민공화국 헌법 제10조에 "도시 시구의 토지는 전민소유, 즉 국가가 소유한다. 농촌과 도시 교외의 토지는 법률 규정에 따라 국가가 소유한 토지 이외에는 집체가 소유하며, 택지와 자영농경지(自留地), 자영산야(自留山)도 집체소유이다"라고 규정하고 있다.

토지사용권의 사용 기한

- 주거용 토지: 최고 70년(아파트, 빌라 등 주거용지)
- 공업용 토지: 최고 50년(공장용 토지)
- 공공 토지: 최고 50년(교육, 과학기술, 문화보건 및 체육용지)
- 상업 토지: 최고 40년(백화점 상가 등 상업용지)
- 기타용 토지: 최고 50년(종합용지 및 기타용지)

*사용기한이 만료된 토지는 기한을 연장할 수 있으며, 사용료를 다시 납부해야 한다.

2008년 제17차 3중전회에서 통과된 "중공중앙의 농촌 개혁 발전 추진에 관한 약간의 중대 문제 결정(中共中央關於推進農村改革發展若干重大問題決定)"은 농촌·농민의 생산력 증대와 이를 통한 도농 간 소득 격차를 해소하기 위함이었다. 폐막식에서 성명을 통해 "중국은 이미 전체적으로 공업으로 농업을 촉진시키고, 도시에서 농촌으로 발전하는 단계에 들어섰다. 또 전통농업을 개조하고 중국 특색 농업 현대화의 길을 가야 하는 중대 시기를 맞았다. 도시와 농촌의 이원 구조를 타파하고 도농경제사회 발전 일체화라는 새로운 국면에 전력해야 하는 중요 시기에 들어섰다."고 규정했다.

중국의 토지는 크게 국유지(도시 지역)와 집체(集體)토지(농촌 지역)로 나뉜다. 국유지는 토지사용권을 통해 경제적인 활용이 가능한 데 반해, 집체토지는 토지승포(承包) 경영권을 통해 영농이 가능하다. 집체소유는 특정 농민이 거주하는 말단 행정 조직인 촌(村) 거주민 공동소유를 뜻한다. 승포는 공동 소유지 중 일부를 도급 받아 영농함을 뜻한다.

중국의 토지는 소유권에 따라 국유토지와 집체토지로 분류되며, 용도에 따라서는 농용토지와 건설용지, 그리고 용도미지정토지로 3분된다. 미지정 토지는 국유이지만 농용토지와 건설용지는 대부분 집체토지이다.

중국 토지법 제35조 5항을 보면, 국무원에 기본 농지의 보호 의무를 부과하면서 각 성, 자치구, 직할시에도 관할 행정구획 내 토지의 80% 이상을 농지로 보호할 것을 의무화하고 있다.

국유토지는 국가소유의 토지로서 다시 출양토지(出讓土地)와 획발토지(劃拔土地)로 구분된다. 출양토지는 유상토지의 개념으로 토지 사용료를 내고 정해진 기간 동안 토지를 사용할 수 있는 합법적인 토지이다. 중국에서 외국기업이 합법적으로 사용할 수 있는 토지다. 출양토지 사용권을 취득하고 싶다면, 투자 지역 관할 토지관리국 또는 개발구의 관리위원회와 토지사용권 양도계약을 체결해야 한다. 계약 조건에 따라 사용 기간 30~50년의 양도토지사용권을 취득할 수 있다. 획발토지는 무상으로 토지사용권을 취득하거나 토지사용자가 보상 및 배치 등의 비용을 지불하여 취득하는 방식이다. 일반적으로는 무상토지 개념으로 중국 정부 관공서 건물이 있는 토지나 대학건물이 있는 토지이다. 출양토지는 1987년 광둥 선전시에서 시험적으로 실시되었다. 토지관리국과 사용자가 토지사용권 양도계약을 체결하고, 그 조항에 따라 토지사용권의 존속 기간에 대한 사용료를 지불하는 것으로 제3자에게 양도와 담보 설정이 가능한 토지사용권이다.

3. 사회 통제와 안정

1) 군체성(群體性) 사건

1990년대 초 년 1만 건 이하이던 집단 시위는 2010년엔 20배 이상 늘어난 18만 5000건으로 급증했다. 이 중 100인 이상이 참여한 집단 시위 역시 2010년 163건, 2011년 172건, 2012년 209건으로 점차 증가하는 추세

2008년 윈난 멍롄(孟連) '7.19'사건

다. 이런 집단 시위 통계는 시진핑 집권할 시기에 나왔을 뿐 이후엔 공개되지 않고 있다. 집단 시위의 가장 큰 원인은 노사 분규로 전체의 30%에 달한다.

중국 매체들은 '시위'라는 용어를 국제뉴스에서만 사용한다. 국내 시위는 '군체성 치안사건(群體性治安事件)'으로 순화해 표현한다. 공식적으로 5명 이상 모이면 군체성 사건에 포함된다. 500명 이상은 대규모 군체성 사건으로 분류한다.

중국의 군체성 사건이 오프라인 현실세계뿐만 아니라 인터넷에서

도 빈발하기 시작했다. 인터넷 집단 시위는 주로 정부와 관리, 공공 부문의 업무와 각종 조치에 대해 막강한 감독 역할을 한다.

2) 국가 안전

(1) 반간첩법

2014년 11월 1일 중국 정부는 반간첩법을 제정 공포하였다. 정식명 칭은 "중화인민공화국 반간첩법(中華人民共和國反間諜法)"이다. 반간첩 법은 1993년 제정된 '국가안전법'의 명칭을 변경한 것으로, 21년 만에 대폭 개정하였다. 시진핑이 직접 지시하여 제정된 것으로 알려졌다.

반간첩법에 따르면 직접 간첩활동을 하거나 간첩활동을 선동·지원 하는 외국기관과 외국인은 법에 의거하여 처벌받는다. 또 외국기관이 나 외국인을 위해 간첩활동을 하는 중국 내 기관과 개인도 처벌받는 다. 이 법에서는 국가 안전에 위협을 줄 수 있는 기관과 개인의 활동에 대해 안보기관이 조사하고 행위를 중단·변경시킬 수 있다고 규정했 다. 주요 내용은 다음과 같다.

제1조 간첩 행위를 예방·제지·징벌하고 국가 안전을 수호하기 위 하여 헌법에 따라 이 법을 제정한다.

제3조 국가안전보장기관은 간첩 방지 업무의 주무기관이다. 공안· 기밀 유지 행정 관리 등을 하는 그 밖의 관련 부서와 군대 관련 부서는 직책에 따라 분업하고, 긴밀하게 호응하여 협조하고, 법에 따라 관련 업무를 잘 하도록 한다.

제4조 중화인민공화국 공민은 국가의 안전·영예와 이익을 수호하 는 의무를 지며, 국가의 안전·영예와 이익에 해를 끼치는 행위를 해서

는 아니 된다.

제19조 기관·단체와 그 밖의 조직은 국가 안전 수호에 대하여 해당 구성원을 교육하여야 하고, 해당 구성원을 동원하고 조직하여 간첩 행위를 예방·제지하여야 한다.

제20조 공민 및 조직은 간첩 방지 업무를 위하여 편의 및 협조를 제공하여야 한다. 간첩 방지 업무에 협조하다가 본인 또는 가까운 친족의 신변이 위험해지는 경우 국가안전보장기관에 보호를 요청할 수 있다. 국가안전보장기관은 관련 부서와 회의하여 법에 따라 보호 조치를 취하여야 한다.

제32조 국가 기밀에 속하는 문서·자료 및 그 밖의 물품을 불법적으로 보유하는 경우 또는 간첩 방지 전문 기자재를 불법적으로 보유하거나 사용하는 경우에 국가안전보장기관은 법에 따라 해당자의 신변·물품·거처와 그 밖의 관련 장소에 대한 수색을 할 수 있다. 국가 기밀에 속하는 문서·자료 및 그 밖의 물품, 불법적으로 보유하거나 사용한 간첩 방지 기자재는 몰수한다. 국가 기밀에 속하는 문서·자료 및 그 밖의 물품의 불법적인 보유가 범죄를 구성하는 경우에는 법에 따라 형사책임을 묻는다. 범죄를 구성하지 아니하는 경우에 대해서도 국가안전보장기관은 경고 처분을 하거나 15일 이하의 행정구류에 처한다.

(2) 중국 반테러리즘법(中華人民共和國反恐怖主義法)

2015년 12월에 제정된 중국의 "반테러리즘법(反恐怖主義法, 반테러법)"은 통신업체가 반테러 작전과 관련해 정부 당국에 협조해야 함을 명시적으로 의무화하고 있다. 총 10장 97조로 구성된 반테러법은 2016년 1월 1일부터 시행되었다.

이 법은 2015년 12월 27일 제12차 전국인민대표대회 상무위원회 제18차 회의에서 헌법에 의거하여 제정되었다. 2018년 4월 27일 제13차 전국인민대표대회 상무위원회 제2차 회의에서 개정하였다. 어떠한 목적을 달성하기 위해서 위협·폭력·살상 등 직접적으로 공포를 불러일으키는 수단을 이용하는 주의를 테러리즘이라고 한다. 이 법은 테러리즘을 방

중국 반테러법

지하고, 테러 활동을 예방하고 징벌하고, 국가 및 공공의 안전을 확보하고, 인민의 생명과 재산을 보호하는 것을 목적으로 한다. 제1조에서는 테러 활동을 방비하고 처벌하기 위해서는 반테러주의 업무를 강화하고, 국가 안전과 공공 안전 및 인민생명 재산 안전을 보호하고자 본 법을 제정한다고 되어 있다.

중국에서는 호텔이나 여관이 여객의 입주 정보등록을 소홀히 할 경우 그에 상응하는 벌칙은 매우 엄중하다.

숙박, 장거리 여객운수, 동력엔진 차량의 임대 등 업무 경영자, 서비스 제공자는 규정에 따라 고객의 신분을 확인하지 않았거나 정체불명, 신분 확인 거절 고객에게 서비스를 제공한 경우 주관 부문에서 응당 개정령을 내려야 한다.

개정에 따르지 않는 자에겐 주관 부문에서 10만 위안 이상 50만 위안(8천 557만 원) 이하의 벌금을 안기며 책임 당사자와 기타 책임 당사자에게도 10만 위안 이하의 벌금을 물리도록 되어 있다. 법의 사례로, 2018년 광둥성 광저우 바이윈취(白雲區) 경찰은 한 호텔에게 반테러법에 근거하여 벌금 10만 위안을 부과하였다.

3) 사회 안정과 통제

(1) 쉐량공정(雪亮工程)

중국 정부는 2016년 하반기부터 '쉐량공정'정책을 도입했다. 쉐량공정은 중국 정부의 슬로건인 "대중의 눈은 눈처럼 밝다(群衆的眼睛是雪亮的)"에서 나온 말이다. 쉐량공정은 '매의 눈(Sharp Eyes)'이라고도 한다. 인공지능(AI)·얼굴인식시스템·빅데이터 등을 활용해 전 국민 13억 명의 얼굴을 3초 안에 구별하는 것이 목표다. 대중 감

쉐량공정

시 네트워크를 통해 보안을 강화하기 위해서 만들어졌다.

농어촌 감시망을 확대하는 프로젝트가 쉐량공정이다. 쉐량공정은 중국 시골에 보급해 설치된 CCTV를 주민들의 스마트폰이나 TV를 연결해 실시간으로 파악하게 만든 시스템이다. 주민들을 이용하여 집단 감시체제를 구축하고자 한다.

쉐량공정은 도로나 다중 이용시설에 감시카메라(CCTV)를 설치하여 사람들의 TV, 휴대전화, 도어락 등과 연결해 실시간으로 상황을 파악한다. 중국 당국은 쓰촨 농촌마을에 CCTV를 4만 대 이상 설치하였고, 주민들에게는 휴대전화 앱(APP)을 다운받도록 지시했다. 신장위구르자치구 주민들에게도 감시카메라·스마트폰 앱을 설치하도록 하였고, 개인 차량에 GPS 장치를 의무적으로 달게 했다.

(2) 톈왕(天網·천망) 프로젝트

중국 정부는 2015년 중앙정법위원회 주도로 공안부와 공신부 등에서 '톈왕'이라는 프로젝트를 구상했다. 톈왕 프로젝트는 도시 치안을 확보하기 위해 지리정보체계(GIS, 지형정보를 인공위성으로 수집하고 컴퓨터로 분석하는 시스템)와 영상

톈왕 과학기술

수집 전송 기술을 이용해 AI 폐쇄회로(CC) TV로 실시간 감시하는 시스템이다.

톈왕은 2000만 대 이상의 CCTV를 이용하여 움직이는 사물을 추적하고 판별하는 인공지능시스템이다. 톈왕은 감시카메라를 이용해 3초 내에 안면인식을 하여 등록된 데이터베이스를 이용하여 신원을 파악하게 된다. 그리고 복장까지 완벽할 뿐만 아니라 CCTV의 위치로 해당자의 위치까지 파악이 된다. 톈왕은 표면적으로는 반부패, 범죄 예방, 치안 유지에 사용되는 것으로 발표되었지만, 중국 공민을 포함하여 외국인까지도 감시하고 통제할 목적으로 구축되었다. 특히 신장위구르자치구의 위구르족을 감시하는 데 많이 활용되고 있다.

(3) 사회신용시스템(social credit system)

2014년 6월 14일, 중국 국무원은 "사회신용체계건설규획요강(2014~2020)(社會信用體系建設規劃綱要(2014~2020年))"을 발표했다. 국무원은 "사회에서의 신용은 사회주의 시장경제와 사회 거버넌스체제의 중요한 구성 부분"이라며 "신용 우수자를 격려하고 신용 불량자는 옥죄는 상벌시스템으로 사회의 신의 성실 의식과 신용 수준을 높이겠다."고

명시했다.

이 시스템은 법, 규정, 기준, 윤리헌장 등을 바탕으로 운영되고, 사회구성원들의 신용 정보와 신용 인프라를 연계시켜 하나의 신용망으로 구축된다. 이 시스템은 사람들의 일상생활에서의 모든 행위를 데이터베이스에 올려 착한 행위를 하면 여러 가지 이익과 특혜를 주고, 나쁜 행위를 하면 각종 불이익과 규제를 받도록 하는 상벌제도를 명문화하고 법제화한 것이다. 중국 국무원은 해당 자료들을 토대로 기업들을 우대할 수도 있고 행정 처벌을 가할 수도 있다.

시스템이 실시되면, 모든 중국 국민은 네 개의 중점 분야(정부·상업·사회·사법 부문)에서 평점을 받게 된다. 중국 정부는 평점에 따라 포상과 처벌하는 체제도 2020년까지 완비한다는 계획이다. 국가발전개혁위원회(NDRC, 발개위)가 전체 계획을 총괄하고 추진하며 지방정부들도 이 위원회의 승인을 받아 각 성 및 시에서 사회신용시스템을 구축하고 있다.

중국 국가발전개혁위원회는 전 국민을 대상으로 2020년부터 전면적으로 시행한다는 목표이다. 이 계획에 의하면, 지방정부에서 수집한 정보는 중앙시스템에 통합되어 국민 한사람 한사람마다 데이터와 연결된다. 현재 중국 정부의 목표는 2020년까지 시스템 구축을 완성하는 것이다. 국가발전개혁위원회의 부위원장인 롄웨이량(連維良)은 현재 이 시스템에는 37개의 정부 부처가 연계되어 있고, 6억 4천만 개의 신용정보가 수집되었다고 말했다.

일부 지방정부에서 실시되는 사회적 신용시스템에 따르면 해당 시 시민에게 1천 포인트의 점수가 부여된다. 이후 '자원봉사, 헌혈, 위조문서 신고 등'의 '선행'을 하면 '+'점수가 주어지게 되고, '교통 법규 위반, 탈세, 계획생육 미준수, 계약 위반 등'의 '악행'을 하면 '−'점수가 부여된다. 점수를 쌓아 사회신용등급이 'A'에 이른 사람은 '전기료 감면, 무료 건강검진, 은행 대출 우대 등'의 혜택을 누리게 된다. 하지만 점수가 깎여 사회신용등급이 'D'로 떨어지면 '공공 부문 취업 제한, 정부 보조금 상실, 은행 대출 제한 등'의 불이익이 주어진다. 예를 들면 장쑤성 쑤저우시와 푸젠성 푸저우시에서는 '자원봉사, 헌혈, 모범노동자로 선출되는 등'에 따라 점수가 더해져서 교통기관의 운임이 싸게 되는 등의 혜택을 누릴 수 있다.

중국의 사회 신용체계는 2개의 개별시스템으로 작동한다. 사회 신용체계는 재무적(Financial) 측면의 신용과 사회적(Social) 측면의 신용으로 나눠 볼 수 있다. 재무적 측면의 신용은 경제적 신용을 뜻하고, 사회적 측면의 신용은 개인 행동(준법정신 등)에 대한 신용을 뜻한다.

재무적 측면의 사회 신용체계는 알리바바, 텐센트와 같은 민간기업들에 의해 주도되고 있다. 2015년 중국 정부는 시범적으로 8개의 개별 기업들에게 자체 신용평가시스템을 만드는 것을 허락하였다. 알리바바 '세서미 크레딧(Sesame Credit)'이 이때 출범하였다. 2018년에 중국 정부와 8개의 기업들이 합친 '바이항 크레딧(Bihang Credit)'이 탄생했다. 중국에서 첫 번째로 통일된 신용정보기관이 되었다.

2018년 5월 23일 중국의 첫 민간 종합신용평가사가 선전에서 운영되기 시작했다. 회사 명칭은 '바이항 크레딧 스코어링'으로 인민은행으로부터 2018년 1월 3년 라이선스를 얻었고, 선전에 3월 등록했다.

사회적 측면의 신용체계는 정부가 주도하고 있다. 전국 규모가 아닌 일부 지방에서 실험적인 형태로 진행하였다. 사회적 측면의 신용체계의 핵심에는 공동 처벌제도가 있다. 각 지방정부와 부서들이 협력하여 세금과 관세를 위반한 사람이나 기업을 강력한 입법을 통해 처벌하고자 한다. 2017년 12월에는 총 34개 부처가 공동으로 고액

체납자에 대한 형벌에 합의하는 내용의 징벌 각서(MOU)를 작성한 바 있다.

(4) 금순공정(金盾工程): 황금방패(黃金防牌)

2009년 1월 12일 중국 소장 지식인들이 인터넷을 통해 언론의 자유를 요구하는 성명을 발표하였다. 소장 학자와 변호사 22명은 인터넷에 "세뇌를 거부한다"는 내용의 성명을 발표하고 국영 CCTV의 시청 거부운동을 주창하였다. 또 이들은 CCTV가 황금 시간대에는 역사드라마를 주로 편성하면서 황제의 독재나 환관의 음모 등을 집중 부각해 주민들의 역사관을 왜곡하고 있다고 비판하며, CCTV의 뉴스프로그램과 웹사이트, 선전물 등을 '보지도, 듣지도, 접속하지도, 말하지'도 않는다는 '4대 거부운동'을 주창하였다.

금순공정은 2009년부터 중국 정부가 총 8억 달러라는 자금을 투입해 가동한 디지털 사이버 공안체제를 말한다. 다른 이름으로는 황금방패(黃金防牌)라고도 한다. 또 만리장성에 빗대어 방화장성(防火長城) 또는 만리방벽(萬里防壁, Great Firewall)이라고도 불린다. 실질적으로는 1998년부터 시작되었으며, 중화인민공화국의 디지털 공안체제로 중국 공안부에서 운영한다.

1차 계획은 1998~2006년, 2차 계획은 2006~2008년에 추진되었다. 중국의 주요 대도시에 1만여 개의 감시용 서버를 설치하여, 인터넷 사용자들이 특정 사이트를 접속하는 것을 차단할 뿐만 아니라 댓글의 민감한 내용도 실시간 감시하고 있다. 중국 정부는 2009년부터 이 '만리방벽(GFW)' 설치를 의무화하였다.

금순공정의 핵심 기술 중에 속하는 것은 동영상 콘텐츠 관리(VCM,

Video Contents Management)인데, 빅데이터를 이용해 모니터링한 동영상의 실시간 분석 처리와 신고를 지원하는 기술이다. 이 기술은 화웨이(華爲) 기술로, 화웨이의 사용자들에게 제공되는 서비스이다. 이 화웨이 VCM시스템을 사용하는 곳이 중국 공안이다.

한편, 금순공정의 확대 개념으로는 평안도시(平安城市)라는 것이 있다. 평안도시는 삼방(三防)시스템 건설을 통해 건설한 도시이다. 여기서 삼방체계란 기술 방어시스템, 물적 방어시스템, 인적 방어시스템이다. 평안도시는 영상감시기술을 기반으로 하여 실시간 모니터링과 관리시스템을 갖춘 도시를 말한다. 교통과 치안 관리는 물론 재난 상황이 발생하면 조기 경보가 이루어지고, 각종 안전 관련 상황이 발생할 경우에도 실시간 대처가 이루어진다.

(5) 안면 인식 스캔 등록

네트워크 안전 등급보호 2.0시대가 2019년 12월 1일에 정식으로 시작하였다. 공신부(工信部)는 2019년 11월 11일 "통신사 이동서비스 관리 규정의 통지('携號轉網服務管理規定'的通知)"를 발표하였다. 이 규정은 2019년 12월 1일부터 시행되었다.

새로운 이동 전화 서비스를 등록할 때, 사용자의 얼굴 스캔 등록을 의무화하는 조처를 발효하였다. 이러한 조처에 대해 중국 정부는 "합법적 권리 및 사이버 공간에서, 시민들의 이익을 보호하기 위해서"라고 밝혔다. 하지만, 사생활 침해 등 중국 인민들에 대한 통제정책이라는 논란이 일어났다. 중국에서는 새로이 이동전화나 이동전화 데이터 서비스를 등록할 때, 사용자의 신원증명 카드와 사진을 등록하는 것은 일반적이다. 여기에다가 중국에서는 사용자가 제시하는 신원증명

카드의 신원을 확인하기 위해, 사용자 얼굴을 스캔하여 대조할 수 있도록 했다. 중국 산업정보부가 통신사업자들을 대상으로 만든 이 정책은 정부가 모든 이동전화 사용자들의 신원을 파악할 수 있게 하는 체제를 강화한 것이다.

미국 ≪뉴욕타임스≫는 2020년에 중국 당국이 안면 인식 기술을 이용해 신장위구르자치구의 위구르족을 감시하거나 반체제 인사를 감시하는 데 활용하고 있다고 보도하기도 하였다.

4) 교육

(1) 양학일주(兩學一做)

'양학일주'는 시진핑 정부가 사상을 강조하고, 중국공산당이 영도하는 중국을 만들겠다는 의도를 확실하게 보여준다. 양학일주는 '두 개를 배우고, 하나를 만든다'라는 뜻으로, 의미는 "당장(黨章)과 당규(黨規)를 배워서 규칙과 기율을 지키는 '합격 당원'이 되자"이다. 구체적으로는, "공산당 당헌과 시진핑 담화정신 두 가지를 배워 중국공산당원에 합격하는 것"이다. 중국공산당은 학습교육의 상시화·제도화를 추진하여, 많은 당원들에게 당헌과 당규를 심층적으로 학습할 수 있게 확대하고, 시진핑의 주요 연설정신과 당 중앙 치국이정(治國理政)의 새로운 이념과 사상 및 전략의 심화 학습을 확대해야 한다고 강조하였다.

2016년 2월 28일 신화사는 중공중앙판공청이 "전 당원에게 '당장·당규 배우기, 연설 배우기, 당원에 합격하기'에 관한 학습교육 방안(關於在全體黨員中開展'學黨章黨規、學系列講話, 做合格黨員'學習敎育方案)"을 발표하였다고 보도하였다. 방안에서는 "당장 당규를 배우고, 각 연설을 배워, 당원에 합격하자"는 내용이 들어 있다. 이를 보통 '양학일주 학습교육(兩學一做學習敎育)'이라고 부른다.

2017년 3월 중공중앙판공청은 "'양학일주' 학습교육의 상시화 제도화 추진에 관한 의견(關於推進'兩學一做'學習敎育常態化制度化的意見)"을 발표하였다. '의견'에서는 기층 당 조직은 '삼회일과(三會一課)'를 기본 제도로 삼고, 당의 지부는 기본 단위가 되어 '양학일주'를 당원 교육의 기본적인 내용이 되어야 하고, 장기적으로 견지해야 하며 상시적이어야 한다고 밝혔다.

'삼회일과'는 '세 가지 회의와 한 가지 교육'을 말하는데, '3회'는 "정기적으로 지부 당원대회(支部黨員大會), 지부위원회(支部委員會), 당 소조회(黨小組會)를 열어야 한다."는 것이다. 그리고 '1과'는 "시간에 맞춰 당 내 교과 과정을 배워야 한다."는 것이다.

2017년 4월 16일 "양학일주학습교육상시화제도화공작좌담회(兩學一做學習敎育常態化制度化工作座談會)"가 베이징에서 열렸다. 류윈산(劉雲山)은 "시진핑 총서기의 중요한 지시는 '양학일주' 교육의 성과를 충분히 인정했다. '양학일주' 학습과 교육의 상시 제도화를 추진하는 중요한 의미, 목표 임무와 기본 요구를 심각하게 천명했으며, 우리가 업무를 잘 수행할 수 있도록 중요한 기준을 마련했다. 또 당의 모든 업무가 지부에 선명하게 수립되기 위해서는 '양학일주'를 '삼회일과'로 삼아야 하고, 기본적인 내용을 고정하고 견지해야 한다."고 강조하였다.

중국 정부는 학습과 교육의 상시 제도화를 추진할 때 "심도 있게 착실하게 배우고, 실제로 이행 및 개척을 해야 하고, 일상에 융합시키고 자주 관리하는 것을 중요시해야 한다."고 강조하였다. 또 당원들이 당헌과 당의 규정, 그리고 시진핑의 주요 연설문에서 반영된 지침과 중앙의 치국이정의 이념·신사상·신전략을 심도 있게 학습하도록 유도하였다.

(2) 사회주의 핵심가치관(社會主義核心價値觀)

사회주의 핵심가치관은 시진핑 시대에 들어서면서 중국 교육과 사회 및 민족을 통제하는 기능을 하는 사상이다. 2011년까지만 해도 '사회

사회주의 핵심가치관

주의 핵심가치체계(社會主義核心價値體系)'라는 용어도 사용되다가, 2012년 11월 제18차 전국대표대회 보고에서 '3개 창도(三個倡導)'를 명확하게 하여야 한다면서 '사회주의 핵심가치관'이라는 용어를 본격적으로 사용하기 시작하였다. '부강(富强), 민주(民主), 문명(文明), 화해(和諧, 조화로움)', '자유(自由), 평등(平等), 공정(公正), 법치(法治)', '애국(愛國), 경업(敬業), 성신(誠信), 우선(友善)'을 창도하자고 하였다. 여기서 '부강, 민주, 문명, 화해'는 국가적 측면의 가치 목표이고, '자유, 평등, 공정, 법치'는 사회적 측면에서의 가치 취향(取向)이며, '애국, 경업, 성신, 우선'은 공민 개인적 측면의 가치 준칙(準則)이다. 이 24글자는 사회주의 핵심가치관의 기본 내용으로, 중국 정부는 당원·학생·직장인·소수민족 등 중국을 구성하는 모든 사람들이 적극적으로 배양하고 실행해야 한다고 강조하고 있다.

시진핑은 "국가와 민족은 사상과 행동이 완전히 일치되어 앞으로 나야가야 한다."면서 "당 전체와 모든 사회가 중국 특색의 사회주의

건설을 위한 선전교육을 깊이 있게 전개해 나가야 한다."고 강조했다. 이러한 시진핑의 연설 내용은 시진핑이 권력을 강화하는 과정에서 보여 주었던 '이데올로기 강조'와 연결을 지을 수 있다. 뿐만 아니라 앞으로도 시진핑 정부가 사회와 인민을 대상으로 이데올로기 선전 교육과 사상 통제를 강화할 것이라는 것을 알 수 있게 한다.

한편, 2017년 제19차 전국대표대회를 앞두고 중국 당국은 초등학교·중학교를 대상으로 '사회주의 핵심가치관' 교육 강화에 나서면서 사상 통제를 하고 있다. 인민일보의 영자 자매지인 '글로벌타임스'는 "중국 전역에서 학생과 교사들이 사회주의 핵심가치관에 관한 지식을 향상시키도록 당국이 요구하고 있다"며 특히 "일부 지역에서 교사들도 이와 관련한 평가·감독을 받는다."고 보도했다.

신장위구르자치구 허슈오현(和碩縣, 후쉬드현) 제5소학교(第五小學)

사회주의 핵심가치관 수업 때마다 5분짜리 콘텐츠 대회를 실시하는데, 30여 명의 교사들도 참가하였다. 뿐만 아니라 신장 지역의 대학생들에게 사회주의 핵심가치관을 교육하고 있으며, 애국주의와 민족 단결을 강조하고 있다.

---

(3) 학습강국(學習强國)

2019년 중국에는 '학습강국'이라는 학습 플랫폼이 등장하였다. 이 플랫폼은 중국공산당 중앙선전부가 주관하는 것으로 2019년 1월 1일부터 전국에 공개되었다. 이 플랫폼은 중앙선전부와 알리바바가 공동으로 개발하였으며, 시진핑 시대 중국 특색의 사회주의 사상과 당의 '19대 정신'을 주요 내용으로 하고 있다.

'학습강국'의 플랫폼은 PC클라이언트, 휴대폰 클라이언트로 구성되어 있다. PC클라이언트는 'www.xuexi.cn'이고, 클라이언트는 앱 스토어에서 무료로 다운로드 받을 수 있다.

'학습강국'의 홈페이지에 나와 있는 17개 분야 중에는 '신사상(新思想) 학습, 19대 시간, 시진핑 문회(文彙) 등'이 있다. 모두 시진핑의 연설·활동과 직접적으로 관련이 있는 내용이다. 특히 신사상학습 분야는 당장과 헌법에 삽입된 '시진핑 신시대 중국 특색의 사회주의 사상'을 배우는 데 초점을 맞추었다.

'학습강국'은 시진핑에 관한 뉴스를 지속적으로 보는 회원에게는 보너스 점수를 준다. 그리고 시진핑의 경제 정책에 대한 퀴즈를 모두 맞히면 10점을 얻게 된다. 낮은 점수를 받은 학생들은 학교로부터 꾸지람을 듣는다. 낮은 점수의 정부 관리들은 학습모임을 갖고 있으며, 점수가 부족한 노동자들은 자아비판 보고서를 써야 한다. 특히, 당 관리들의 비위를 맞추려는 개인 기업들은 앱 사용 빈도에 따라 노동자들의 서열을 매기고, 가장 우수한 회원에게는 '스타 학습생'이라는 타이틀을 수여한다.

'학습강국'에는 중국 전통문화·역사·지리 등을 제공하는 버전도 있다. 하지만 시사(時事)적인 내용은 검열을 거쳐야 한다. 이와 관련하여, 전문가들은 이러한 행태는 "디지털 감시이며, 새로운 단계의 디지털

독재를 의미한다."고 지적했다. '학습강국'은 시진핑 정부를 비판하는 사회활동가, 변호사, 지식인 등이 투옥되면서 등장하였다.

5) 종교정책

(1) 신종교사무조례(新宗敎事務條例)

'종교사무조례 개정안', 일명 '신종교사무조례'가 2017년 6월 14일 국무원 제176차 상무회의에서 수정 통과되었고, 동년 9월 18일에 공포되었으며, 2018년 2월 1일부터 시행되었다.

정식 명칭은 '중화인민공화국 국무령 제686호'로, 총 9개장 77개조로 이루어졌다. 각각 총칙, 종교단체, 종교기관, 활동장소, 종교 교직 종사자, 종교 활동, 종교 재산, 법적 책임, 부칙 등으로 수정 조례의 핵심은 종교에 대한 '관리'와 '통제' 강화이다.

2018년 3월, 중국 정부는 종교 문제에 대한 사법권을 정부 기관인 국가종교사무국에서 중국공산당의 기관인 통일전선공작부로 이전한다고 발표하였다. 신종교사무조례 이후, 국가의 권력 수복을 시도한다는 이유로, 특히 기독교에 대한 중국 정부의 감시는 더욱 거세졌다. 정부 산하기관인 중국기독교협회와 중국이슬람회는 각각 기독교와 이슬람을 '중국화'한다는 5개년 계획을 발표하였다.

조례에는 인터넷을 통한 종교 활동, 교내 종교 활동, 종교 훈련을 위한 해외 여행에 대한 통제를 강화하는 내용도 담겨 있다. 주요 내용은 다음과 같다.

제2조 공민은 종교를 믿는 자유를 가진다. 어떤 조직 혹은 공민에게 종교

를 강제로 믿게 하거나 믿지 못하게 할 수 없다. 그리고 종교를 믿는 공민이나 믿지 않는 공민을 멸시하여서는 안 된다. 종교를 믿는 공민이나 믿지 않는 공민, 그리고 다른 종교를 믿는 공민을 서로 존중해야 하고 화목해야 한다.

제5조 각 종교는 독립 자주 자치의 원칙을 견지하며 종교단체, 종교학교, 종교 활동 장소와 종교 사무는 외국 세력의 지배를 받지 않는다. 종교단체, 종교학교, 종교 활동 장소, 종교 교직원은 상호존중, 평등, 우호의 기초에서 대외 왕래를 전개한다; 기타 조직이나 개인이 대외 경제, 문화 등의 합작 및 교류 활동 중에 부가적인 종교 조건을 더할 수 없다.

제11조 종교학교는 전국성 종교단체 혹은 성, 자치구, 직할시 종교단체가 설립한다. 기타 어떤 조직이나 개인도 종교학교를 설립할 수 없다.

제26조 종교 활동 장소는 내부 관리를 강화하고 관련 법률, 법규, 규장의 규정에 따라야 하며, 건전한 인원, 재무, 자산, 회계, 치안, 소방, 문물 보호, 위생방역 등의 관리제도를 수립해야 하며, 해당 인민정부 관련 부문의 지도, 감독, 검사를 받아야 한다.

제47조 인터넷 종교 정보 서비스를 운영할 때는 성급 이상 인민정부 종교 사무 부문의 심사 동의를 거친 후, 국가 인터넷 정보 서비스 관리에 관한 관련 규정에 따라 처리한다.

제63조 종교 극단주의를 찬양, 지지, 후원하는 것과 종교를 이용하여 국가 안전과 공공 안전에 위해를 가하고, 민족 단결 와해, 국가 분열 및 테러활동을 하거나, 공민의 인신 권리와 민주 권리를 침범하거나 사회 관리 질서에 방해를 하고, 공적 사적 재산을 침범하는 위법활동은 범죄에 해당하며, 법에 따라 형사 책임을 추궁한다; 범죄에 해당하지 않는 경우 법에 따라 관련 부문에서 행정 처벌을 내린다; 공민, 법인 혹은 기타 조직에 손실을 입혔을 경우는 법에 따라 민사 책임이 따른다.

제70조 해외에서 거행하는 종교 방면의 교육, 회의, 순례 등 활동을 조직하거나 허가 없이 종교 교육훈련을 개최하면, 종교 사무 부문은 회동하여 관련 부문의 책령으로 활동을 중지시키고, 2만 위안 이상 20만 위안 이하의 벌금에 처한다; 위법 소득이 있으면 위법 소득을 몰수한다; 범죄에 해당하면 법에 따라 형사 책임을 추궁한다.

종교학교 이외의 학교나 기타 교육기구가 전교(전도)나 종교 활동을 거행, 종교 조직을 성립, 종교 활동 장소를 설립하는 경우, 심사 비준 기관 혹은 기타 관련 부문의 책령으로 한시적 개정을 명하고 경고한다; 위법 소득이 있으면 위법 소득을 몰수한다; 사안이 엄중하면 책령으로 신입생 모집을 중지하고, 학교 운영 허가를 취소한다; 범죄에 해당하면 법에 따라 형사 책임을 추궁한다.

제74조 종교 교직원을 사칭한 이가 종교 활동을 진행하거나 혹은 재물을 취득한 위법한 활동에 대하여, 종교 사무 부문의 책령으로 활동을 중지하고; 위법 소득과 불법 재물이 있으면 몰수하며, 1만 위안 이하의 벌금에 처한다; 치안 관리를 위반한 행위를 하면 법에 따라 치안 관리 처벌을 내린다; 범죄에 해당하면 법에 따라 형사 책임을 추궁한다.

(2) 기독교

시진핑 국가주석은 "공산당원은 굳건한 마르크스주의 무신론자가 돼야 하며 절대로 종교에서 자신의 가치관과 신념을 추구해서는 안 된다"고 말했다. 중국중앙(CC)TV 등에 따르면 시진핑은 2016년 4월에 개최되었던 '전국종교공작회의'에 참석해서 한 '중요연설'을 통해 "새로운 국면에서 우리는 중국 특색의 사회주의 종교 이론을 견지하고 발전시켜야 한다."고 말했다.

시진핑은 "외부 세력이 종교를 이용해 (중국에) 침투하는 것을 단호히 막아내고 종교적 극단주의 사상에 의한 침해를 방지해야 한다"고 주장하였다. 시진핑은 모든 종교는 '당의 영도'를 따라야 한다고 강조했다. 시진핑은 "종교는 행정, 사법, 교육 등 국가의 각종 직능에 간섭할 수 없고, 정부는 국가 이익과 공공 이익에 관련된 종교 문제를 법에 따라 관리할 수 있다."고 말했다.

2017년 7월 중국공산당신문망(中國共産黨新聞網)에 따르면 왕쭤안(王作安) 국가종교국 국장은 『구시(求是)』 기고문에서 "공산당원은 종교적 신앙을 가져서는 안 되며 이는 전 당원에 해당되는 '레드 라인'(양보할 수 없는 쟁점이다)"이라고 밝혔다. 왕 국장은 "당원은 굳건한 마르크스주의 무신론자로서 당의 규율을 따르고 당의 신념을 유지해야 한다"고 강조했다. 그는 아울러 "신앙을 가진 관리에 대한 사상 교육을 통해 종교를 포기하도록 하며, 그에 저항하면 당 조직의 처벌을 받아야 한다"며 "경제 발전이나 문화 다양성의 명목으로 당정 지도 간부가 종교를 지원하거나 관여하는 행위도 금지된다"고 덧붙였다. 또, "종교를 중국화해야 한다. 종교집단 및 개인을 사회주의 핵심가치와 우수한 중국 문화로 이끌고, 종교집단이 그들의 교리를 파고들어 사회 조화 및 발전에 유익한 부분을 찾도록 지원해야 한다"고 주장했다.

중국인민정치협상회의 민족·종교위원회 주웨이췬(朱維群) 주임은 "당원이 신앙을 가져서는 안 된다고 왕 국장이 거듭 되새기는 점이 중요하다"면서 "일부에서 당내 종교적 신앙을 지지하는데 이는 변증법적 유물론에 기반한 공산당 가치를 훼손한다"고 말했다. 주웨이췬 주임은 "한 번 공산당의 가치가 손상되면 종교를 규제하는 당의 기본 정책뿐만 아니라 당의 통합성이 파괴될 것"이라고 경고했다.

6) 방송 통제

2019년 3월에는 중국에서 사극 방송이 전면적으로 금지되었다는 뉴스가 보도되었다. 이미 공개된 드라마는 동영상 웹사이트의 추천 목록에서 제외하고, 아직 방송되지 않은 것은 모든 일정을 다시 안배한다고 발표하였다.

새로운 규정 때문에 '신백낭자전기(新白娘子傳奇)', '삼생삼세침상서(三生三世枕上書)', '경여년(慶餘年)' 등의 시대극이 영향을 받았다. 중국 정부는 "지금부터(2019년 3월) 6월까지 무협, 환타지, 역사, 신화, 시공간 이동, 전기, 궁중암투 등을 포함한 모든 시대극(전통극)을 제제로 한 웹드라마, TV드라마, 웹영화(網絡大電影)는 모두 방송이 금지된다."

한한령(限韓令): 한국의 고고도 미사일 방어체계(THAAD, 사드) 배치에 반발해 중국 정부가 내린 한류 금지령을 말한다.

한오령(限娛令): 예능 프로그램에 대한 통제 강화로, 황금 시간대에 오락물을 방영하는 것을 금지한다.

한수령(限酬令): 인기가 있다고 엄청난 고액의 출연료를 주는 것을 금지한다.

어언령(語言令): 라디오 텔레비전 프로그램을 제작할 때에는 반드시 규범화된 표준어를 사용해야 한다는 것이다.

필파령(必播令): 2014년 1월 1일부터 다큐멘터리 방영시간을 연 6,205시간 이상 방영하는 것으로서, 44개 위성TV채널에서는 매일 30분 이상 중국산 다큐멘터리를 의무적으로 방송해야 한다.

봉살령(封殺令): 위법 행위를 저지른 연예인의 활동을 금지시킨다는 법규이다. 봉살령에는 마약, 매춘 등은 명확하게 명기하였으나 기타 도덕적인 문제는 명확하게 표기하지 않았다. 불량 연예인들은 드라마뿐만 아니라 영화나 텔레비전, 웹드라마 등에서도 해당 연예인이 출연했던 모든 작품의 방송을 금지한다는 조치이다.

고 발표하였다. 이를 '한고령(限古令)'이라고 부른다. 이와 관련하여, 글로벌타임스는 감독 당국인 국가신문출판광전총국(國家新聞出版廣電總局, 이하 '광전총국')이 역사물에 대해 가장 엄격한 금지 조치를 내렸다고 보도하였다.

광전총국에서는 2019년 7월 9일, 당내 행사에서 "초심을 잃지 말고, 사명을 명심하라"는 주제 토론에서 사극의 무분별한 리메이크 등을 문제 삼았다. 그리고 사극은 정치적 신념을 지키고, 인민 대중의 입장을 위해 노력하며, 고품질을 지키고, 규율을 엄수하며, 공중도덕을 엄격하게 지킬 것을 주문하였다.

중국에서 방송과 관련된 통제는 시진핑 정부가 들어선 이후부터 지속적으로 진행되었다. 2016년 11월 3일 오후부터 적지 않은 제작사들이 온라인상에서 서비스되고 있는 웹영화를 삭제할 것을 통보 받았다고 밝혔다. 아이치이(愛奇藝), 러스(樂視), 텐센트(騰訊), 유쿠(優酷), 소후(搜狐) 등 대부분의 플랫폼이 삭제조치 대상에 포함됐다.

2016년 12월에 광전총국은 "광전총국의 웨이보, 웨이신 등 인터넷 소셜네트워크 플랫폼상의 시청각프로그램 관리 규정(國家新聞出版廣電總局發布微博、微信等網絡社交平臺傳播視聽節目的管理規定)"을 발표하였다. 시청각 프로그램을 방영하는 인터넷 플랫폼은 전파허가증인 '인터넷 동영상 프로그램 허가증(AVSP, 信息網絡傳播視聽節目許可證)'을 취득해야 하며, 인터넷을 통해 서비스되는 영화나 드라마는 〈영화상영허가증〉 또는 〈드라마발행허가증〉을 반드시 받도록 하였다.

2017년 6월 1일 광전총국은 사회주의 선진문화와 건강하고 적극적인 인터넷 플랫폼의 분위기를 조성하기 위해 "온라인 시청각프로그램 창작 및 방송에 대한 진일보한 관리 강화 통지(關於進一步加强網絡視聽節目創作播出管理的通知)"를 발표하였다. 이 '통지'는 최근 중국 문화산업이 날이 갈수록 발전하고 기술이 발전하여 각종 인터넷 플랫폼상의 시청각 프로그램이 빠르게 발전하고 있지만, 오락성을 강조하고 내용이 저속하며, 질이 열악하고 격조 낮고 규범에 어긋나는 언어 등의 문제가 발생하여, 이에 대한 정돈이 필요하다고 밝혔다.

'통지'에서는 "혁명문화와 사회주의 선진문화를 홍양하고, 애국주의를 핵심으로 하는 민족정신과 개혁혁신을 핵심으로 하는 시대정신, 가창조국(歌唱祖國), 영웅 찬미, 시대 찬가를 홍양하고, 사람들에게 정확한 역사관, 민족관, 국가관, 문화관을 수립하고 견지하도록 이끌고, 주류 사상과 가치관을 비방하는 내용을 철저하게 배척하고, 역사를 왜곡하고 숭고함을 희롱하며 영웅을 부정하는 착오적인 경향을 결연히 반대한다."라고 하였다. 또 인터넷에서 방송되는 시청각프로그램은 공중파를 통해 방영되는 프로그램과 동일한 기준과 척도를 통해 정치관, 가치관, 심미관, 시행 부분의 심의 관리를 받아야 한다고 규정하였다. 심의를 통과하지 못한 드라마, 영화는 웹드라마, 웹영화로 인터넷에서 방송이 불가하다. 방향성이 부정확한 예능 프로그램, 웹예능이라는 이름으로 인터넷, IPTV, 인터넷TV에서 방송할 수 없다. 공중파 프로그램으로 심의를 통과하지 못한 프로그램 또한 인터넷을 통해 송출할 수 없다. 이는 한쪽에서 심의 불가 판정을 받으면 다른 한 쪽에서도 방영이 불가하다는 것을 의미한다. 그리고 완전판(完整版), 풀버전, 편집판 등의 영상은 어떤 방식으로든 방송을 금지한다.

2017년 6월 30일 발표된 "인터넷 시청각 프로그램 내용 검토 통칙(網絡視聽節目內容審核通則)"은 웹드라마와 웹영화를 필두로 한 선심후방(먼저 심의하고 후에 방송되는)을 따르는 제도이다.

2017년 9월 중앙정부의 5개 부서가 공동으로 현실적인 드라마와 농촌 소재 작품을 장려하는 통지문을 발표했다. 통지문의 정식 명칭은 "드라마 번영 발전 지원에 대한 약간의 정책에 관한 통지(關於支持電視劇繁榮發展若干政策的通知)"로, 14개 조항으로 이루어졌으며, TV연속극을 관리하였다. 해당 통지는 중국 드라마산업의 건강한 발전을 위한 것으로, 드라마 제작·구매·방송·홍보 등에 대해 규범하였다. 주요 내용을 살펴보면, 드라마 시나리오 지원 강화에서는 "혁명과 역사·현실·농촌 등 소재를 중심으로 해야 한다"고 되어 있다. 드라마 방송 구조 정비에서는 "모든 방송국과 인터넷 동영상 채널은 매년 황금 시간대에 혁명 역사·농촌·소수민족·군사 등 소재의 드라마를 방영해야 한다."고 되어 있다.

중국에서는 2017년부터 정책 감독은 콘텐츠 관리, 연예인 출연료 제한, 인터넷 시청 프로그램 관리의 3개 부분으로 꾸준히 제한하고 있다. "1극양성(一劇兩星, 하나의 드라마가 동시에 여러 곳에서 방영되는 것을 제한하는)" 조치가 취해진 이후로, 방송 내용에 대한 위성TV의 요구가 끊임없이 높아져, 한때에는 위풍당당했던 판타지, 타임슬립 드라마는 점점 사라져가는 기세가 되었고, 더 중요한 것은 '한정 보수'에 복선을 깔다 보니, 2018년에는 대량 캐스팅 등 대량의 흐름이 상실됐다.

4. 언론과 신조어

1) 중국 언론을 바라보는 미국의 시선

2020년 10월 미국은 중국 언론사 6곳을 추가로 '외국사절단(foreign missions)'으로 지정하였다. 미국은 중국 해당 언론사에 소속된 기자들을 언론인이 아니라, 국가에 소속된 공무원이라고 규정한 것이다. AP 통신에 따르면 마이크 폼페이오 미국 국무장관은 중국공산당의 선전 행위에 맞서기 위해 중국 언론사를 외국사절단으로 조처했다고 밝혔다. 폼페이오 장관은 해당 언론사들이 중국공산당의 영향 아래에 놓여 있다고 지적하였다.

6개의 언론사는 "상하이 공산당 기관지인 제팡 데일리(해방일보)와 베이징 경제지 이코노믹 데일리, 이차이 글로벌, 신민 이브닝 뉴스, 차이나 프레스 사회과학, 베이징 리뷰"이다. 미국은 2월 18일에 신화통신, 중국글로벌TV네트워크(CGTN), 차이나라디오인터내셔널(CRI), 중국일보 5개 언론사를 외국사절단에 지정하였다. 6월 23일는 중국중앙(CCTV), 인민일보, 환구시보, 중국신문사(CNS) 4개 언론사를 추가로 지정했다. 이로써 외국사절단으로 지정된 중국 언론사는 총 15곳으로 늘어났다.

2) 중국 언론 개편

중국의 언론은 공산당 중앙선전부(中央宣傳部)가 총괄 통제하고 있다. '인민일보(人民日報)'는 중국공산당 기관지로 중국공산당 중앙의

견해를 대변한다. '해방일보(解放日報)'는 중국 인민해방군의 기관지이고, '경제일보(經濟日報)'는 중국공산당의 경제 관련 정보를 다룬다. '공인일보(工人日報)'는 중국의 관영 노동조합인 총공회(總工會)의 기관지이다.

2018년에 국무원 조직 개편이 있었는데, 광전총국에 직속되어 있었던 CCTV, CNR(중국중앙인민라디오), CRI(중국국제라디오)를 통합하였다.

2018년 3월 21일 중국은 "당과 국가기구 개혁 심화 방안(深化黨和國家機構改革方案)"을 통과시켜, 문화산업 주무기관이었던 문화부와 국가신문출판광전총국의 조직을 개편하였다. 이때 국가라디오TV총국(國家廣播電視總局)이 출범하였다.

"당과 국가기구 개혁 심화 방안"에 따라 2013년에 국가신문출판총서와 국가광파전영전시총국을 통합하여 설립되었던 국가신문출판광전총국은 폐지되었고, 국가라디오TV총국으로 설립되었다. 국가라디오TV총국은 "① 당의 선전 방침 정책 관철, ② 라디오·텔레비전 관리의 정책 입안, ③ 라디오·텔레비전 사업 발전 계획 및 지도 조정, ④ 라디오·텔레비전 체제 메커니즘 개혁 추진, ⑤ 라디오·텔레비전과 온라인 시청각 프로그램 내용 및 품질관리 감독, ⑥ 심의, 라디오·텔레비전 프로그램의 수입 수록 관리 책임, ⑦ 라디오·텔레비전 수출 업무 협조 추진 등 기능 수행, ⑧ 웹영화, 웹드라마, 웹예능 등 온라인 시청각 프로그램의 관리 감독 및 심의 업무 등"을 담당한다.

인민일보 등에 따르면 당 중앙위원회는 "당과 국가기구 개혁 심화 방안" 통지를 통해 중국중앙(CC)TV, 중국인민라디오방송, 중국국제방송 등을 통합해 '중국의 소리(Voice of China, 中國之聲)'를 발족하기로 했다. 중국국제방송의 경우 현재 50여 개국에서 100개 이상의 채널을 보유하고 있다. 대내적으로는 중앙라디오TV본부(中央廣播電視總臺)로 불리게 될 이 매체는 국무원 직속 기구로 편입되지만, 중국공산당 중앙선전부가 직접 관장하게 된다. 중국 공산당은 통지에서 중앙라디오TV본부가 "당의 이론과 노선 방침을 선전하고 사회 주요 현안을 인도하며 여론 감독을 강화하는 역할을 하게 될 것"이라며 시진핑과 당에 대한 홍보를 강화하겠다는 의지를 노골적으로 드러냈다.

3) 언론 종류

중국 정부가 운영하는 3대 관영 언론사라고 하면, '인민일보, 신화사, CCTV'를 들 수 있다.

(1) 인민일보(人民日報, 1948.6.15)

인민일보(People's Daily)는 중국공 산당 중앙위원회 기관보이다. 1997 년 1월 1일 인민일보사는 인민망

(人民網, www.people.com.cn)을 구축하였다. 1985년 7월 1일에는 인민일보 해외판을 창간했다. 1997년 1월 1일에는 인민일보 인터넷판(인민넷)을 출시했으며, 2009년 8월 1일에는 인민일보 티벳어판을 창간했다. 조선족을 포함한 중국 내 소수민족을 위한 사이트도 별도로 제공하고 있다.

인민일보는 중국공산당과 정부의 정책이나 사상을 선전하는 기관지로서의 성격이 강하다. 인민일보의 사설은 중국공산당의 주장을 대내외에 표명하는 것으로 매우 중시되고 있다.

1985년 7월 1일에는 중국어·영어·일본어·프랑스어·스페인어·러시아어·아랍어 7개 언어로 해외에 있는 구독자를 겨냥한 해외판이 발행되었다. 2009년 8월 1일에는 ≪인민일보≫ 티베트어판(藏文版)을 창간하였다. 중국공산당 중앙의 기관지는 ≪인민일보≫이고, 이론 간행물은 『구시(求是)』지이다.

2020년 10월 15일 "역사의 올바른 쪽에 서라(站在歷史正确的一邊)"라는 논평에서 대만이 2018~2020년 수백 건의 간첩 사건을 저질렀다고 언급하면서, "양안 인민 모두 무력 충돌이 일어나기를 바라지 않지만 만약 전쟁이 발발하면 그것은 모두 '대만 독립' 때문"이라고 지적했다.

(2) 신화통신사(新華通訊社)

신화사 통신은 대표적인 중국 관영 통신사이다. 영문명으로 'Xinhua News Agency'이고, 간칭하여 '신화사(新華社)'라 불린다. 신화사의 전신은 '홍색중화통신사(紅色中華通訊社)'로 1931년 11월 7일 장시(江西)성 루이진(瑞金)에서 중국공산

당의 지도 하에 설립된 최초의 언론사다. 1937년 1월 옌안(延安)에서 신화통신사로 명칭을 변경하였다.

국무원 직속 사업기관으로 주요 업무는 중국의 뉴스를 해외로 보도하는 것이다. 신화사는 설립 당시부터 중국공산당의 직접적인 관리를 받아왔고, 중국공산당의 감각기관으로서의 역할을 해 왔다. 주로 정부 요인의 발언을 전달하는 경우가 많아서 국영 선전기관이라는 비판을 받기도 한다.

신화사가 주관하는 중국 중점 뉴스 사이트는 신화넷이다. 중국공

산당과 중국 정부의 주요 인터넷 여론 플랫폼이다. 신화넷의 전신은 신화통신사 웹사이트이고 2000년 3월에 신화넷으로 명칭을 변경하였다. 동년 7월에 전면적으로 개편하였고, 새로운 도메인 사이트인 www.xinhuanet.com을 사용한다.

(3) 중국중앙텔레비전(中國中央電視臺, China Central Television)

CCTV(중국중앙텔레비전)는 중국 국가라디오영화텔레비전총부(廣播電影電視部) 소속의 국영 텔레비전 방송국이다. 1958년 5월 1일 베이징TV방송국으로 시험방송을 시작하여 9월 2일 정식으로 방송을 시작

하였다. 그리고 1978년 5월 1일 중국중앙TV방송사로 개명하였다. CCTV의 주요 임무는 중국의 주요 뉴스와 언론 기관으로써 중국공산당, 중국 정부가 내는 목소리이다. 뉴스는 중국공산당의 관리, 검열 하에 실시하고 있다. 중국 국민이 정보 획득의 주요 채널이다.

CCTV는 1980년대까지 국가 보조금으로만 운영되어 왔지만 1990년대부터 보조금이 많이 삭감되자 광고방송을 실시하여 운영비를 충당하였다. CCTV는 현재 TV방송을 기반으로 영화, 인터넷, 신문, 음반과 영상물 출판 등을 포함하는 멀티미디어 홍보, 광고 경영, 산업 확장의 다각 경영 구도를 구축하고 있다.

(4) 구시(求是, 1988.7)

당 중앙위원회 기관지로 1988년 7월에 창간한 『구시』는 당 중앙의

영도 하에 마르크스레닌주의, 마오쩌둥 사상, 덩샤오핑 이론과 3개대표 주요 사상(3개대표론)을 지도하며, 당의 기본 노선, 기본 강령과 기본 경험을 견지하고, 과학발전관을 견지하며, 전면적 샤오캉 사회를 건설하도록 한다. 그리고 끊임없이 중국 특색의 사회주의 사업의 새로운 국면의 내용을 창조하며, 과학적인 이론으로 무장도록 하고, 정확하게 이론의 방향을 파악하도록 한다.

『구시』는 사상해방·실사구시·여시구진(與時俱進), 인민을 위해 봉사하도록 노력하며, 사회주의를 위해 봉사하며, 전 당·전 국가의 사업을 위해 봉사한다. 그리고 전 당원 간부에게 정확한 세계관·인생관·가치관을 인도하며, 전 당원이 마르크스주의 수준을 고양하며, 당의 사업 발전의 임무를 촉진하도록 이끈다.

(5) 광명일보(光明日報, 1949.6.16)

광명일보는 1946년 6월 16일 중국민주동맹 주도로 창간되었다. 중국공산당의 지도를 받으며 발행되는 중국공산당의 당보이다. 광명일보는 학술 이론과 문화·예술을 주로 다루는 신문으로, 일반 군중이 아닌 지식인을 주요 독자로 하고 있다.

광명일보 인터넷판의 홈페이지에는 '광명을 전달하는 사절단(傳播光明的使者)'이라는 제목으로 광명일보를 소개한다. 광명일보 측은 '중국공산당의 중앙 영도가 주도하는 전국적이고 종합적인 당보(黨報)다'라고 밝히고 있다. 이어 '당의 지식분자를 만족시키는 중요한 신문이다'라고 자신의 성격을 규정하고 있다.

1978년 광명일보는 '실천 은 진리를 검증하는 유일한 표준이다(實踐是檢驗眞理的唯 一標準)'라는 제목의 평론을 발표했는데, 이후 중국에서 는 첫 번째 사상해방운동이 확산되었다. 이 평론은 덩샤 오핑 등의 개혁파와 화궈펑

광명일보, "실천은 진리를 검증하는 유일한 표준이다"

등의 범시파 간 대립이 지속되는 상황에서 중국을 개혁과 개방으로 이끌었던 신호탄이 되었다.

1994년 8월 광명일보는 중국공산당의 비준을 거쳐 신문의 편집 방 향을 명확하게 규정하였다. 이때부터 광명일보는 중국공산당 중앙 직속의 사업체가 되었고, 중국공산당 중앙선전부를 대표하는 뉴스 기구로 자리잡았다.

광명일보는 2003년 6월 24일자에 실린 "고구려사 연구의 몇 가지 문제"에서 중국은 한국고대사를 왜곡하기 시작하였다.

(6) 환구시보(環球時報)

국제뉴스 보도 확대를 위해 인민일보가 출자하여 1993년 1월 3일에 '환구문췌(環球文萃)'라는 이름으로 창간되었다. 1997년에 '환구시보' 라는 이름으로 바꾸면서 국제시사 전문지로 탈바꿈했다. 2009년 4월 20일에는 환구시보 영문판이 창간되었다.

환구시보는 대중의 입맛에 맞게 움직이는 상업 언론이다. 창간호는

판형이 타블로이드로 전통 신문과는 전혀 달라 당시 신문시장에 있어서 파격적이었다. 기사 내용도 연성화한 국제 뉴스나 연예계 가십, 일상 생활 소식 등으로 채워졌다.

총 편집인 후시진(胡錫進)에 의해 2009년 4월부터 신

환구시보, "매체는 국가 이익을 지키는 문지기 개"

문에 사설을 싣기로 하였다. 2020년 12월 송년식에서 후시진은 미중 대결이 역사적 관점에서 매우 큰 의미가 있던 사건이라고 규정하면서 1천년 뒤의 사람들이 미중 대결의 한복판에 있던 화웨이(華爲)를 기억할 것이라고 주장하였다.

환구시보는 2011년 9월 27일 "지금은 남중국해에서 무력을 행사하는 호기"라는 제목의 논평에서 중국 정부에 "이 호기를 놓치지 말고, 신속히 조치를 취해야 한다"고 부추기고, "본보기로 필리핀과 베트남을 먼저 제압하라"고 구체적으로 지적하였다. 또 사드 배치로 중국이 모든 분야에서 한국을 압박할 때, 2017년 9월 환구시보는 한국을 향해 "김치만 먹어서 멍청해진 것이냐"와 같은 막말을 쏟아내면서 반한 감정 조성에 앞장섰다.

(7) 중국의 소리(CNR1, 中國之聲) 외

2018년 3월 21일, 중앙정부는 중앙방송국(中央電視臺 CCTV와 中國國際電視臺 CGTN), 중앙인민라디오방송국(中央人民廣播電臺 CNR), 중국국제라디오방송국(中國國際廣播電臺, CRI)의 통합으로 하나의 기구, 즉 중

앙라디오방송총국 설립을 결정했다. 총국 결
정의 내용은 "삼정 방안"이다. '기능적 배치,
내부 설치기구, 인원 편성에 관한 규정', 이렇
게 3가지를 '삼정규정'이라 하고, 산하에 25

개의 센터를 설치한다는 것이 핵심 내용이다.

2018년 통합 방송국의 대외 이름은 '중국의 소리(Voice of China, 中國
之聲)'이다. '중국의 소리'는 중국 국내 여론 장악을 강화하는 동시에
중국에 대한 편견을 가진 서방 매체에 중국의 사상과 문화를 전파해
야 한다는 시진핑 국가주석의 뜻에 따라 설립된 것으로 전해졌다.
대내적으로는 '중앙라디오TV본부(中央廣播電視總臺)'라는 이름을 갖게
된다.

2019년 12월 25일, 중앙라디오방송총국 산하 양스왕(央視網, CNTV)
은 '인공지능편집부'의 설립을 발표하고, 혁신제품들을 발표하였다.
양스왕은 CCTV의 인터넷 서비스 제공을 위한 자회사이다. 양스왕은
중국 내 주류 매체 최초의 상용 AI 콘텐츠 위험 통제 플랫폼인데,
융합, 미디어, 스마트, 통제, 클라우드 구조이다.

화하의 소리 (CNR 7; 華夏之聲)	홍콩, 마카오를 포함하여 주강 삼각주 지역에 거주하는 청취자를 대상으로 방송한다.
중화의 소리 (CNR 5; 中華之聲)	중화민국(타이완) 지역과 화교 등 해외에 거주하고 있는 청취자를 대상으로 방송한다.
민족의 소리 (CNR 8:; 民族之聲)	중화인민공화국 내에 거주하고 있는 소수민족을 청취자로 하는 방송이다. 방송 언어는 중국조선말, 티베트어, 카자흐어, 위구르어, 몽골어이다.
문예의 소리 (CNR 9; 文藝之聲)	문예에 관한 내용을 전문적으로 방송한다.
노인 방송 (CNR 10; 老年之聲)	노년층을 대상으로 하는 프로그램을 중점적으로 편성한다.

1. 에포크 타임스(The Epoch Times)

에포크 타임스는 대기원시보(大紀元時報)이다. 에포크 타임스는 2000년 5월 재미(在美) 화교들이 모여 뉴욕에서 설립했다. 이 신문은 중국, 홍콩, 마카오 뉴스, 그리고 특히 중국 내 인권 문제를 초점으로 일반적인 뉴스 보도를 다룬다.

에포크 타임스 인터넷판은 한국어 등 21개 언어 서비스를 제공한다. 인쇄판은 중문, 영어, 프랑스어, 독일어, 러시아어 등 11개 언어 판본을 제공한다. https://kr.theepochtimes.com/에서 한국어로 된 내용을 볼 수 있다.

2004년 11월 에포크 타임스는 〈9평공산당〉 시리즈 평론을 발표했다.

2. 신당인(新唐人) TV

신당인 TV는 미국 뉴욕에 위치한 중화권을 대상으로 하고, 화교(華僑)와 화인(華人)을 대상으로 하는 TV방송국이다. 줄여서 NTD TV라고 불린다. 2001년 2월 북미 지역에서 처음으로 방송을 시작

하였다. 설립 당시부터 중국 정부와 마찰을 빚고 있다. 중국 내에서 사이트 접속이 차단되어 있다.

4) 신조어

(1) 신조어로 중국 읽기

"신조어를 보면 중국이 보인다!" 이 말은 신조어를 통해 변모하는 중국의 사회상을 알게 한다. 변모하는 현대 중국을 아는 데 매우 효과적일 수 있다. 신조어 중에는 중국 경제 발전과 사회 변동을 알 수 있게 하고, 중국인들의 라이프스타일을 알 수 있게 한다.

2008년에 중국 교육부와 국가언어위원회는 최근 "지난해 중국 사회에 등장한 신조어 254개를 공식 중국어로 채택했다"고 밝혔다. 이와 관련하여 베이징만보(北京晩報)는 "신조어들은 중국 사회의 변화상 중에서 가장 민감한 부분을 그대로 반영했다"고 분석했다. 그 중에 몇 개를 소개하면, 급작스러운 변화에 제대로 적응하지 못하는 직장인들은 스트레스 해소 모임인 '젠야제(減壓節)', 방세를 못 내 길거리로 내몰리는 사람들을 빗댄 '난민쭈(難民族) 등이 있다.

2009년에는 중국의 젊은 세대들 사이에 '뤄훈(나체 결혼, 裸婚)'이라는 신조어가 유행하였다. 뤄훈이란 집과 차는 물론 제대로 된 결혼식과 결혼반지조차 준비하지 않고 부부의 인연을 맺는 것을 뜻한다. 신혼집과 차, 결혼식, 신혼여행, 결혼반지 없이 두 남녀는 법률상 혼인신고 절차만 밟은 채 부부가 된다는 것이다.

2012년에 발간된 중국 현대한어사전(現代漢語詞典) 6판에는 중국의 변화상을 반영한 새로운 단어 3000여 개 용어가 추가되었다. 장란성(江藍生) 중국사서학회장은 중국이 겪고 있는 사회·경제·기술적인 변화를 반영했다면서 새롭게 추가된 내용은 중국이 얼마나 빠르게 정보시대로 변화하고 있는지를 보여준다고 말했다.

2016년 『라오스지(老司机)』는 화제수가 2.6억을 돌파하여 화제성 6위에 올랐다. 『라오스지』는 '경험이 많은 프로'라는 뜻으로 '어떤 규칙이나 내용 및 기술 등을 잘 알고 있는 사람'을 가리킨다. 또한 인터넷에서 '손에 많은 자료를 보유하고 있는 사람'을 말한다. 일반적으로 "老司机, 帶帶我(라오스지, 다이다이워)"라는 표현을 많이 사용하는데, 그 뜻은 '고수님, 비법(방법) 좀 알려 주세요'라는 뜻으로 널리 사용되고 있다.

2018년의 유행어 중의 하나인 'C位'는 '센터 위치', '중앙 위치'라는 뜻으로 '인싸'라는 의미이다. 2019년의 유행어 중의 하나인 '夜經濟(야간 경제, 밤경제)'는 중국국가언어자원모니터링과 연구센터에서 발표한 "2019년도 중국 매체 10대 신조어"에 선정됐다. '밤경제'는 당일 저녁 6시에서 익일 새벽 2시까지 발생한 서비스 업종의 경제활동을 가리킨다. 밤경제에는 저녁 파티(회식), 저녁 음주, 저녁 노래방, 저녁 쇼핑을 막론하고, 야간 소비의 대부분은 서비스성(업종) 소비가 포함된다. 그리고 상업, 운수업, 요식업, 관광업, 유흥업 등 거의 모든 3차 산업도 포함되었다.

2020년에 12번째 개정판인 신화자전(新華字典)이 출간되었다. 신화자전에는 '좋아요(點贊)', '팬(粉絲)', '스크린 도배(刷屏)', '캡처(截屏)', 'QR코드(二維碼)' 등 100여 개의 신조어가 새로 수록됐다. 중국청년보는 "새로 포함된 온라인 신조어들은 현대인들의 생활 방식과 사회·문화 환경의 변화를 반영한다"고 전했다.

(2) ○○族

① 웨꽝주(월광족, 月光族)

웨꽝주는 '월급(혹은 돈)을 저축하기보다는 써버리는 사람들'을 지칭한다. 웨꽝주는 젊은 사람들의 소비 행태를 압축한 표현이다. 웨(月)는 '월급'을 나타내는 '웨신(月薪)'의 '月'이며, '꽝(光)'은 '모두 써버리다'는 뜻의 '光'이다. "한 달 월급을 모두 써 버린다"는 뜻이다.

② 커우커우주(摳摳族)

커우커우주는 '절약하기 위해 쿠폰을 모으는 소비자'를 뜻한다. 커우커우주는 웨꽝주의 반대 의미를 지니고 있다. '쿠폰'을 뜻하는 중국어 단어는 '커우치안(摳券)'이다. 이 단어에서 '쿠폰을 모은다'는 의미의 커우커우주가 생겨났다.

③ 컨라오주(啃老族)

컨라오주는 독립할 나이가 되었는데도 생계를 부모에게 의지하는 젊은 세대를 가리킨다. 심지어는 스스로 직장을 그만 두고 부모에게 의지하는 사람들도 늘고 있다. 한국에서는 이러한 사람들을 '캥거루족'이라고 부른다.

④ 충망주(窮忙族)

충망주는 바링허우 세대 중 대학을 졸업하고 취업을 하지 못하거나 저임금 임시직에 종사하며, 집을 구하지 못하고 대도시 변두리 지역에 모여 사는 이들을 가리킨다. 중국판 '88만원 세대'를 뜻한다. 한마디로 먹고 살기 힘든 사람들을 가리킨다. 최근에는 도시에 거주하는 농민공, 금방 대학을 졸업한 학생들, 일용직 노동자 등을 지칭한다.

유사한 단어로는 개미족(蟻族)이 있다. 대도시의 근교에서 마치 개미떼처럼 몰려 산다고 하여 '개미족'이라고 부른다. 중국의 부익부 빈익빈 등 어두운 면을 반영하는 신조어다.

⑤ 디터우주(低頭族)

디터우주는 스마트폰 세대와 관련된 표현이다. '디터우(低頭)'는 '고개를 숙이다'라는 뜻이다. 지하철, 길거리, 식당, 집안에서 끊임없이 시시때때로 고개를 숙이고 스마트를 보고 있는 현대인들을 일컫는 말이다. 독일이나 한국에서는 이들을 위해 신호등을 도로 바닥에 둔 사례가 늘어나고 있다.

⑥ 허츠주(合吃族)

허츠주는 '밥을 같이 먹는 사람들'이라는 뜻으로, 인터넷 등을 통해 밥을 같이 먹을 사람을 찾은 후, 각종 요리를 즐기는 사람들을 가리킨다. 이때 음식값은 자신이 먹은 만큼 지불한다.

(3) ○○누(○○奴)

'누(奴)'라는 단어는 원래 '노예'란 의미였다. 하지만 사전에는 "대출금을 갚기 위해 열심히 일해야 하는 사람들"이라는 뜻이 추가됐다. 바링허우 세대들은 급변하는 경제 현황과 삶의 방식 변화 등으로 각종 노예로 살고 있다고 느끼며, 팡누(房奴), 하이누(孩奴), 처누(車奴), 카누(卡奴) 등으로 살아가는 그들을 '바이누(白奴, 화이트컬러 노예)'라고 부른다.

① 하이누(孩奴, 아이들의 노예)

1980년대 들어와 '1가구 1자녀 정책'이 실시되면서, 바링허우 세대는 한 자녀를 기르기에 모든 돈을 자식에게 지출하고 있는데, 하이누는 자녀들에게 많은 경제적 부담을 갖고 있는 부모들을 지칭한다. 출산부터 초등학교를 마칠 때까지 출산 비용, 수입 분유, 브랜드 아동 의류, 좋은 기저귀, 장난감, 영아부터 시작하는 조기 교육 비용, 초등학교 입학 전 각종 보습과외 비용, 입학 후 각종 과외 비용 등이 부담된다. 그러다 보니 경제적 부담으로 인해 출산을 포기하고 딩크(DINK, Double Income No Kids)족으로 살아가는 젊은 부부도 늘고 있다.

② 팡누(房奴, 집의 노예, 하우스 푸어)

'팡누(房奴)'는 '집의 노예'라는 뜻이다. 이 신조어는 교육부가 2007년 8월에 공포한 171개 새로운 단어 중의 하나이다. 2009년에 방영한 중국 드라마 〈팡누〉에 등장하는 대사 중 "우리 엄마가 선을 볼 때 빼놓지 않고 하는 질문이 하나 있어. 아파트가 있느냐는 거야. 무조건 있다고 해야 해. 알았지?"라는 대목이 있다. 여주인공이 애인에게 신신당부하는 절절한 장면이다.

한편, '집부자 팡둥(房東)'도 매우 많다. 베이징에 10채 넘는 아파트를 보유한 사람들도 많다. 이는 주택 보유에 대한 규제가 미미하기 때문에 나타나는 현상이다. 그리고 부동산 가격도 폭등해 하우스 푸어 '팡누'들은 부동산 투기로 재미 본 '다마(大媽)'에게 적대감을 갖는다.

(4) 대물림(2代)

'2세'라는 뜻을 가진 '얼다이(二代)'는 여러 사회 계층들을 나타내는 신조어로 쓰인다.

푸얼다이(富二代)는 중국에서 '부자 부모를 둔 사람'을 일컫는 신조어다. '부유하다'는 뜻의 중국어 '푸(富)'와 '2대'를 뜻하는 '얼다이(二代)'의 합성어로 '부자 2세대'란 의미가 있다. 빈얼다이(貧二代)와 츙얼다이(窮二代)는 가난한 부모에게 가난을 물려받은 2세들을 가리키는 말이다.

관얼다이(官二代)는 고위 공무원 부모 밑에서 자란 자녀들을 일컫는 말이다. '즈얼다이(職二代)'는 부모에게서 좋은 일자리를 이어받은 사람을 칭하는 말로, 일부 국유기업 간부가 퇴직할 때 자녀에게 일자리를 넘겨주고 있다는 사실이 알려지면서 2014년에 논란이 되었다.

중국에는 '지에반(接班)'으로 알려진 '일자리 대물림제도'는 중국 건국 이후 시행과 중단을 반복해 왔다. '지에반'은 '자녀대체취업제도'라는 이름으로 1950년대에 시행되어 오다가 1966년 문화대혁명이 발발하면서 중단되었다. 1970년대 말 농촌으로 '하향(下鄕)'했던 지식층 청년들이 도시로 돌아오게 되면서, 이들의 취업 문제를 해결하기 위해 다시 시행하였다. 그러나 1986년에 이르러 '지에반'의 불합리성과 국유기업 개혁 등이 제기되면서 국무원 규정에 따라 중단되었다.

이 밖에도 농민공의 2세인 농얼다이(農二代), 스타 연예인의 2세인 싱얼다이(星二代) 등이 있다. 정치 방면에서 중국 혁명 원로의 자제 혹은 양자 등을 태자당(太子黨)이라 부르는데, 태자당을 '홍색귀족(紅色貴族)' 혹은 '홍얼다이(紅二代)'라고 부르기도 한다. 현재 중국 당·정·군 등의 주요 요직에 고위층 자녀 약 4,000여 명이 있다. 그리고 '궈얼다이(國二代)'라는 신조어가 생겨났는데, 이는 중국 최고 지도자의 가족들 가운데 잠재력을 갖춘 인물을 지칭한다. 넓은 의미에서는 태자당에 포함된다.

이러한 용어 중 '즈얼다이'는 2014년에 특히 많이 회자되었다. 이때

워이다이(我一代)

자기중심적 사고를 가진 현 세대를 표현하는 말이다. 주로 1980년대 이후에 태어난 샤오황디, 샤오궁주를 지칭한다. 영어의 'not me generation'을 중국어로 '自我中心的一代'로 표현하는 것을 줄인 말이다.

함께 회자된 용어가 '중찬제지(中慘階級)'이다. 이는 '중산계급(中産階級)'의 두 번째 한자인 '産'과 같은 발음을 가진 '비참하다'는 의미의 '慘'을 사용한 신조어이다. 중국 중산층의 생활이 힘들다는 것을 이 단어를 통해 알 수 있다.

(5) 한류(韓流)와 관련한 신조어

① 합한족(哈韓族)

합한족은 '한류를 좇는 사람들'이라는 뜻이다. 머리에서 발끝까지 한국 상품으로 치장하고 한국 대중문화를 좋아하는 20대 전후의 젊은 이들을 지칭한다. 이 단어는 대만에서 먼저 사용되었다가 이후 중국으로 들어갔다. 중국 바이두에서는 "'합한족'이란 최근 몇 년간 청소년들 사이에서 나타난 현상으로 '한류'라고도 한다. 이들은 독특한 생활방식과 외관으로 유행을 따르고, 한국식 복장, 한국식 화장, 한국 음악을 열렬히 따르며, 크고 작은 '한국 물품 샵'에 가서 꾸준히 소비를 한다."라고 되어 있다.

② 어우빠(歐巴, 오빠) 어우니(歐妮, 언니)

'어우빠'는 대한민국의 '오빠'를 번역한 말이다. 이는 중국 내 한국 드라마의 인기를 나타내는 말이다. 어우빠는 중국에서 잘 생긴 남자 혹은 잘 나가는 남성을 지칭할 때 주로 사용한다. 그리고 여성들이 자신이 좋아하는 남자 연예인을 지칭할 때 주로 사용한다. 중국에서 어우빠의 대표적인 스타는 〈상속자들〉에 출연한 이민호라고 할 수 있다.

'어우니'는 '언니'라는 말을 그대로 중국어로 표기한 것이다. '걸크

러쉬'를 풍기는 연예인을 가리키는 경우가 많다.

③ 꿔민○○(國民○○)

'국민여동생', '국민가수', '국민4번타자' 등 한국에서는 '국민'을 사용하여 연예인이나 스포츠 스타들을 지칭하는데, 이러한 표현이 중국에서도 사용되고 있다.

'國民女婿'는 '국민사위'라는 뜻이고, '國民老公'은 '국민남편', '國民女友'는 '국민여자친구'라는 의미이다.

④ Wuli○○

한국어 '우리'를 영어로 표현하여 사용한다. 어떤 사람에 대한 애칭이다. 중국어로는 '我們'의 의미이다. 특히 팬(粉丝)이 자기가 좋아하는 아이돌(爱豆)을 부를 때 사용한다. 또, 이 말을 들었을 때 애교 있고 귀여운 의미를 갖고 있다 보니 여성에 더 많이 사용한다. '우리'라는 말은 자신과 비교적 친밀한 관계의 사람에게 사용한다.

(6) 워쥐(蝸居, 달팽이집)

2009년 신화통신은 중국의 정치, 경제, 사회 등 각 분야의 세태를 반영한 유행어를 선정하여 발표하였다. 이때 금융 위기의 한파 속에 서민들의 삶과 빈부 격차의 단면을 풍자한 워쥐(蝸居, 달팽이 집), 띠왕(地王, 땅졸부) 등의 단어가 포함되었다.

워쥐는 달팽이집 정도의 작은 집을 마

련하기 위해 고초를 겪는 서민들을 묘사한 말이다. 〈워쥐〉는 2009년에 방영됐던 중국 드라마로 상하이를 배경으로 하였다. 워쥐는 집값 폭등으로 내 집 마련의 꿈이 멀어져가는 서민의 고통을 생생하게 그렸다. 이제는 서민의 애환을 상징하는 쥐꼬리만 하고 보잘것없는 집을 뜻하는 대명사가 되었다. 그리고 베이징 등 대도시에는 이혼을 해도 집을 장만할 능력이 없어 한 곳에 같이 사는 부부를 칭하는 '워훈주(蝸婚族, 달팽이족)'라는 신조어까지 생겨나고 있다.

(7) 경제 관련 신조어

① 쓰이타이 효과(四姨太效應)

이 말은 '넷째 첩 효과'라는 의미로, 베이징사범대학교 교수인 톈쏭(田松)이 만들었다. 여기서 넷째 첩은 장이모우(張藝謀) 감독의 〈홍등(紅燈)〉에 등장하는 배우 꿍리(鞏俐)가 분연한 쏭롄(頌蓮)을 가리킨다. 영화에 등장하는 4명의 첩은 영감으로부터 관심을 받기 위해 수단과 방법을 가리지 않았다. 그 중 쏭롄은 임신했다고 거짓말을 했다고 들통이 났다.

쏭롄의 대사 중 "내가 어리석다고요? 난 어리석지 않아요! 난 이미 계산을 끝냈다고요. 시작은 물론 거짓이겠죠. 그러나 이 일로 인해 영감이 내 처소에 자주 들리기만 한다면 오래지 않아 거짓은 진실이 되고 말 거예요."가 있다. 이 내용은 "가짜 임신이지만 이로 인해 영감이 더 많은 관심을 가진다면 임신할 기회는 그만큼 더 많아질 수 있다."라는 의미를 담고 있다.

'쓰이타이 효과'는 경제계에 널리 쓰인다. 실력이 부족한 기업이 각종 광고와 마케팅을 통해, 여론의 집중적인 관심을 받고, 그로 인해 자본을 유치할 수 있게 되어, 이후 안정적인 성장을 하였다면 쓰이타이 효과를 보았다는 것이다.

② 왕훙(網紅, 온라인 인플루언서, 유명 크리에이터)

왕훙이란 인터넷에서 인기 있는 사람을 뜻하는 신조어이다. '왕뤄홍런(網絡紅人)'을 줄인 말로, 중국의 파워 블로거나 스타 BJ 등 SNS상의 유명 인사를 일컫는 용어이다. 왕훙은 '인터넷과 네트워크'를 뜻하는 '왕뤄(網絡)'와 '인기 있는 사람'을 뜻하는 '홍런(紅人)'의 합성어로, 웨이보(微博)와 텐센트(騰訊) 등 중국 SNS에서 수많은 팬과 영향력을 지닌 사람을 뜻한다.

인터넷방송 스타 왕훙이 중국 젊은이들이 가장 선호하는 직업 10개 가운데 하나로 꼽혔다. 이들은 웨이보나 웨이신 등과 같은 SNS를 통해 팬을 끌어모으는 등 인기를 모았다. 이를 바탕으로 TV광고, 타오바오 등 온라인 쇼핑몰과 연계해 상품 구매 패턴에도 영향을 미치고 있다.

'왕훙(網紅)', '홍인(紅人)', '다런(達人)'의 시작은 1997~2003년이었다. 2003~2008년 BBS 게시판 등에 등장한 왕훙들은 성장의 변곡점을 맞이하게 되었다. 전자상거래상에 본격적인 왕훙의 출현은 2008년부터라도 볼 수 있다.

2015년은 '왕훙경제' 원년이라고 할 수 있다. 왕훙들은 광고비용을 받고, 해당 제품을 홍보해 주는 역할로도 수익을 올린다. 또 스스로 상품을 소싱하여 찾아내고, 자신의 점포에서 판매하여 수익을 올리는 왕훙 점포 운영 방식을 혼용하고 있다. 왕훙 스스로가 운영하는 점포의 매출액은 지속 성장 추세다. 가장 큰 비중은 여성복, 유아아동, 여성신발, 남성복, 패션잡화 액세서리, 화장품, 먹거리, 운동 관련 품목으로 볼 수 있다.

③ 허취팡(盒區房)과 신유통(新零售, 뉴 리테일)

허취팡이라는 용어는 '허마주변
주택'이라는 의미이다. 바이두에 보
면, 중국의 대표 신선식품 플랫폼인
'허마셩셴(盒馬生鮮)'에서 3km 내에
배송이 가능한 주택을 말한다.

2016년 알리바바(阿里巴巴) 그룹
의 마윈은 기존 유통 구조를 완전히 바꿀 개념으로 신유통(新零售, 뉴
리테일)을 강조하였다. 신유통은 온라인 채널의 효율성이라는 특성과
오프라인의 실제성이라는 특성을 결합하여 소비자에게 맞춤형 서비
스를 제공하는 개념이다. 이러한 스마트 유통(智慧零售)은 인터넷을
기반으로 빅데이터, 인공지능, 클라우드 서비스 등 선진 기술 수단을
활용해 제품의 생산, 유통, 판매 과정을 업그레이드하고 온라인과 오
프라인의 경계를 허물고 있다. 대표적인 신선식품 구매 플랫폼으로
허마셴성, 메이르유셴(每日優鮮), 이궈셩셴(易果生鮮), 바이궈위안(百果
園) 등이 있다. 이러한 플랫폼을 통해 소비자는 유통기한이 짧은 과일,
채소, 육류, 수산물 등 신선한 식품을 빠르고 쉽게 구매할 수 있다.

알리바바는 2017년에 '허마(HEMA) 마켓'을 출시하였다. 매장 지하
에 짧은 시간에 배송이 가능한 유통 물류시설을 마련하였다. 그리고
전자결제 서비스인 알리페이로 결제하면 반경 3km 거리에서 30분
내 배달을 완료해 준다. 뿐만 아니라 허마 마켓은 오프라인 매장에서
이용한 고객의 데이터를 축적하여 고객에게 맞는 맞춤형 서비스를
제공한다.

제3장 중국 정치

중국 정치를 처음 접하는 사람들은 주요 정치인, 중국공산당, 중국의 각종 회의, 중국 헌법, 정치 계파 등을 알아두면 좀 더 쉽다. 그리고 신문이나 인터넷에서 중국 정치와 관련된 변화되는 내용을 정리하고 숙지할 필요가 있다.

그리고 중국 정부가 지향하는 중국공산당의 목표가 무엇인지 알아두면 중국 정치뿐만 아니라 중국 경제와 사회 등을 이해하는 데 도움이 된다.

1. 주요 인물

2014년 4월 29일 저장(浙江)성 항저우(杭州)에서 열린 제10회 중국 국제 애니메이션 페스티벌에 서 중국 지도자들의 캐리커 처가 등장했다. 그동안 정치 지도자들을 만화나 애니메이 션으로 표현하는 것을 금기 시해 왔다. 소개된 지도자는 마오쩌둥(毛澤東), 덩샤오핑(鄧

小平), 장쩌민(江澤民), 후진타오(胡錦濤), 원자바오(溫家寶), 시진핑(習近 平) 등이다. 중국에서 마오쩌둥은 1세대, 덩샤오핑은 2세대, 장쩌민은 3세대, 후진타오와 원자바오는 4세대, 시진핑은 5세대 지도자이다. 캐리커처는 중국 원로 만화가 주쯔쭌(朱自尊)이 그렸다.

1980년대에 들어와 중국에서는 주요 정치 지도자들을 몇 개의 세대 로 구분하기 시작하였다. 당시 중국공산당 창당에서부터 대장정에 참여하였던 주요 지도자를 제1세대로 구분을 지었는데, 대표적인 인 물이 마오쩌둥이다.

1) 마오쩌둥(1893.12.26~1976.9.9)

1949년 천안문 성루에서 새로운 중국의 탄생을 소리친 인물이 마오 쩌둥이다. 마오쩌둥은 1949년 중국인민정치협상회의 개막사에서 "인 류의 4분의 1을 점유하고 있는 중국인은 지금부터 일어섰다. 우리들 은 단결해 인민해방전쟁과 인민대혁명으로 내외 압박자들을 타도하 고 중화인민공화국의 성립을 선포한다. 우리의 민족은 다시는 모욕 받는 민족이 아니며, 우리들은 이미 일어섰다."라고 하였다.

중국 건국 후 당 주석과 국가 주석을 역임한 마오쩌둥은 후난성

위안화에 있는 마오쩌둥 사진

출신으로, 1920년에는 후난성 공산주의 소조를 조직하였고, 1921년에 중국공산당 창당에 참여하였다. 1927년에 후난봉기를 지휘하였다가, 정강산(井岡山)으로 퇴각하여 근거지와 홍군 건설을 주도하였다. 1931년 11월에 장시 소비에트 주석이 되었고, 국민당에 쫓겨 퇴각하던 중 1935년 1월 쭌이(遵義)에서 개최된 정치국 확대회의(쭌이회의)에서 장원톈(張聞天)이 총서기가 되었지만, 마오쩌둥이 동년 12월에 중앙군사위원회 주석에 취임하면서 실질적인 지도권을 장악하였다. 마오쩌둥은 중국을 건국하는 데 주도적인 역할을 하였다.

마오쩌둥의 어록 중 대표적인 것은 "권력은 총구에서 나온다(槍杆子裏出政權)"(1927)이다. 이 말의 의미는 '권력은 군에서 나온다'는 것으로, 군대의 장악이 매우 중요함을 강조한 것이다. 마오쩌둥의 공식 후계자였던 린바오(林彪)는 마오쩌둥의 말들을 모아 '마오 어록'을 만들었다.

마오 주석 어록

(1) 마오쩌둥 사상(毛사상)

마오쩌둥 사상이라는 용어는 1945년 9월에 개최되었던 제7차 전국대표대회에서 당장에 삽입되었다. 당장에 "중국공산당은 마르크스-레닌주의의 이념과 중국 공산혁명의 실천을 통일한 사상, '마오쩌둥 사상'을 당의 모든 지침으로 한다."라는 문구를 추가했다.

그런데 1956년 스탈린 격하 운동이 시작되면서 그 영향을 받아 마오쩌둥 사상은 제8차 전국대표대회 때 당장에서 삭제되었다. 이때 중앙위원회 주석과 중앙서기처 주석이 분리되었고, 부주석제도가 처음으로 생기는 등 집단지도체제로서의 면모가 강화되었다. 1966년 문화대혁명이 시작되자 마오쩌둥 사상은 당장뿐만 아니라 헌법 서문에도 삽입되었다.

마오쩌둥 사상이란 마르크스·레닌주의의 기본 원리에 입각하여 장기간에 걸친 중국 혁명의 실천에서 얻은 일련의 독창적 경험을 이론적으로 체계화한 중국의 실정에 가장 적합한 지도 사상이며 중국체제 이데올로기의 기저이다. 마오쩌둥 개인의 사상이 아니라 마오쩌둥을 대표로 한 중국공산당 당원들의 중국 국정에 가장 적합한 사상을 일컫는다. 주요 내용으로는 다음과 같다.

신민주주의 혁명 이론	혁명의 주도권을 무산계급에게 주어야 한다.
사회주의 혁명과 사회 건설에 대한 이론	합작화와 집체화
혁명군대의 건설과 군사 전략에 관한 이론	당의 군에 대한 지배
정책과 책략에 관한 이론	제3세계론
사상·정치·문화·공작에 관한 이론	이론과 실천의 결합을 중시
당의 건설에 관한 이론	민주집중제
실사구시, 군중 노선에 관한 이론	실존하는 사물에서 출발하고 이론을 통해 적용해야 한다.

(2) 모순론(矛盾論)

마오쩌둥의 주요 사상 중 하나가 모순론이다. 마오쩌둥은 "모순이 없다면 세계도 없다"라고 하였고, "단결을 원해서 출발하여 비판, 투쟁을 통해서 모순을 해결한다"라고 하였다. 마오쩌둥은 모순론에서 모순을 극단적으로 확대하고 절대화하였다. 마르크스 이론을 고수하여 사회의 모든 모순은 사회집단 간의 계급투쟁으로 보았다.

1957년에 두 가지 유형의 모순이 있는데, 하나는 아(我)와 적(敵) 간의 적대적 모순이 있고, 다른 하나는 농민과 노동자 간의 또는 간부와 군중 간의 비적대적 모순이 있다는 것이다. 적대적 모순을 해결하기 위해선 프롤레타리아의 독재를 통해서 사회 내 반동적 요소를 진압해야 하고, 비적대적 모순을 해결하기 위해서는 인민들의 의식 수준을 높여야 하고, 잘못된 사고와 행위를 바로잡아야 한다고 하였다. 중국 내 비적대적 모순에 대해서 마오쩌둥은 중공업과 농업, 중앙과 지방, 도시와 농촌, 소수민족과 한족 등으로 분류하였다.

(3) 잡초론(雜草論)

덩샤오핑의 '묘론(猫論)'과는 상반되는 사고 방식으로 문화대혁명 시기에 크게 유행하였다. 의미는 "사회주의의 잡초를 원할지언정 자본주의 싹을 원하지는 않는다(寧要社會主義的草, 不要資本主義的苗)"라는 것이다.

마오쩌둥 시기에 "빈궁한 사회주의일지라도 부유한 자본주의를 원하지 않는다. 사회주의가 잡초일지라도 자본주의 싹은 원하지 않는다. 사회주의가 늦을지라도 자본주의의 정점을 원하지 않는다."라는 말이 있다.

주요 내용으로는 어떤 일에서나 경제 발전과 무관하게 마오쩌둥과 같은 최고 권력자가 결정한 가치판단 기준에 따라 어떤 정책이나 방식이 지닌 '사회주의'와 '자본주의'의 색깔 여부를 판단하고 실행 여부를 결정한다는 것이다. 만약 자본주의적 색깔을 가진 정책이라고 판단되면 경제 발전에 아무리 유리해도 반대해야 한다는 것이다. 그리고 사회주의적 색깔을 지닌 정책이라고 판단될 경우엔 경제 발전에 아무리 손해를 주더라도 무조건 실시해야 한다는 것이다.

2) 덩샤오핑(鄧小平, 1904~1997)

2세대 지도부의 대표적인 인물은 덩샤오핑이다. 덩샤오핑은 3번의 실각과 3번의 복권을 하였기 때문에 '오뚝이'라고 불린다. 그리고 개혁개방을 주도하였기 때문에 '개혁개방의 총설계사'라 불린다. 덩샤오핑의 어록 중 유명한 말로는 "빈곤은 사회주의가 아니다. 기회를 잡아 스스로 발전하자", "개혁의 내용은 우선 당·정이 분리되어야 하

총设计师邓小平家乡—广安

덩샤오핑
개혁개방의 총설계사, 오뚝이

는 것이고, 당이 어떻게 이끌어
나가며, 어떻게 훌륭하게 지도
해 갈 것인가 하는 문제를 해결
하는 것이다. 이것이 관건이다.
나는 당·정 분리를 가장 우선적
이 문제를 삼아야 한다고 생각

한다", "빈부 격차가 너무 심해지면 혁명이 일어난다"가 있다. 덩샤오
핑의 가장 커다란 취약점의 하나는 1989년에 발생한 6·4천안문사건
을 군대의 힘을 빌려 무력으로 진압하도록 한 점이다.

(1) 덩샤오핑 이론

1978년 제11차 3중전회 이후 '사상해방'과 '실사구시'라는 두 가지
틀 속에서 개혁개방 정책을 추진해 오면서도 탄생된 이론을 말한다.
1997년 제15차 전국대표대회에서 당장에 삽입된 덩샤오핑 이론은 중
국 특색의 사회주의 건설의 정신적 토대이자 실천 강령이었다. 주요
내용은 3개유리어(3個有利於)와 흑묘백묘론이다.

1979년 덩샤오핑이 미국 방문을 마친 뒤 "검은고양이든 흰고양이
든 쥐를 잘 잡는 고양이가 좋은 고양이다(不管白猫黑猫, 能捉老鼠就是好

猫)"라고 하면서, "중국을 발전
시키는 데는 자본주의 경제체제
건 사회주의 경제체제건 관계없
다"고 주장하고 나섰다. 이것이
바로 '흑묘백묘론(黑猫白猫論)'이
고, 개혁개방 이후 중국식 사회

흑묘백묘론

주의 시장경제를 대표하는 용어가 되었다.

(2) 사상해방(思想解放)

사상해방은 구태의연한 습관, 주관, 편견의 속박에서 벗어나 새로운 시각에서 문제를 해결하자는 것이다. 덩샤오핑은 "사상을 해방시켜라, 사상과 실제를 부합시키고, 주관과 객관을 부합시켜서, 실사구시하며, 창조성 있게 일해라"라고 말하였다.

① 제1차 사상해방: '진리표준'에 관한 논쟁

덩샤오핑의 "사상해방, 실사구시, 일치단결하여 앞을 향해 전진한다(解放思想, 實事求是, 團結一致向前看)"라는 말은 제1차 사상해방의 선언서였다. 마오쩌둥 사망 이후 화궈펑(華國鋒, 1921~2007)의 범시파(凡是派)와 덩샤오핑을 중심으로 한 실무파 간의 '진리표준'에 관한 논쟁이 발생했다. 주요 쟁점은 '무엇이 진리표준인가' 하는 것이었다. 이 논쟁은 1978년 5월 11일, 난징대학 후푸밍(胡福明) 교수의 「실천은 진리를 검증하는 유일한 표준이다(實踐是檢驗真理的唯一標準)」라는 글이 광명일보에 '특약평론원'이라는 이름으로 발표되면서부터 표면화되었다. 이 글은 당시 최고 권력자였던 화궈펑의 '양개범시'와 정면으로 대치되었다.

'양개범시'라는 용어는 1977년 3월에 당 주석, 국무원 총리, 당 중앙군사위원회 주석으로 당정군(黨政軍)의 최고 직위를 모두 차지하고 있던 화궈펑이 제시한 두 개의 구호에서 비롯되었다. 즉, "모 주석이 결정한 정책은 우리 모두 결연히 옹호해야 한다", "모 주석의 지시는 우리 모두 시종일관 변함없이 따라야 한다"고 주장하였다. 화궈펑의 양개범시는 마오쩌둥 노선을 수정 없이 지켜 나가야 한다는 내용을 주로 하였기 때문에, 덩샤오핑을 중심으로 한 실무파의 공격을 받았다. 실무파는 옳고 그름을 판단하는 표준과 진리를 판단하는 표준은 '실천'이지 '양개범시'가 아니라고 하면서 범시파를 공격하였다.

'실천'은 실사구시 사상으로서 중국이 개혁개방을 실시하여 전개하는 데 있어서 중요한 사상 기초가 되었다. 이후 '진리표준'에 관한 토론은 전국적으로 확대되었다. "실천은 진리를 검증하는 유일한 표준"이라는 내용을 결론지은 것은 1978년 제11차 3중전회였다. 제11차 3중전회에서 실무파는 '양개범시론' 방침을 비판하였고 진리표준 문제에 관한 토론을 높이 평가하였다. 제11차 3중전회는 '중국의 운명을 바꾼 회의'로 기록되었다.

사상해방 논쟁이 끝난 후 중국은 1982년 제12차 전국대표대회에서 '중국식 사회주의 시장경제'를 공식적으로 표명하였다. 중국은 사회주의 노선을 견지하면서 자본주의적 요소를 도입하기 시작하였다. 즉, 1949년 중국 성립 이후 마오쩌둥의 정책이 중국 사회에 사상적 편향, 경제적 피폐 등 여러 폐해를 가져 왔다는 현실적인 진단 하에 '중국 실정에 맞는' 사회주의 건설이라는 목표로 수정되어 제시되었다. 덩샤오핑의 실사구시는 계급투쟁의 좌경적 이념보다는 경제 개혁을 실천을 통해서 사회주의 건설의 진리를 모색하였다. 제1차 사상해방 논쟁의 중국 경제사적 의의는 계획 경제를 벗어나 시장메커니즘을 도입함으로써 중국의 경제 발전을 시발점이 되었다.

② 제2차 사상해방: 성자성사(姓資姓社) 논쟁(1992)

'성자성사' 논쟁은 개혁개방 천명 이후 경제개발 과정에서 이미 나타났다. 중국 경제와 사회 변화 속에서 "중국은 과연 사회주의인가 아니면 자본주의인가" 하는 문제가 제기되었다. 이는 중국이 의도하고 있는 체제의 "성(姓)이 자(資)씨인지, 성(姓)이 사(社)씨인지" 하는 논쟁이었다.

1987년부터 1991년까지 약 5년 동안 진행되었던 '성자성사'에 대한 논쟁은 1992년 1월에 있었던 덩샤오핑의 남순강화(南巡講話)로 끝을 맺었다. 남순강화는 덩샤오핑이 1992년 1월 18일부터 2월 22일까지 우한(武漢), 선전(深圳), 주하이(珠海), 상하이 등을 시찰하고 중요한 담화를 발표한 일이다.

남순강화에서 덩샤오핑은 "계획경제냐 시장경제냐 하는 것은 사회주의냐 자본주의냐 하는 것을 판단하는 기준이 아니다. 계획경제냐 시장경제냐 하는 것은 모두 경제를 잘하기 위한 수단일 뿐이다"라고 강조하였다. 이는 그동안 발생하였던 성자성사론의 논쟁을 끝맺게 하는 중요한 제안으로서 본격적인 시장경제체제를 도입하기 시작하였다. 그리고 덩샤오핑은 중국공산당 내에 일고 있는 '좌'를 더욱 경계해야 한다고 강조하였다. 1992년 10월에 열린 14차 전국대표대회에서 중국의 경제체제 개혁의 목표는 '사회주의 시장경제의 건설'에 있다고 선언하였다.

(3) 삼론(묘론, 모론, 등론)

개혁개방 정책의 구체적인 방법론에는 삼론이 있다. 첫 번째는 '묘론(猫論)'으로 '흑묘백묘론(黑猫白猫論)'을 가리킨다. 두 번째는 '모론(摸論)'으로 '돌다리 이론(石頭論)'이다. 이는 '경거망동하지 않고 돌멩이의 위치와 높이를 확인하며 한 걸음 한 걸음 신중히 강을 건너겠다(摸著石頭過

河'는 의미이다. 세 번째는 '등론(燈論)'으로 '신호등 이론'이다. 이는 밀어붙이기식으로 나아가지 않고 기회와 위기를 살피면서 빨간불이면 돌아서 가고 노란불이면 조심해서 걸어가며 초록불을 만나면 기회를 살려서 뛰어가자는 것이다.

3) 장쩌민(江澤民, 1926~)

장쩌민은 장쑤성 출신으로 제3세대 지도부의 대표적인 인물이다. 장쩌민은 1989년 13차 4중전회에서 중앙위원회 총서기, 동년 제13차 5중전회에서 당 중앙군사위원회 주석으로 선출되었다. 그리고 1990년 제7차 전인대 3차 회의에서 국가 중앙군사위원회 주석으로 선출되었고, 1993년 제8차 전인대 1차 회의에서 국가주석으로 선출되었다. 이후 장쩌민 지도부를 가리켜 '장쩌민 동지를 핵심으로 하는 당 중앙'이라고 불렀다.

(1) 3개대표 중요 사상(3개대표론)

3개대표론은 2002년 제16차 전국대표대회에서 당장(黨章)에 정식으로 삽입된 장쩌민의 주요 이론이다. 당장에서 총강은 마르크스·레닌주의와 마오쩌둥 사상, 덩샤오핑 이론

장쩌민동지 '3개대표' 중요 사상 결의

의 당에 대한 공헌을 열거한 뒤 "장쩌민 동지의 3개대표 중요 사상은 현 세계와 중국의 발전을 위한 새로운 요구를 반영한 강대한 이론 무기"라면서 '당의 입당지본(入黨之本), 집정지기(執政之基), 역량지원 (力量之源)'이라고 강조하였다.

3개대표론은 자본가 계급의 입당을 공식으로 허용한 혁명적인 이론이다. 주요 내용은 "'선진 생산력(자본가 계급)', '선진 문화(지식인)', '광범위한 인민군중(노동자, 농민)'의 이익을 대표한다."이다. 2004년 3월 14일 폐막되었던 제10차 전국인민대표대회 2차 회의에서 3개대표 이론에 따라 "농민과 노동자와 사영기업가"의 국가로 헌법을 수정하여, 사영기업의 장려와 사유재산 보호 등을 골자로 하는 헌법개정안을 가결하였다.

(2) 애국주의(愛國主義, 1994)

1990년대에 시작된 중국 애국주의는 당시 급변하고 있던 세계와 중국의 변화 속에서 중국을 온전하게 지켜야 한다는 것에서 출발하였다. 대외적으로 동부 유럽의 사회주의 체제와 소비에트연방공화국(소련)의 붕괴 등은 사회주의 국가인 중국을 긴장하게 하였다. 대내적으로 1980년대 말 발생하였던 티베트 민족주의와 6·4천안문 사건은 중국 지도자로 하여금 국정 안정을 필요로 느끼도록 하였다. 중국 정부는 중국인에게 중화민족을 강조하면서 조국에 대한 애국심을 갖도록 교육하고자 하였다.

장쩌민은 1991년 공산당 창당 70주년 기념식에서 "애국주의는 평화연변에 대응하는 효과적인 무기로 전환될 수 있다"고 하였다. 그리고 1994년에는 "애국주의 교육 실시 강요(愛國主義敎育實施綱要)"(이하

'강요')를 발표하여, 애국주의 교육을 전국적으로 전개하였다. '강요'의 기본 원칙으로는 "덩샤오핑의 중국 특색의 사회주의 이론과 당의 기본 노선을 지도로 삼아야 하고, 사회주의 현대화 건설과 개혁개방을 촉진하는 데 이바지해야 하며, 국가와 국민의 명예와 존엄 그리고 단결과 이익을 보호해야 하며, 조국통일에 이바지해야 한다고 되어 있다. 그리고 이러한 것이 신시기 애국주의 교육의 기본적인 지도사상"이다.

(3) 사회주의 시장경제(社會主義 市場經濟, 1993)

사회주의 시장경제는 덩샤오핑의 주요 이론으로 들어가기도 하고, 장쩌민의 주요 이론으로 들어가기도 한다. 덩샤오핑은 1992년 '남순강화'에서 "사회주의에 시장이 있으며 자본주의에도 계획이 있다"고 지적하였다. 덩샤오핑의 이러한 대전제에 따라 내부 논쟁을 통한 이론 정립 과정을 거쳐 1992년 2월 12일 당정치국 확대회의에서 이를 인준하였다.

1992년 6월에는 장쩌민 총서기가 덩샤오핑의 '남순강화'를 구체화해 '사회주의 시장경제'를 공식적으로 제창하였다. 그리고 1992년 10월 제14차 전국대표대회에서 '사회주의 시장경제'를 개혁개방의 최대 목표로 결정하여 채택되었다.

4) 후진타오(胡錦濤, 1942~)

"후진타오 동지를 총서기로 하는 새로운 중앙 영도 집단", "후진타오 동지를 총서기로 하는 당 중앙"이 라는 말은 후진타오가 들었던 말이 다. 그런데 여기에서 '핵심'이라는 단어가 보이지 않는다. 2011년에 들 어와서야 비로소 "후진타오 동지를 핵심으로 하는 당의 제4세대 영도 집단"이라는 표현에서 '핵심'이라는 단어를 볼 수 있다. 후진타오는 2002년에 중앙위원회 총서기, 2003년에는 국가주석에 선출되었다. 그 리고 2004년에는 당 중앙군사위원회 주석, 2005년에는 국가 중앙군사 위원회 주석으로 선출되었다.

(1) 과학발전관(科學發展觀)

과학발전관은 2007년 제17차 전 국대표대회에서 중국공산당 당헌(당 장)에 삽입된 후진타오의 주요 이론 이다. 과학발전관은 '이인위본(以人 爲本, 인본주의)'을 핵심가치로 삼는 다. 이는 중국이 추구하는 경제 발 전의 최종적인 목표가 인민의 생활

学习科学发展观在人
落实科学发展观靠人
实践科学发展观惠人

"以人为本" 构建和谐社会
的历史思考

수준 개선이라는 점을 강조한다는 것을 나타내는 개념이다.

2012년 제18차 전국대표대회에서 과학발전관은 마르크스·레닌주

의, 마오쩌둥 사상, 덩샤오핑 이론, 3개대표론과 함께 지도사상으로 격상되었다.

(2) 화해사회(和諧社會, 조화사회)

후진타오는 2004년 9월, 제16차 4중전회에서 공동부유를 기본으로 하는 '사회주의 화해사회 건설'을 처음으로 제시하였다. 이때 당정, 학계 등에서 이와 관련하여 광범위한 연구와 토론이 일어났다. 2007년 16차 6중전회의 공보(公報)는 '2020년에 사회주의 화해사회의 건설'이라는 목표와 9대 임무 및 화해사회를 건설하기 위한 '6개 필수 요건'을 제시하였다.

후진타오가 제시한 화해사회의 6대 특징으로 "민주법치(民主法治), 공평정의(公平正義), 성신우애(誠信友愛), 충만활력(充滿活力), 질서 안정(安定有序), 사람과 자연의 화해공존(和諧相處)"의 28글자로 체계적으로 제시하여 화해사회 건설의 연구를 위한 방향을 제시하였다.

2005년 제16차 5중전회에서는 11차 5개년 규획안(2006~2010)을 다루면서 공동부유론을 구체적인 거시경제 정책에 반영하였다. 2006년 10월, 제16차 6중전회에서는 '화해사회' 건설이 후진타오의 통치이념으로 공식적으로 제기되었다. 2007년 10월, 제17차 전국대표대회에서 화해사회와 같은 개념의 과학발전관이 '당장'에 포함됨으로써 덩샤오핑, 장쩌민의 지도이념과 같은 수준으로 당의 공식 통치이념으로 받아들여지게 되었다.

(3) 우호우쾌(又好又快)

후진타오는 2007년 10월 제17차 전국대표대회 개막연설에서 향후 5년간의 중국 경제가 '우호우쾌(又好又快)'할 것이라고 강조하였다. 양적 성장에서 질적 성장으로의 전환을 일컫는다. 2006년까지는 '우쾌우호(又快又好)'였지만 2007년부터는 '우호우쾌'로 '쾌(快)'와 '호(好)'의 순서를 바꿨다.

그 이유는 빠른 성장보다는 성장 방식까지 고려해 '좋은 성장'을 추구하겠다는 의미이다. 이는 성장 우선 정책에서 돌출된 문제, 즉 빈부 격차, 도농(都農) 간의 격차, 그리고 투자와 소비, 수출의 불균형으로 인한 무역상대국과의 마찰, 에너지 과소비형 경제 구조 등을 되돌아보고 이를 수정하겠다는 의미이다.

5) 시진핑(習近平, 1953~)

2012년에 "시진핑 동지를 총서기로 하는 당 중앙", 그리고 2016년에 들어오면서 "시진핑 총서기라는 이 핵심을 견결하게 보호하자", 혹은 "당 중앙 권위를 견결히 보호하고, 시진핑 총서기라는 이 핵심을 견결히 보호하자"라는 표현이 등장하면서 '핵심'이라는 용어가 시진핑과 병렬되어 나타나기 시작하였다. 시진핑을 '당의 영도 핵심'이라 하면서 시진핑의 권력이 한층 더 강화되고 있음을 알 수 있다.

2007년 제17차 1중전회에서 서열 6위로 상무위원에 올랐고, 2010년 제17차 5중전회에서는 당 중앙군사위원회 부주석으로 선출되었다. 그리고 2012년에는 총서기와 당 중앙군사위원회 주석, 2013년에는 국가주석과 국가 중앙군사위원회 주석으로 선출되었다.

(1) 시진핑 신시대 중국 특색의 사회주의 사상
(習近平新時代中國特色社會主義思想)

시진핑 국가주석이 2017년 10월 18일 개막한 중국 공산당 제19차 전국대표대회에서 주창한 통치철학이다. 2017년 당장에 삽입되었고, 당의 행동 지침으로 자리잡았다. 그리고 2018년 제13차 전국인민대표대회에서 헌법에 삽입되었다.

'시진핑 신시대 중국 특색의 사회주의 사상'의 헌법 삽입은 시진핑의 장기 집권을 뒷받침하는 동시에 중국이 새로운 국가적 목표 달성

덩샤오핑이 제기한 '중국 특색의 사회주의'에 '신시대'라는 수식어를 달았는데, 이는 시진핑 집권 2기(2018~2022년)에는 과거 지도자들과의 차별화를 통해 1인 지배체제를 더욱 공고화할 것임을 예고한 것이라는 분석이다.

시진핑은 제19차 전국대표대회 업무 보고에서 새로운 개념을 정의하였다. '신시대'는 전면적인 샤오캉 사회 건설을 위한 결승 단계, 중국 특색의 사회주의 발전의 관건적 시기이다. '신사상'은 신시대 중국 특색의 사회주의 사상이다. 신모순은 아름다운 생활에 대한 수요와 불균형하고 불충분한 발전 간의 모순이다. '신목표'는 2020년 이후 단계별 전략목표 제시로, 제1단계는 2020~2035년까지로 사회주의 현대화 실현, 2035~2050년까지는 부강하고 민주문명적이고 조화롭고, 아름다운 사회주의 현대화 건설이다.

에 진입하겠다는 선언이기도 하다. 시진핑 신시대 중국 특색의 사회주의 사상의 핵심은 전면적 샤오캉 사회 실현과 중화민족 부흥이란 '중국몽(中國夢)'으로 요약된다. 2021년부터 샤오캉 사회를 건설하고 중산층 비율을 대폭 끌어올리고 2050년에 미국에 맞서는 초강대국이 된다는 구상이다.

중국 공산당 중앙당사·문헌연구원 취칭산(曲靑山) 원장은 당 이론지인 『구시(求是)』 10월호에 게재한 "신시대가 당사와 신중국 역사에서 갖는 중요한 지위와 의의(新時代在黨史、新中國史上的重要地位和意義)"라는 글을 통해 2050년까지 '시진핑 신시대'가 이어질 것이라고 밝혔다.

(2) 4개 전면(全面)

学习习近平提出四个全面

4개 전면은 시진핑 국가주석이 2012년 공산당 총서기 취임 이후 제시한 총 네 가지 정책 방향이다. '전면적인 샤오캉(小康) 사회 건설'

과 '전면적인 개혁 심화', '전면적인 의법치국(依法治國)', '전면적인 당 관리(從嚴治黨)'이다.

시진핑 국가주석은 2014년 11월 푸젠성 시찰에서 '전면적인 샤오캉 사회 건설', '전면적인 개혁 심화', '전면적인 의법치국 추진'을 언급하며 '3개 전면'이라는 개념을 처음으로 언급했으며 같은 해 12월 장쑤성에서의 조사 연구 활동에서 '전면적인 엄격한 당 관리'를 추가해 '4개 전면'을 완성시켰다. '4개 전면'은 시진핑이 2012년 12월 집권 이후 자신의 지도사상을 집대성했다는 평가를 받고 있다.

'전면적인 샤오캉'은 모든 인민이 편안하고 풍족한 생활을 누리는 상태를 의미하는데, 시진핑이 2012년 제18차 전국대표대회에서 총서기로 선출된 이후 중국의 꿈을 언급하면서 전면적 샤오캉 사회 건설을 강조했다.

두 번째인 '전면적인 개혁 심화'는 2013년 11월 18차 3중전회에서 제안했고, 세 번째인 '의법치국'은 2014년 10월 18차 4중전회에서, 네 번째인 '당 관리'는 동년 10월 당 군중노선교육실천활동 결산 때 제안했다. 이와 관련하여 인민일보는 "2015년 중앙정치국 제1차 집단 학습에서 시진핑이 '4개 전면'의 전략적 배치의 철학적 토대를 제시했다"고 밝혔다. 인민일보는 '발전'은 시대의 주제이고, '개혁'은 사회 진보의 동력이며, '법치'는 국가 관리체계와 관리 능력의 현대화를 위해 필요하며, '당 기강 확립'은 집권당을 강화하는 필연적 요구라고

현대 '샤오캉(小康)'의 제기

1979년 12월 6일 덩샤오핑은 일본을 방문하여 일본 수상을 만날 때 "중국 800달러, 이는 바로 본 세기말까지 중국이 완성해야 할 샤오캉 사회이다. 이 샤오캉 사회는 중국식의 현대화를 만드는 것이다"라고 하였다.

설명했다. 여기에서 발전은 샤오캉 사회이고 개혁은 개혁개방을 의미한다.

2016년 중국에서는 4개 전면에 관한 애니메이션 랩 뮤비가 공개되었다. 당시 중국 신화통신은 3분 10초 분량의 영상 내용을 공개하였는데, 영상에서는 한 남성과 여성 캐릭터가 화려한 무대에서 춤을 추면서 4개 전면을 설명하는 내용이 담겨 있다. 그리고 영상에서 공개된 랩 가사 중에는 "내게 '4개 전면'을 말해 봐. 샤오캉이 목표, 개혁은 동력, 법치는 보장, 당 건설이 관건이야", "하나는 선이고 둘은 점이며 셋은 면이고 넷은 전면이야", "'4개 전면'이 있다면 '중국의 꿈(中國夢)'은 그리 멀지 않아"라는 내용이 있다.

(3) 5위 1체(五位一體)

2017년 10월에 개최되었던 제19차 전국대표대회 업무 보고에서 시진핑은 '신시대 중국 특색의 사회주의 사상'이란 '중국 특색의 사회주의'를 계승, 발전시키는 것을 명확히 하면서 사회주의 현대화와 중화민족의 위대한 부흥을 총체적 임무로 하는 사상으로, '5위 1체'와 '4개 전면'으로 이뤄진다고 밝혔다.

2018년 12월 29일, 시진핑은 베이징에서 개최된 중국인민정치협상회의 신년 다과회에 참석해 "내년은 중화인민공화국 건국 70주년으로 중등 수준 사회를 전면 건설하는 데 있어 관건이 되는 해"라며 "개혁개방을 가장 축하하는 방법은 개혁을 깊이 추진하고 개방을 확대하는 것"이라고 밝혔다. 시진핑은 '시진핑 사상'의 핵심 이론인 '4개 전면'과 '5위 1체'를 추진하겠다고 강조하기도 했다.

2020년 10월 30일 중국공산당 중앙위원회는 '제19차 5중전회 기자

간담회'를 개최했다. 이때 중진국의 함정을 극복하기 위한 방안으로 시진핑의 '치국이정(治國理政, 국가통치)' 이념을 실현을 강조했다. 시진핑의 '치국이정'은 '전면적인 샤오캉사회 건설'·'개혁 심화'·'의법치국'·'당풍쇄신'으로 요약되는 '4개 전면', '경제건설·정치건설·문화건설·사회건설·생태문명건설'로 요약되는 '5위 1체'를 담고 있다.

'5위 1체' 총체적 구조

2. 중국공산당(中國共産黨, Chinese Communist Party, CCP)

2021년 중국공산당이 창당된 지 100년이 되는 해이다. 중국공산당 창당일은 1921년 7월 1일이다. 중국공산당이 주도하여 1949년 10월 1일 중화인민공화국을 건국하였다. 중국공산당의 최고 직위는 총서

기이다. 중국 권력 구조에서 최고 직위는 총서기이고, 중앙정치국 상무위원 중에 1명이 총서기가 된다.

중국공산당 당기는 초기 소련공산당(볼셰비키)의 당기를 모방했었다. 그러다가 옌안에서 처음으로 중국공산당 당기가 탄생했다.

1942년 4월 28일, 중공 중앙정치국에서 중국공산당 당기의 양식을 결정하였다. 1996년 9월 21일, 중공중앙 판공청은 "중국공산당 당기, 당휘장 제작과 사용에 관한 약간의 규정"(이하 '규정')을 발표했다. '규정'에서 당기와 당휘장은 중국공산당의 상징이고 표징이라고 하였다.

중국공산당 당 휘장은 바탕색이 붉은색이고 그 위에 노란색의 망치와 낫이 교차되어 있다. 붉은색은 혁명을 상징하고, 노란색의 망치와 낫은 노동자와 농민의 노동도구를 대표한다. 이는 중국공산당이 중국 노동계급의 선봉대이고 노동계급과 광범한 인민군중의 근본이익을 대표한다는 것을 상징한다.

1) 중국공산당사

현재는 중국공산당 창당일을 7월 1일로 정하여 기념하고 있지만, 실질적으로는 1921년 7월 23일부터 상하이와 자싱(嘉興)에서 연속으로 열렸던 중국공산당 제1차 전국대표대회(전대)에서 창당되었다. 이 대회에 공산당 대표 13명과 코민테른 대표 2명이 참석하였고, 57명의 당원으로 출발하였다. 참석한 대표를 살펴보면 다음과 같다.

상하이 대표: 리한쥔(李漢俊), 리다(李達)
베이징 대표: 장궈다오(張國燾), 류런징(劉仁靜)
광저우 대표: 천궁보(陳公博)

무한 대표: 둥비우(董必武), 천탄츄(陳潭秋),

장사 대표: 마오쩌둥(毛澤東), 허수형(何叔衡)

제남 대표: 왕진메이(王盡美), 덩언밍(鄧恩銘)

일본 대표: 저우포하이(周佛海)

천두슈 荗에서 파견: 바오후이썽(包惠僧)

코민테른 대표: 마링(Marling, 馬林)과 니콜스키(Nikolsky, 블라디미르 네이만(1898~1938))

중앙영도기구를 선출해야 하였지만, 당원이 적었을 뿐만 아니라 지방 조직도 아직 완전하게 구축하지 못하여 대표들은 중앙위원회를 설립하지 않았다. 하지만 3인으로 구성된 중앙국을 먼저 설립하였는데, 이때 천두슈가 서기로 임명되었고, 장궈다오는 조직주임, 리다는 선전주임으로 임명되었다. 이렇게 하여 당의 첫 번째 중앙기구가 구성되었다. 회의에서 '제3국제만세(第三國際萬歲)', '중국공산당만세(中國共産黨萬歲)'를 크게 외친 뒤 폐막하였다.

중국공산당 제1차 전국대표대회 참석자 15인의 부조

2) 대장정(大長征)

材料一

黃埔軍校大門

材料二

≪七律·長征≫

紅軍不怕遠征難,　萬水千山只等閒。

五嶺逶迤騰細浪,　烏蒙磅礴走泥丸。

金沙水拍雲崖暖,　大渡橋橫鐵索寒。

更喜岷山千里雪,　三軍過後儘開顔。

국민당군은 일본과 정전 협정을 맺고, 공산당에 대한 토벌전을 재개했다. 국민당군의 제4차 포위 공격은 1932년부터 1933년에 걸쳐 이루어졌다. 하지만 국민당군은 일본의 러허(熱河) 침공 때문에 군대를 돌려야만 했다. 제4차 포위 공격마저 무위로 끝나자 장제스(蔣介石)는 총공세를 결심하고 1933년에 100만 명의 군대와 200대의 비행기를 동원했다. 국민당군은 소비에트 주위에 철조망, 방벽 등으로 연결된 요새를 건설해 포위하고 경

장정의 길을 다시 걸어 중국의 꿈을 함께 이루자

제를 봉쇄했다. 이러한 국민당군의 전략은 상당한 효과를 거두었다. 1934년 7월 공산당은 장시 소비에트를 포기하기로 결정했다.

홍군은 1934년 7월 푸젠성에서 탈출했고, 이어서 정강산의 홍군 제6군이, 10월에는 홍군의 10만 명 주력 부대가 탈출했다. 이로써 국민당군의 포위와 추격을 뚫고 후난성, 광시성, 구이저우성, 윈난성, 쓰촨성 등을 거치는 대장정이 시작되었다.

약 2개월 후 홍군은 구이저우성 쭌이(遵義)에 도착했다. 그곳에서 공산당은 휴식을 취하며 중앙정치국 확대회의인 '쭌이회의'를 열었다. 회의에서 마오쩌둥은 국민당군의 제5차 포위 공격 당시 공산당의 전략 및 맹목적 도주의 성격을 띤 탈출 과정을 비판했다. 마오쩌둥의 비판은 인정되었고, 공산당은 지도부를 새로 개편했다.

마오쩌둥은 368일 동안의 긴 행군 끝에 드디어 1935년 10월, 산시성 (섬서성) 북부의 작은 소비에트 옌안에 도착했다. 1936년 10월에는 쓰촨의 주더, 후난과 구이저우의 허룽이 합류함으로써 홍군의 3개 부대가 모두 모였다. 마오쩌둥은 대장정에 성공한 후 대장정을 "장정은 진실한 선언서이며, 선전대이고, 파종기였다."라고 평가했다.

3) 중국공산당 주요 기구

중국공산당의 주요 기구로는 전국대표대회, 중앙위원회, 중앙정치국상무위원회, 중앙기율검사위원회, 중앙군사위원회, 중앙정치국이 있다. 이 중에서 중앙정치국 상무위원회의 위원이 당대 최고 권력을 쥔 사람들이다.

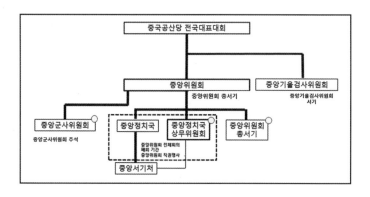

(1) 전국대표대회

중국공산당 당장(당헌) 제18조부터 제20조까지는 전국대표대회에 관한 내용이다. 제18조에서는 "당 전국대표대회는 5년마다 한 번씩 중앙위원회가 이를 소집한다. 중앙위원회가 필요하다고 인정하거나 3분의 1 이상의 성급 조직이 요구할 경우에는 전국대표대회를 앞당겨 개최할 수 있으며 비상시가 아닐 경우에는 개최를 연기하지 못한다." 라고 되어 있다. 전국대표대회의 직권에서는 당장 제19조에서 언급되고 있다. 주요 내용으로는 "(1) 중앙위원회의 보고를 청취심사한다. (2) 중앙기율검사위원회의 보고를 청취심사한다. (3) 당의 중대한 문제를 토의 결정한다. (4) 당 규약을 개정한다. (5) 중앙위원회를 선거한다. (6) 중앙기율검사위원회를 선거한다."이다.

(2) 중앙위원회

중앙위원회는 전국대표대회 폐회 기간에 전국대표대회의 결의를 집행하며 당의 전반 사업을 지도하며 대외적으로 중국공산당을 대표한다. 당중앙위원회의 임기는 5년이다. 전국대표대회를 앞당겨 개최하거나 연기하여 개최할 경우에는 임기도 그에 따라 변경된다.

중앙위원회 위원수와 후보 위원수는 전국대표대회가 결정한다. 중앙위원회 위원들 중에 결원이 생겼을 경우에는 중앙위원회 후보위원들 가운데서 득표수에 따라 차례로 보충한다. 중앙위원회 전체회의는 중앙정치국이 소집하며 1년에 1회 이상 개최한다. 당장 제21조에 당중앙위원회에 대해 규정하고 있다.

당중앙위원회의 임기는 5년이다. 중앙위원회 위원과 후보위원은 당력이 5년 이상이어야 한다. 중앙위원회 위원수와 후보 위원수는 전국대표대회가 결정한다. 중앙위원회 위원들 중에 결원이 생겼을 경우에는 중앙위원회 후보 위원들 가운데서 득표수에 따라 차례로 충원한다. 중앙위원회 전체회의는 중앙정치국이 소집하며 1년에 1회 이상 개최한다.

(3) 중앙정치국과 중앙정치국상무위원회 및 중앙위원회 총서기

당장 제22조에 "중앙정치국과 중앙정치국상무위원회는 중앙위원회 전체회의 폐회 기간에 중앙위원회의 직권을 행사한다. 중앙위원회 총서기는 중앙정치국회의와 중앙정치국상무위원회 회의를 책임지고 소집하며 중앙서기처의 업무를 총괄한다."라고 규정하고 있다.

중앙정치국은 중앙위원회의 심장부로 당·정·군을 움직이는 고위간부의 인사권을 장악하는 권력 핵심기구이다.

중앙정치국상무위원회는 중앙정치국의 심장부로 중국공산당과 중국 정치를 움직이는 최고 권력지도층이다. 1928년 제6차 1중전회 때부터 시작하였고, 중공중앙서기처라 개칭하였다. 1956년 제8차 전국

대표대회 이후부터 이 명칭을 사용하기 시작하였고, 중국 정치를 실질적으로 움직이는 엘리트 그룹이다.

중앙위원회 총서기가 당의 최고 지도자이다. 중앙정치국 상무위원회 위원 중에서 선출한다. 중국공산당의 최고 지도자의 정식명칭은 역사상 여러 번 변경되었다. 제1차 전국대표대회에서는 중앙국 서기, 제2차와 제3차 대회에서는 중앙집행위원회 위원장, 제4차 대회에서는 중앙집행위원회 총서기, 제5차와 제6차 대회에서는 중앙위원회 총서기이다.

1943년 3월 20일부터 1982년 제12차 전국대표대회까지는 중앙위원회 주석이고, 제12차 전국대표대회 이후에는 "중국공산당 중앙위원회 총서기", 약칭은 "중공중앙 총서기" 또는 "중국공산당 총서기", "중공 총서기"이다. 제8차 대회와 제12차 대회에서도 총서기는 있었지만, 중앙서기처의 일상 업무 처리가 주된 일로 당의 최고 지도자는 아니었다.

2020년 10월에 개최되었던 제19차 5중전회에서 당중앙위원회 공작 조례가 추인되었다. 여기에는 중앙정치국회의 소집 권한을 시진핑에게 한정하였고, 의제 결정 권한도 시진핑이 갖도록 하였다.

(4) 중앙군사위원회

중앙군사위원회는 중국공산당 최고 군통치기구로, 주석책임제이다. 당장 제22조에 "당 중앙군사위원회 구성원은 중앙위원회가 결정한다. 매 기 중앙위원회에서 선출한 중앙지도기구와 중앙지도자는 차기 전국대표대회 회의 기간에 계속 당의 일상사업을 조직 지도하며 차기 중앙위원회에서 새로운 중앙지도기구와 중앙지도자가 구성될 때까지 사업을 계속한다."라고 규정하고 있다.

당 중앙군사위원회는 국가 중앙군사위원회와 이름만 다를 뿐 실제는 동질의 기구이다. 중앙군사위원회는 주석과 부주석을 포함한 상무위원을 중심으로 운명되며 중앙위원회에서 선출된다. 중앙정치국 및 그 상무위원회의 지도 아래 당의 군사 업무와 관련되는 노선·방침 및 정책을 제정, 집행하고, 모든 군사 업무에 대한 지도를 담당한다.

4) 당 헌법(장정, 章程)

중국 정치를 이해하는 데 있어서 중국공산당 장정(章程)을 아는 것은 매우 중요한 일이다. 일반적으로 중국공산당 당장(黨章) 혹은 당헌(黨憲)이라고도 부른다. 편의상 당장이라고 칭한다. 당장은 총강과 중국공산당 규약으로 나뉘어져 있다. 총강에서는 중국공산당의 성격과 최고 이상 및 최종 목표를 소개하고 있으며, 중국공산당의 주요 사상 및 중국이 나아가야 할 방향을 언급하고 있다.

총강에서 "중국공산당은 중국 노동계급의 선봉대이며, 동시에 중국인민과 중화민족의 선봉대이고 중국 특색이 있는 사회주의 사업을 영도하는 핵심이다. 중국공산당은 중국선진생산력의 발전 요구를 대표하고 중국선진문화의 전진 방향을 대표하며 중국의 가장 광범한 인민

입당 선서

의 근본이익을 대표한다. 당의 최고 이상과 최종 목표는 공산주의를 실현하는 것이다."라고 밝히고 있고, "중국공산당은 맑스-레닌주의, 마오쩌둥 사상, 덩샤오핑 이론, '3개대표'의 중요 사상, 과학발전관, 시진핑 신시대 중국 특색의 사회주의 사상을 자신의 행동 지침으로 삼는다."라고 언급하고 있다.

5) 중국공산당 중앙당교(中國共産黨中央黨校)

'중앙당교'는 중국공산당 고급 간부를 양성하는 싱크탱크이자 연수기관이다. 1933년 3월 칼 마르크스(1818.5.5~1883.3.14) 사망 50주년을 기념하여 장시성 루이진에 '마르크스 공산주의학교(馬克思共産主義學校)'를 세웠고, 대장정을 거쳐 섬북에 도착한 후 1935년 11월에 중국공산당 중앙당교(中國共産黨中央黨校)로 명칭을 변경하였다. 줄여서 '중앙당교'라고 부른다. 1948년에 마르크스레닌학교(馬列學院)로 이름을 바꾸었고, 1955년에는 중공중앙직속고급당교(中共中央直屬高級黨校)로 바꾸었다가 1977년에 현재 이름으로 정하였다.

리웨이한(李維漢)을 초대 교장으로 하여 마오쩌둥, 류사오치(劉少奇), 화궈펑, 왕전(王震), 후진타오(胡錦濤) 등 중국공산당 실력자들이 교장을 맡았다. 교훈은 마오쩌둥이 정한 '실사구시(實事求是)'이다. 교장을 맡은 권력자들은 중앙당교의 기관지 『학습시보(學習時報)』 등의 간행물을 통하여 자신의 치국(治國) 방침과 정책 등을 발표하기도 한다.

한 학기에 약 1,600여 명의 학생을 선발하는데, 학생들은 크게 세 부류, 즉 고급 당 간부, 청년·소수민족 간부, 석사·박사 학위자로 구성되어 있다.

6) 상하이방, 공청단파, 태자당, 시자쥔

(1) 상하이방(上海幫)

상하이방은 1990년대 중국을 이끈 주요 정치세력이다. 제3세대 대표 정치인인 장쩌민 전 국가주석이 사사롭게 개인적으로 정치적 파벌을 만든 것을 의미한다.

1989년 6월 천안문사건 이후 주룽지(朱鎔基), 오방궈(吳邦國) 등 상하이시 당위원회 제1서기 출신들이 중앙의 정치무대에 진출을 계기로 상하이 인맥을 형성하게 되었고, 이후로 중앙 정계에 장쩌민 인맥이 대거 포진하게 되었는데, 이러한 정치 지도자들을 '상하이방'이라고 부른다. 그리고 지역적으로 상하이와는 관련이 있지만, 인맥상으로는 직접적으로 관계를 맺고 있지 않음에도 중앙 정계에 진출한 상하이 지역 출신의 경우로 이들을 '범상하이방'이라고 부른다.

(2) 공청단파

중국공산주의청년단(中國共産主義靑年團, 약칭 '공청단')은 중국공산당의 지도 아래 14~28세의 젊은 학생 당원, 단원들과 청년 군중을 대상으로 정치 교육과 정치 선전을 담당하는 중국공 산주의청년당 조직이다. 1920년 상하이 공산 주의 소조의 천두슈와 베이징 공산주의 소조 의 리다자오(李大釗), 코민테른에 의해 창단되 었다. 1922년 5월에 발족하였다.

중국사회주의청년단으로 창단된 후 1925 년부터 '중국공산주의청년단'이라고 명명했다. 1946년 이후로 '중국 신민주주의청년단'이라는 명칭을 사용하였다. 1957년 이후 다시 현재 의 명칭을 사용하고 있다. '공청단'이라고 줄여 부르기도 한다. 공청단 은 사회주의 건설을 위해 이상·도덕·교양이 있고 기율을 지키는 후계 자를 양성하는 것이다.

공청단파의 기원은 개혁파의 대부로 꼽히는 후야오방(胡耀邦) 전 총서기이다. 후진타오 국가주석은 후야오방 전 총서기의 추천으로 중앙 무대에 데뷔했고, 덩샤오핑에 의해 장쩌민 전 국가주석의 후계 자로 지명됐다.

공청단파는 후진타오 집권기에 빠르게 성장해 중앙과 지방의 요직 에 대거 진출했다. 후진타오는 2006년 자신의 권위에 도전한 상대방 의 황태자 천량위(陳良宇)를 낙마시키며 공청단파의 입지를 넓혔다. 공청단파 인사들은 출신 가정은 평범하지만 명문대를 나온 고학력자 가 많다. 공청단 고위 간부로 발탁돼 철저한 경력 관리 속에 성장한 공통점이 있다. 정치적으로는 개혁적인 성향의 인사가 많다.

(3) 태자당(太子黨)

중국공산당 원로 간부들의 자제로서 고위 간부직을 맡고 있는 아버지 또는 장인의 후광으로 당중앙위원회에 진출한 2세를 말한다. 원로들의 자녀들은 대부분이 정부·당·군 등에서 고관이 되거나 대공사의 임원직을 차지하고 있다.

아버지나 장인 등의 권위를 업고 '관다오(官倒: 이중가격제를 악용해 전매로 폭리를 취하는 관료)'라고 불리는 블로커가 되어 사복을 채우는 일이 많을 뿐만 아니라 복잡한 인척 관계를 맺는 등 특권집단을 형성하고 있다.

(4) 시자쥔(習家軍, 시 주석의 옛 직계 부하)

시진핑 국가주석의 부친인 시중쉰의 고향이자 청년 시절 하방(下放: 지식인을 노동현장으로 보냄)했던 지역인 산시성(섬서성) 출신과 시진핑 주석이 푸젠성, 저장성, 상하이시에서 일할 때 부하로 근무했던 이들을 말한다. 대표적인 시자쥔으로는 천민얼(陳敏爾) 충칭시 서기와 리잔수(栗戰書) 전인대 위원장이 있다. 천민얼 서기는 2003년부터 시진핑 국가주석의 이념을 담은 저장일보 칼럼 '즈장신어(之江新語)' 232편 작성에 절대적인 공헌을 한 최측근 중 최측근이다.

제19차 중앙정치국 상무위원 7명 중 전인대 위원장인 리잔수(栗戰書), 중앙서기처 서기인 왕후닝(王滬寧), 중앙기율검사위원회 서기인 자오러지(趙樂際)가 시진핑 계열이다.

2017년에는 베이징, 상하이, 톈진, 충칭시, 광둥성 당서기직에 오른 인물은 시자쥔에 속한다. 베이징시는 차이치(蔡奇), 상하이시는 리창(李强), 톈진시는 리훙중(李鴻忠), 충칭시는 천민얼, 광둥성 당서기는 리시(李希)이다.

3. 국가기구

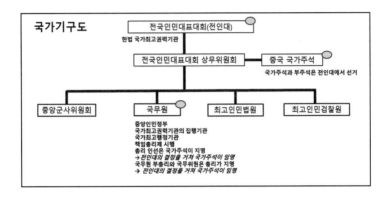

국가기구도

전국인민대표대회(전인대)
헌법 국가최고권력기관

전국인민대표대회 상무위원회 — 중국 국가주석
국가주석과 부주석은 전인대에서 선거

중앙군사위원회 | 국무원 | 최고인민법원 | 최고인민검찰원

중앙인민정부
국가최고권력기관의 집행기관
국가최고행정기관
책임총리제 시행
총리 인선은 국가주석이 지명
→ 전인대의 결정을 거쳐 국가주석이 임명
국무원 부총리와 국무위원은 총리가 지명
→ 전인대의 결정을 거쳐 국가주석이 임명

중국의 국가 조직은 인민민주주의 독재를 표방하고 있으며, 국가 최고 권력기관인 전국인민대표대회(全國人民代表大會, 전인대)를 정점으로 행정·사법·검찰기구가 중앙에서 지방으로 연계되어 중앙의 통일적 관할 아래 있다.

전인대 상무위원회, 국가주석, 국가중앙군사위원회는 전인대와 병렬적 위치에 있다. 국무원(國務院), 최고 인민법원, 최고 인민검찰원은 전인대의 예속적 위치에 있다.

1) 전국인민대표대회

헌법 최고 권력기관인 전인대에게 모든 기관은 반드시 복종해야 한다. 권한은 '최고 입법권, 최고 임면권, 최고 결정권, 최고 감독권'이다. 임기는 매 5년이고, 위원장과 부위원장의 연임은 2회를 넘겨서는 안 된다. 전인대 임기 만료 2개월 전에 전인대 상무위원회는 반드시 차기 전인대의 선거를 완성해야 한다.

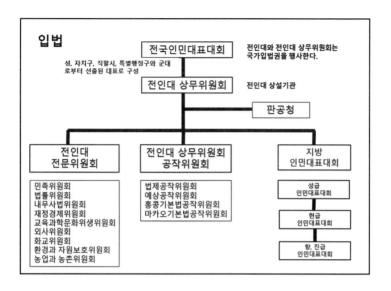

헌법 제57조부터 제78조까지 전인대와 전인대 상무위원회에 관한 내용이다.

제57조 중화인민공화국 전국인민대표대회는 국가 최고 권력기관이다. 그것의 상설기관은 전국인민대표대회 상무위원회이다.
제58조 전국인민대표대회와 전국인민대표대회 상무위원회는 국가입법권을 행사한다.
제59조 전국인민대표대회는 성, 자치구, 직할시, 특별행정구와 군대로부터 선출된 대표로 구성된다. 각 소수민족은 모두 적당한 인원의 대표를 가져야 한다. 전국인민대표대회의 선거는 전국인민대표대회 상무위원회가 주최한다. 전국인민대표대회 인원수와 대표 선출 방법은 법률 규정에 따른다.

전인대는 1954년에 제1차 대회가 개최되었다. 그 이전까지는 1949

년 중국인민정치협상회의에서 제정한 '중국인민정치협상회의공동강령(中國人民政治協商會議共同綱領, 약칭 공동강령)'이 1954년 전인대가 구성되기 전까지 임시 헌법 역할을 하였다.

2) 국가주석

1954년 9월 제1차 전인대에서 헌법을 제정하면서 시작되었다. 국가주석과 부주석의 임기는 5년이다. 2018년 제13차 전인대에서 헌법을 개정하여 국가주석의 임기 제한 규정을 폐지하였다. 국가주석 2연임(10년) 제한은 1982년 개혁개방 초기에 만들어진 규정이었다.

국가주석의 권한은 법률 공포, 명령 발포, 전쟁 상태 선포와 동원령 발포, 외국사절 영접, 외국대사 파견과 소환 등이다. 국가주석 궐위 시 국가 부주석이 승계한다.

제79조 중화인민공화국 주석, 부주석은 전국인민대표대회가 선거한다. 선거권과 피선거권을 가진 만 45세의 중화인민공화국 공민은 중화인민공화국 주석, 부주석으로 선출될 수 있다.
제84조 중화인민공화국 주석이 궐위시에는 부주석이 주석 지위를 계승한다. 중화인민공화국 주석과 부주석이 모두 궐위 시에는 전국인민대표대회에서 보선한다. 보선 이전에, 전국인민대표대회 상무위원회 상무위원장이 잠시 주석 직위를 대행한다.

---

3) 국무원

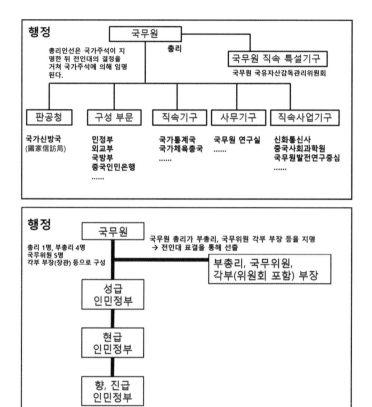

국무원은 중앙인민정부이고 최고 국가권력기관의 집행기관이며 최고 국가행정기관이다. 책임총리제를 시행하고 있다. 임기는 5년이고, 총리와 부총리 및 국무위원은 2기를 초과하여 연임할 수 없다.

총리 인선은 국가주석이 지명한 뒤 전인대의 결정을 거쳐 국가주석에 의해 임명된다. 국무원 부총리와 국무위원은 총리의 지명으로 전인대의 결정을 거쳐 국가주석이 임명하게 된다. 헌법 제85조부터 제

92조까지 국무원에 관한 내용이다.

제89조 헌법과 법률에 근거하여 행정 시책을 규정하고 행정 법규를 제정하며 결정과 명령을 공표한다. 전국 지방 각급 국가행정기관의 업무를 통일적으로 지도하며 중앙과 성, 자치구, 직할시의 국가 행정기관의 직권의 구체적인 분할을 규정한다. 대외 사무를 관리하고, 외국과 조약 및 협정을 체결한다. 민족 사무를 지도하고 관리하며 소수민족의 평등 권리와 민족 자치지방의 자치 권리를 보장한다. 성, 자치구, 직할시의 구역 분할을 비준하고 자치구, 현, 자치현, 시의 건설 위치와 구역 분할을 비준한다.
제92조 국무원은 전국인민대표대회에 대하여 업무를 책임지고 또한 보고한다. 전인대의 폐회 기간에 전국인민대표대회 상무위원회에 대하여 업무를 책임지고 또한 보고한다.

국무원 회의는 국무원 구성원 전원이 참석하는 회의인 전체회의가 있고, 총리, 부총리, 국무위원, 비서장으로 구성되는 비공개회의인 국무원 상무회의가 있다. 이 중에서 총리가 국무원 전체회의와 상무회의를 소집·주재한다.

국무원의 전신은 1949년 9월 공동강령의 조직 구성에 의해 설립된 '정무원(政務院)'이다. 정무원 소속의 기관으로는 委, 部, 會, 院, 署, 行, 廳 등이 있었다. 1954년에 제1차 전국인민대표대회가 개최되었고, "중화인민공화국의 모든 권력은 인민에게 속한다. 인민권력의 행사 기관은 전국인민대표대회와 지방 각급 인민대표대회다."라는 규정을 제시하였고, 상설기관으로 상무위원회를 두었다. 국가주석과 국가 부주석을 두고, 그 밑에 정무원 대신에 국무원을 두었다. 국무원에는 총리와 부총리가 있게 되었다. 1982년 헌법에서 국가주석직이 회복되었을 때 당에는 당 주석을 두지 않았고, 국무원 산하기관들을 정리

작업을 하면서 당과 정을 분리하고 권력 분산을 시도하였다.

　1951년, 중앙인민정부 정무원에서는 9월 3일을 항일전쟁승리기념일로 정했다. 2014년 2월 27일 전국인민대표대회 상무위원회는 매년 9월 3일을 '중국인민 항일전쟁승리기념일'로 확정하였는데, 이는 과거 인민정부 정무원과 현재 국무원 결정의 연속성을 살렸던 것이다. 1952년 9월 3일엔 연변조선민족자치구가 정무원의 비준을 거쳐 성립되었다. 연변조선민족자치구는 1955년 12월에 연변조선족자치주로 개명되었다.

4) 헌법

　중국은 12월 4일 최초의 '국가 헌법의 날'을 맞아 각종 형식으로 헌법 선전 및 교육 활동을 전개했다. 이번 기념일 제정은 2014년 11월 1일 개최된 전국인민대표대회 상무위원회 회의에서의 결정에 따른 것이다. 12월 4일은 원래 '법제 선전의 날'이었지만, 시진핑 지도부는 2014년 제18차 4중전회에서 의결된 '당 지도 하의 의법치국(依法治國, 법에 따른 국가 통치)'이라는 국정 운영 방침의 철저를 기하기 위해 '국가헌법일(국가 헌법의 날)'로 선포한 것이다.

　중국헌법에서는 중국의 정치사상, 공민의 의무, 국가기구, 지방정책, 민족정책, 대만에 대한 중국의 인식, 수도 등을 잘 소개하고 있다.

헌법 서문

"대만은 중화인민공화국의 신성한 영토의 일부분이다. 조국통일이라는 대업을 완성하는 것은 대만 동포를 포함한 전체 중국 인민의 신성한 책무이다."

헌법 제1장

총강

제1조에서는 "중화인민공화국은 노동자계급이 영도하고, 공·농(工·農)연맹에 기초한 인민민주전정(人民民主專政)의 사회주의 국가이다. 사회주의 제도는 중화인민공화국의 근본 제도이다. 어떠한 조직이나 개인도 사회주의를 위반할 수 없다."

제2조에서는 "중화인민공화국의 모든 권력은 인민에게 있다."

제3조에서는 "중국의 국가기구는 민주집중제의 원칙을 실행한다."

제4조에서는 "어떠한 민족에 대해서든 멸시와 압박을 금지하며, 민족 단결을 파괴하고 민족 분열을 조장하는 행위를 금지한다."

헌법 제2장

제33조부터 제56조로서, 중국 공민의 기본 권리와 의무에 대한 소개

제33조에서는 중국 국적을 가진 사람은 모두 중국 공민이라고 밝히고 있다. 제36조에서는 종교 신앙의 자유, 제37조에서는 신체의 자유, 제42조에서는 노동의 권리와 의무 등을 소개하고 있다.

헌법 제3장 중국 국가기관에 대한 소개

제1절은 전국인민대표대회, 제2절은 중국 국가주석, 제3절은 국무원, 제4절은 중앙군사위원회, 제5절은 중국 지방 인대와 인민정부, 제6절은 민족자치기관, 제7절은 인민법원과 인민검찰원에 대해서 소개하고 있다.

헌법 제4장 중국 국기와 국가, 국장과 수도에 대한 소개

제136조에서는 중국의 국기 명칭이 '오성홍기(五星紅旗)'임을 알 수 있고, 제138조에서 중국의 수도가 중국이라고 밝히고 있다.

4. 주요 회의

중국의 주요 정책을 이해하는 데 있어서 선행되어야 할 부분 중 하나가 중국의 주요 회의를 정리하는 것이다. 중국에는 3월에 개최되는 양회(兩會) 외에도 중국공산당 대회, 베이다이허회의, 중앙경제공작회의 등이 있다. 이러한 회의를 통해 중국의 정치와 경제 및 사회 등 중국 전반적 내용을 이해하는 것이 중요하다.

1) 양회(兩會)

매년 3월이 되면 한국 대중매체에서 양회를 많이 언급한다. 여기서 말하는 양회란 전국인민대표대회('전인대'라 약칭)와 중국인민정치협상회의('정협'으로 약칭)를 가리킨다. 매년 중국인민정치협상회의는 3월 3일에 개최되고, 전국인민대표대회는 3월 5일에 개최된다.

1998년 제9차 전인대와 정협은 각각 영문으로 NPC, CPPCC로 불리기 시작되었다. 회의 기간은 1998년부터 고정되어 왔으며, 임기 만료에 의한 교체 선거의 1차 회의가 2주(14/15일)인 것을 제외하면, 과거 '양회' 개최 기간은 일반적으로 10~12일 사이다.

(1) 전국인민대표대회(전인대)

1954년 9월 제1기 회의를 개최하여 류사오치(劉少奇)를 전인대 상무위원장으로 선출하였다. 이후 3월에 정례회의를 개최하였다. 2020년에는 코로나 상황 때문에 3월에 개최되지 못하였고, 5월 22일에 개최하였다.

전인대의 전체회의는 매년 1회 개최한다. 전인대 임기는 5년이다. 일반적으로 전인대 전체회의는 매기 5차례 열린다. 하지만 비상 상황이 발생하여 전인대 상무위원회가 필요하다고 판단되거나 5분의 1 이상의 전인대 대표의 제의가 있을 때에는 전인대 회의를 소집할 수 있다.

전인대에는 민족위원회, 헌법과 법률위원회, 재정경제위원회, 교육과학문화위생위원회, 외사위원회, 화교위원회와 기타 필요에 따라 전문위원회가 있다. 각 전문위원회는 전인대 및 상무위원 지도 하에 관계 의안을 검토·심의·기초한다. 헌법 개정 등 중요 의안은 전인대 상무위원회 혹은 5분의 1 이상의 전인대 대표가 제의하고, 전인대 전체 대표 1/3 이상의 다수결로 결정한다. 법률·법령 및 기타 의안은 전인대 전체 대표의 과반수 찬성으로 결정한다.

전인대는 회의가 정식으로 열리기 전에 반드시 예비회의를 소집해야 한다. 예비회의의 임무는 주로 해당 전체회의의 의사일정을 토의한다. 예비회의는 전인대 상무위원회가 주재한다. 당기 전인대 제1차 회의의 예비회의일 경우에는 전기 전인대 상무위원회가 주재한다.

2018년 3월 4일 제13차 전인대 1차 예비회의에서 190명의 주석단 명단을 확정했다. 주석단 명단에는 시진핑 국가주석을 포함하여 리커창(李克强) 총리 등 중앙정치국 상무위원이 모두 포함되었고, 제19차 전국대표대회를 끝으로 은퇴하였던 왕치산(王岐山) 전 중앙기율검사위원회 서기가 포함되었다.

지방에도 의회 성격을 띤 인민대표대회가 있다. 지방의 인민대표자는 향, 진, 시할구급에 대해 보통선거로 선출되며, 그 이상의 행정구역의 경우 하위 행정구역의 인민대표대회의 간접선거로 인민대표자가 선출된다.

(2) 중국인민정치협상회의(中國人民政治協商會意, 정협)

중국인민정치협상회의(이하 '정협'이라 함)는 일반적으로 3월에 개최
되는 것이 관례이지만, 2020년에는 코로나 상황이 심각하여 13차 전
인대 3차 회의를 5월 21일에 개최하였다.

정협은 1959년 이래로 전국인민대표대회와 비슷한 시기에 개최되
고 있다. 정협의 전국위원의 임기는 전인대 임기와 같은 5년이다. 전국
위원은 전인대에 반드시 참석해야 한다. 보통은 년 1회 전체회의를
개최하여 전국위원회 주석, 부주석, 비서장 및 상무위원을 선출하며,
국정 방침에 관한 토의 참여, 제안 및 비판 직권을 행사한다. 또 정협
규약을 개정, 결의 채택하고 상무위원회에 사업 보고할 것을 심의한다.

정협은 전국위원회와 상무위원회 두 위원회로 나눌 수 있다. 필요
시에는 전인대 상무위원회와 정협 전국위원회 상무위원회가 연석회
의를 개최하여 관련 문제를 함께 논의할 수 있다.

1949년 9월, 중국공산당의 호소와 조직 하에서 각 당파, 단체, 지구
와 군대 등 각 방면의 대표들은 베이징에서 개최된 중국인민정치협상
회의에 참가하여 중화인민공화국의 성립을 위한 준비를 하였다.

중국인민정치협상회의(中國人民政治協商會議, 1949.9.21~30)

베이징에서 개최되었던 중국인민정치협상회의는 신정치협상회의준비회(1949. 6.15~19)에 의해 체계적으로 준비되었다. 1949년 9월 30일 폐막식에서 마오쩌둥이 기초한 중국인민정치협상회의 제1차 회의를 발표하였는데, 선언은 중화인민공화국이 수립을 선포했고, "중국 인민은 이미 자신들의 중앙정부를 갖고 있다. 이 정부는 공동 강령에 따라 전 중국 영토 내에 인민민주전정을 시행한다"고 밝혔다.

- 전국 각지에서 온 민주당파, 인민단체, 인민해방군, 각 지구, 각 민족과 해외화교 등 634명의 대표와 300명의 내빈들이 참석
- 노동자 계급이 지도하며 노동농맹을 기초로 한 인민민주독재의, 독립·민주·평화·통일·부강의 중화인민공화국의 수립 목표를 확인
- 중화인민공화국 중앙정부조직법, 중국인민정치협상회의 공동 강령을 가결
- 중국의 국명, 국기, 국가(國歌), 국징(國徽) 및 수도 결정
- 전국위원회 위원을 승인
- 마오쩌둥을 주석에, 주더·류샤오치·송칭링·리지션(李濟深)·장란(張瀾)·까오강(高崗) 등을 부주석으로 하는 중앙인민정부위원회가 조직
- 중앙인민정부 정무원 총리에 저우언라이, 인민혁명군사위원회 주석에 마오쩌둥, 인민해방군 총사령관에 주더가 각각 선출

2) 4대 회의

중국에서 4대 회의는 "전국인민대표대회, 전국대표대회, 베이다이 허회의, 중앙경제공작회의"이다. 앞에서 전국인민대표대회를 설명하였고, 중국공산당을 소개할 때 전국대표대회를 소개하였기에, 여기에서는 베이다이허회의와 중앙경제공작회의 2개 회의에 대해 소개한다.

(1) 베이다이허(北戴河, 북대하)회의

중국식 발음으로 표기하기 전에는 '북대하회의'라고 부르다가 중국식 발음으로 표기하면서 많은 언론이나 도서 및 논문에서 '베이다이허회의'라고 얘기하지만, 사실은 '베이다이허회의'이다. 요즘은 '베이다이허회의'라고 소개하는 사례가 늘어나고 있다.

허베이성 친황다오에 위치한 휴양지 베이다이허에 중국 전·현직 지도부가 매년 여름 함께 모여 휴가를 보내고, 각종 현안에 대한 의견을 교류하는 행사다. 이 때문에 베이다이허회의는 중국 정계의 풍향계로도 불린다. 1954년 마오쩌둥 주석이 처음 이곳에서 회의를 연 이후 연례행사가 됐다.

중국 정부는 공식적으로 베이다이허회의 개최를 사전에 알린 사례가 없다. 다만 베이다이허회의 개최 전후에 통상 세 가지 신호가 감지된다고 홍콩 hko1닷컴은 밝혔다. 우선 베이다이허 일대 보안이 강화된다. 그리고 각 분야 석학 등 전문가에게 발송되는 베이다이허 휴가 초청장이다. 전문가를 베이다이허로 초청하는 것은 중국 지도부가 베이다이허회의의 시작을 외부에 드러내는 유일한 신호이기도 하다. 마지막으로는 중국 지도부의 집단 '칩거'이다. 통상 회의 개최 2주 전 주요 지도부 인사들이 대외 활동을 중단하고, 이들에 관련된 보도도 나오지 않는다.

2003년에는 베이다이허 휴가 기간 업무제도를 공식적으로 취소하기도 했다. 베이다이허회의는 법률적으로는 공식적인 회의는 아니다 이 회의는 매년 10월에 열리는 중국공산당 대회 혹은 중국공산당 중앙위원회 전체회의의 의제를 사전에 조율하는 역할을 한다. 회의는 대체적으로 오전에 열리고, 오후에는 휴식을 취하는 형태이다. 회의에서 당과 국가 운영에 관한 전반적인 문제를 토론한다.

베이다이허회의는 중국공산당 내 권력 투쟁의 결과물인 정치와 인사 등 핵심 의제가 사실상 결정된다는 측면에서 가장 중요한 회의라고 볼 수 있다.

일반적으로 '베이다이허회의'라고 하면, 1958년 8월에 개최되었던 회의를 가리킨다. 당시 회의에서 마오쩌둥 주석과 저우언라이 총리는 중국공산당 중앙정치국 확대회의를 열어, 대약진운동을 전면적으로 실시할 것을 결정하였고, 농촌에 인민공사를 설립할 것을 결의하였다.

(2) 중앙경제공작회의(中央經濟工作會議)

중앙경제공작회의는 중국공산당 중앙이 개최하는 연도성의 경제회의이다. 매년 12월 초에 개최되는 게 일반적이다. 회의에서 당해 연도 경제 성과를 평가하고, 국내외 경제 상황에 대해 언급한다.

회의에는 당 중앙, 국무원 지도자, 전인대, 정협의 당원 지도자, 각성, 자치구, 직할시 당위 정부 주요 책임자, 중앙과 국가기관 각 부서의 주요 책임자, 군대 각 군구·각 군 병과·각 대 단위의 주요 책임자, 중앙 직속 관련 기업 주요 책임자가 참가한다.

중앙경제공작회의는 국내 국제 경제 상황의 변화에 대응하며, 다음 해 경제를 전망하며 거시경제 정책의 대강을 결정한다. 그리고 회의를 통해 세계경제에 큰 영향을 미치는 중국 경제 정책에 대한 밑그림을 파악할 수 있다.

2020년 12월 16일부터 중앙경제공작회의가 개최되었다. 2021년은 중국공산당 창당 100주년이 되는 해이자 제14차 5개년 규획이 시행되는 첫 해이다. 중국 정부는 2021년에 '샤오캉 사회' 달성을 선포하고 새로운 발전 모델인 '쌍순환' 전략을 구체화한다.

2015년 이후 중앙경제공작회의에서는 '어려움과 도전'에 대한 인식을 지속적으로 제기해 왔다. 시진핑 정부가 들어선 2013년 이래로 개최된 중앙경제공작회의의 주요 내용을 살펴보면 다음과 같다.

2013년 중앙경제공작회의의 주요 내용은 "국가 식량 안전 보장, 대외 개방 제고"이고, 2014년의 주요 내용은 "신창타이 시대 중국의 경제 발전 전략"이다. 2015년과 2016년의 주요 내용은 "공급 측 개혁 통해 산업 구조 고도화 실현"이다.

2017년 중앙경제공작회의에서는 "시진핑 신시대 사회주의 경제사상 확립"이다. 경제의 질적 발전을 위해 회의에서 "공급 측 구조 개혁의 심화, 시장 주체 활력 제고, 농촌 발전 전략 실시, 지역 간 조화로운 발전 실시, 전면적인 개방 확대, 사회보장제고 및 민생 개선, 주택제도 개혁, 생태문명 건설" 등 8가지 목표를 제시하였다.

2018년 중앙경제공작회의에서는 "2019년 중국의 거시경제 정책은 역주기 조절(逆周期調節)을 강화하며, 계속해서 적극적인 재정정책과 온건한 통화정책을 실시하고, 적절한 선제적·미시적 조정을 통해 총수요를 안정적으로 관리한다"라는 내용이 주된 내용이다. 그리고 '제조업의 질적 발전 추진'이 제일 처음으로 언급되었다. 그리고 7대 주요 업무를 공개하였는데, "제조업 질적 발전 추진, 강대한 국내 시장 육성 촉진, 농촌 진흥 전략 추진, 지역 균형 발전 촉진, 경제체제 개혁 가속화, 전방위적인 대외 개방 추진, 민생 보장 및 개선 강화 등"이다.

2019년 중앙경제공작회의에서는 "대외 개방 지속은 물론 소비산업 촉진을 언급, 자본시장 개혁과 부동산 시장 안정 등을 강조하였다. 회의에서 총 29차례 '온(穩, 안정)'을 언급해 '안정 추구'의 정책 노선을

견지할 뜻을 명확하게 밝혔다. 평차오빈(馮俏彬) 국무원 발전연구센터
(發展研究中心) 거시경제부 부부장은 "이번에 제시된 내년의 구체적인
경제 업무 조치에 '온'이라는 글자가 잇달아 등장한다"라면서 "적극적
인 재정정책과 온건한 통화정책의 지속적 추진이나 거시 레버리지
비율 기본 안정 유지, 전면적인 도시별 부동산정책 및 토지가격 안정,
집값 안정, 시장 전망 안정의 장기적 관리 규제 메커니즘 전면적 실시
등이 대표적"이라고 설명하였다.

중앙공작회의(中央工作會議) 기능적 분화

⇨ 국가안전공작회의(國家安全工作會議)
⇨ 중앙경제공작회의(中央經濟工作會議)
⇨ 중앙정법공작회의(中央政法工作會議)
⇨ 중앙농촌공작회의(中央農村工作會議)
⇨ 전국금융공작회의(全國金融工作會議)
⇨ 전국인터넷안보 및 정보화공작회의(全國網絡安全和信息化工作會議)
⇨ 중앙통전공작회의(中央統戰工作會議)

---

3) 기타 회의

시진핑 시대에 들어와 다양한 영도소조와 위원회가 설립되었다.
이러한 영도소조와 위원회에서 결정되는 주요 회의 내용은 당시 중국
이 처한 상황을 알 수 있고, 미래 중국을 전망하는 데 있어서 매우
중요한 의의를 지닌다.

(1) 중앙인터넷안전정보화영도소조; 중앙인터넷안전정보화위원회

시진핑 정부가 들어선 뒤 설립된 중앙인터넷안전정보화영도소조는 2018년에 중앙인터넷안전정보화위원회로 확대 개편하였다. 영도소조는 임시기구의 성격을 띠고 있다면, 위원회는 상시기구의 성격을 띠고 있다.

이와 관련하여 중국 전문가 셰옌메이(謝艶梅)는 "비공식기구인 '영도소조'를 공식기구인 '위원회'로 격상한 것은 이제 당이 정책을 결정하는 핵심이 되고, 행정부는 정책을 집행하는 기구로 전락한다는 것을 의미한다."고 해석했다.

2014년 2월 28일에 설립된 중앙인터넷안전정보화영도소조는 동년 4월 27일에 제1차 회의를 개최하였다. 회의에서 "인터넷 안전이 보장되지 않으면 국가 안전도, 정보화도, 현대화도 없다"며 인터넷 안보와 정보화가 중대한 전략 문제임을 강조하였다.

사이버 안보와 인터넷 여론을 단속하는 정책을 총괄하는 임무를 담당한다. 그리고 인터넷을 통해 테러를 조장하는 동영상이 전파됨에 따라 '반(反)테러'도 인터넷영도소조의 주요 임무로 떠올랐다.

'중앙인터넷안전정보화위원회' 판공실은 2020년 11월 23일부터 이틀간 저장(浙江)성 퉁샹(同鄕)시 우전(烏鎭)에서 제7회 세계인터넷대회(WIC)를 개최했다. WIC는 매년 우전에서 열려 '우전 서밋'이라고도 불린다. 중국은 정보기술 강국을 과시하기 위해 2014년부터 인터넷정보판공실 주관으로 매년 WIC를 개최하고 있다.

중국사이버공간연구원(CACS)의 리위샤오(李慾曉) 부원장은 "중국은 인터넷 정보 기술 분야에서 자립성과 기술적인 역량을 강화하고 있다"고 강조했다.

전국인터넷안보 및 정보화공작회의(全國網絡安全和信息化工作會議)

2018년 4월 20일부터 이틀간 베이징에서 열린 전국인터넷안전 및 정보화 공작회의에서 시진핑은 "정보화를 중화민족을 위한 천재일우의 기회로 삼아야 한다"고 말했다. 그리고 "인터넷 핵심기술 확보는 중국의 최우선 과제로 핵심기술이 다른 이의 손에 있는 현실은 우리의 가장 큰 우려"라고 지적하며, 핵심기술 확보에 속도를 내야 한다고 주문했다. 그리고 "핵심기술은 나라의 가장 귀한 보배"라면서 정보통신 분야 독자 기술의 중요성을 강조하자 중국 최대 검색엔진 바이두(百度)가 앞으로 3년간 10만 명의 인공지능(AI) 인재를 양성하겠다는 계획을 내놓았다.

시진핑은 제19차 전국대표대회 개막식 업무 보고에서도 인터넷·빅데이터와 함께 AI를 실물경제와 융합해 국가의 새로운 성장 동력으로 삼아야 한다고 강조한 바 있다.

(2) 중앙전면심화개혁영도소조; 중앙전면심화개혁위원회

2013년 11월 9일에 개최된 제18차 3중전회에서 중앙전면심화개혁영도소조를 신설하기로 결정하였다. 그리고 2018년 3월 중앙전면심화개혁영도소조는 중앙전면심화개혁위원회로 격상하였다.

2013년 12월 30일에 설립된 중앙전면심화개혁영도소조는 2014년 1월에 제1차 회의를 개최하였고, "중앙전면심화개혁영도소조 업무 규칙", "중앙전면심화개혁영도소조 전담 소조 업무 규칙" 및 "중앙전면심화개혁영도소조 판공실 업무 세칙" 등이 심의 통과하였다.

중앙전면심화개혁영도소조 아래에 '경제체제 및 생태문명체제 개혁, 민주법제영역 개혁, 문화체제 개혁, 사회체제 개혁, 당의 건설제도 개혁, 기율검사체제 개혁' 6개 전담 개혁 조직을 설치하였다. 전문소조는 정치·경제·문화·사회·생태문명(환경) 등 국가 차원의 개혁 업무를 맡는 5개 및 공산당 내부 개혁을 담당하는 당건설제도전문소조로 구성된다.

전문소조로는 "① 경제체제와 생태문명체제 개혁전항소조(經濟體制和生態文明體制改革專項小組), ② 민주법제영역개혁전제소조(民主法制領域改革專項小組), ③ 문화체제개혁전항소조(文化體制改革專項小組), ④ 사회체제개혁전항소조(社會體制改革專項小組), ⑤ 기율검사체제개혁전항소조(紀律檢查體制改革專項小組), ⑥ 당 건설제도개혁전항소조(黨的建設制度改革專項小組)"가 있다.

2018년 11월 14일 중앙전면심화개혁위원회 제5차 회의가 시진핑 국가주석 겸 중앙전면심화개혁위원회 주임의 주재로 개최되었다. 시진핑은 개혁개방 40주년을 맞이하여 개혁개방의 위대한 성과와 귀중한 경험을 총괄하여 신시대 개혁개방을 지속적으로 추진해 나가야 한다고 강조하였다.

2019년 7월 24일, 중앙전면심화개혁위원회는 제9차 회의를 개최하고 "지식재산권 보호 강화에 관한 의견(關於促進中醫藥傳承創新發展的意見)"을 심의하여 채택하였다. 의견에서는 지식재산권 심사, 집행, 사법 보호, 대체적 분쟁 해결, 업계의 자율을 통해 보호시스템을 완성하고 법제도, 경제, 기술 등의 수단을 종합적으로 활용하여 보호 능력을 향상시켜야 한다고 강조하였다.

2020년 11월에 개최된 중앙전면심화개혁위원회에서 시진핑은 제19차 5중전회에서 결정한 제14차 5개년 규획(14·5규획)을 언급하면서 개혁을 강조했다. 14·5규획은 향후 5년간 내수 확대와 기술 강국 실현, 군사력 강화를 통해 미국과 패권 경쟁에서 밀리지 않겠다는 내용을 담고 있다. 시진핑은 회의에서 "14·5규획 기간에 중국은 새로운 발전 단계에 진입할 것"이라면서 "개혁 또한 새로운 전환점에 이르렀다"고 밝혔다.

(3) 국방 및 군대심화개혁영도소조

2014년 3월 15일에 설립된 중국공산당 중앙군사위원회 국방 및 군대 심화개혁영도소조는 동년 5월 15일에 개최된 제1차 회의에서 시진핑은 "국방 및 군대 개혁을 심화시키는 것은 사상과 행동에서 당과 중앙군사위원회의 정책에 맞춰 강군이란 목표가 이끌도록 해야 한다"고 밝혔다. 그리고 시진핑은 "이길 수 있는 군대를 건설하는 게 개혁의 초점"이라며 "군 영도소조는 지도력을 집중·통일시켜 전체적인 계획을 세우고 협력을 총괄하며 실행을 지도 감독해야 한다"고 하였다.

시진핑은 회의에서 "국방·군대 개혁은 전면적 심화 개혁의 중요한 부분이자 상징적 의미가 있다"면서 "강군 목표 실현은 국방·군대 개혁의 지도 원칙이자 정확한 방향의 근본"이라고 밝혔다.

시진핑은 "군대 조직 형태의 현대화가 없이는 국방·군대 현대화도 없다"면서 "영도지휘체제, 역량 구조, 정책제도 부분의 개혁을 심도 있게 추진함으로써 국방을 튼튼히 하고 강대한 군대를 건설하는데 제도적 뒷받침을 해야 한다"고 강조했다. 또 "개혁은 당의 군대에 대한 절대 영도를 더 강화하는 것"이라면서 공산당의 군에 대한 지도력을 강화할 것임을 천명했다.

중국은 2015년 9월에 병력 30만 명 감축을 선언하였다. 그리고 12월 31일에는 육군 지휘기구, 로켓군, 전략지원부대에 군기를 수여하면서 부대를 창설하였다. 중앙군사위원회는 2016년 1월 1일 "국방 및 군대 개혁 심화에 대한

의견(中央軍委關於深化國防和軍隊改革的意見)"을 발표하였다. 2016년 1월 1일에는 4총부(총참모부, 총정치부, 총후근부, 총장비부)를 폐지하고, 중앙군사위원회 내에 15개 기능 부서를 설치한다고 발표했다. 2월 1일에는 7개 군구를 5개 전구로 개편하였다. 기능을 연합작전지휘사령부로 바꾸었다. 5개 전구는 동부 전구, 남부 전구, 서부 전구, 북부 전구, 중부 전구이다. 동부 전구는 일본, 동중국해(센카쿠 열도/댜오위다오) 및 대만 유사 대응이다. 남부 전구는 남중국해, 동남아 지역 및 해상교통로 안전 수호이다. 서부 전구는 인도, 중앙아시아 지역 및 국제테러리즘 방지이다. 북부 전구는 북한(한반도) 유사 및 러시아 방면의 군사 충돌 방지이다. 중부 전구는 당 중앙과 수도 방위 및 대후방으로 4대 전구에 대한 지원·보장이다.

2017년 4월에는 18개 집단군(군단급)을 13개로 개편하고, 부대번호를 일괄적으로 71~83으로 변경하였다.

이로써 중국 인민해방군은 중앙군사위원회 산하의 4총부, 7대 군구체제에서 15개 직능체제, 5대 전구로 출발하게 됐다. 또 새로 창설된 로켓군, 육군 지휘기구, 전략지원부대 등은 독자적으로 운용되게 되었다.

2016년 시진핑은 행사 훈령을 통해 "각 전구는 전략적 안보위협 대응, 평화유지, 전쟁 억제, 전투승리의 사명을 띠고 국가안보 전략과 군사전략의 전체 틀을 유지하는 데 있어 매우 중요한 역할을 하게 될 것"이라고 밝혔다.

시진핑은 "5대 전구 수립과 전구연합작전지휘기구의 창설은 중국공산당이 '중국의 꿈'과 '강군(强軍)의 꿈'을 실현하기 위해 내린 전략적 결정이자 강군개혁을 전면적으로 실행하기 위한 상징적 조치"라고 강조했다. 또 "군 연합작전 체계의 역사적 진전으로 군의 전투력, 승리를 확보하고 효과적으로 국가안보를 수호하는 데 있어 중대한 의의를 가진다"고 말했다.

(4) 중앙정법공작회의(中央政法工作會議)

중앙정법위원회는 경찰, 검찰, 법원, 무장경찰, 국가안전부 등 사법기관을 총괄한다. 중앙정법위원회 서기는 후진타오 시대까지는 중앙정치국 상무위원 중 1명이, 시진핑 시대부터는 정치국원 중 1명이 맡음으로써, 서기의 격이 한 단계 낮아졌다.

2014년 1월 7일 베이징에서 개최된 중앙정법공작회의는 새로운 의미를 내포하고 있다. 먼저, '전국정법공작회의'에서 '중앙정법공작회의'로 회의 명칭이 변경되었다. '전국'에서 '중앙'으로 바뀐 것은 정법공작의 중요성을 강화하고 있음을 알 수 있다.

두 번째로는 참석 인원의 변화이다. 국가주석이 참석한 것은 1997년 장쩌민이 참석한 이래로 처음이고, 정법위원회를 시진핑이 장악하려는 의도로 볼 수 있다. 또 상무위원도 1997년 2명이 참석한 이래로 처음으로 3명이 참석하였다. 시진핑은 "단호한 의지와 행동으로 정법위 부문의 부패 현상을 없애, 집단에 해를 끼치는 사람을 단호히 배제한다."라고 밝혔다. 또 "사회 안정을 기본 임무로 하고, 사회의 공평과 정의를 핵심가치관으로 추진하며, 인민들의 편안한 생활을 근본 목표로 하여, 공정한 사법권의 집행을 견지하여 '중화민족의 위대한 부흥'이라는 중국의 꿈을 실현할 사회적 보장을 해야 한다"고 말했다.

2016년 1월 22일 베이징에서 중앙정법공작회의가 개최되었는데, 회의에서 "정치 안전 및 금융 안전, 네트워크 안전, 공공 안전 보호와 테러 반대"라는 5개 영역에 대해서 언급하면서 국가 안전과 사회 안정을 확보하는 데 집중할 것이라고 밝혔다.

2019년 1월에 개최되었던 중앙정법공작회의에서 시진핑은 "신시기 정법 영역의 개혁 목표에 대해 정법체계는 더 높은 출발점에 서서, 새로운 돌파성을 가진 개혁을 추진하기 위한 획기적인 진전을 해 나가야 한다"고 밝혔다. 그리고 회의에서 시진핑은 "악독한 범죄 세력을 소탕하고 배후 세력까지 모두 없애야 한다"고 강조했다. 또 "단호한 의지와 행동으로 부패를 제거하고 집단에 해를 끼친 사람은 단호히 배제해야 한다"면서 "3개년 목표를 세워 악독 범죄 세력과 배후 세력 제거에 중점을 둬 근본적으로 소탕해야 한다"고 주문했다. 이후 구이저우성 구이양의 보육원 정문 앞에 "작을 때부터 조속히 쳐버리듯이 '검은 악마 세력'을 싹이 움틀 상태부터 소멸시키자(堅持打早打小、將黑惡勢力消滅在萌芽狀態)"라는 구호의 사진이 걸려 있었다.

(5) 전국종교공작회의(全國宗教工作會議)

시진핑은 2016년 4월 22일 베이징에서 열린 전국종교공작회의에 참석해서 "8천만 공산당원은 절대 종교 갖지 말라"고 하였다.

> 学习习近平总书记在全国宗教
> 工作会议上的讲话精神
>
> 시진핑 총서기의 전국종교공작회의에서의 연설 정신 학습

시진핑은 "공산당원은 굳건한 마르크스주의 무신론자가 돼야 하며 절대로 종교에서 자신의 가치관과 신념을 추구해서는 안 된다"고 말했다. 중국중앙(CC)TV 등에 따르면 시진핑은 전국종교공작회의에서의 '중요 연설'을 통해 "새로운 국면에서 우리는 중국 특색의 사회주의 종교 이론을 견지하고 발전시켜야 한다."고 하였다.

시진핑은 "외부 세력이 종교를 이용해 (중국에) 침투하는 것을 단호히 막아내고 종교적 극단주의 사상에 의한 침해를 방지해야 한다"고 주장하였다. 그리고 "모든 종교는 '당의 영도'를 따라야 한다"는 점도 강조했다. 또한 "종교는 행정, 사법, 교육 등 국가의 각종 직능에 간섭할 수 없고, 정부는 국가 이익과 공공 이익에 관련된 종교 문제를 법에 따라 관리할 수 있다."고 말했다. 중국이 최고 지도부가 참석하는 '전국종교공작회의를 개최한 것은 매우 이례적인 일이다.

중국 '홍콩영도소조'

　중국공산당은 홍콩 업무를 총괄하는 기구를 기존의 '협조소조'에서 '영도소조'로 한 차원 격상시켰다. 2020년 6월 4일 신화통신은 한정(韓正) 상무위원이 캐리 람(林鄭月娥) 홍콩 행정장관을 접견했다는 기사를 송고하면서 한정 상무위원을 '중앙 홍콩·마카오 공작(업무)영도소조 조장'으로 호칭했다.

　중국공산당은 2003년 '홍콩·마카오 공작협조소조'를 출범시켰다. 현재 홍콩·마카오 업무를 책임지는 한정 상무위원은 2018년부터 공작협조소조의 조장 직을 맡았다. '공작영도소조'는 중국공산당이 국가 차원에서 다뤄야 할 핵심 정책의제를 담당하는 위해 두는 상설 협의 조직으로 '위원회' 다음으로 위상이 높다. 이와 관련하여 전문가들은 홍콩 업무 담당 조직 격상이 중국 지도부가 홍콩 문제를 더욱 중요시하고 있음을 보여주는 것이라고 보았다.

(6) 중앙도시공작회의(中央城市工作會議)

　2015년 12월 20일에 개최된 중앙도시공작회의는 개혁개방이 시작된 1978년에 첫 회의를 연 이후 두 번째로 개최되었다. 37년 만에 소집된 중앙도시공작회의에서 "2020년까지 도시 내 판자촌과 성중촌(城中村), 넘어질 위험이 있는 주택에 대한 개조 작업을 기본적으로 완성하겠다."고 밝혔다.

　또, 회의에서는 "도시공작은 하나의 계통적인 공정"이라고 하였다. 도시공작의 새로운 추세에 순응해야 하고, 개혁 발전의 새로운 요구와 인민군중의 새로운 기대에 인민을 중심으로 한 발전사상을 견지해야 하고, 인민을 위한 인민의 도시를 견지해야 한다고 하였다. 동시에 집약적인 발전을 하려 한다면 국정입각, 자연존중, 자연순응, 자연보호 등을 통해 도시의 생태환경을 개선해야 한다"고 하였다. 지도부는 "개혁개방 이래 역사상 가장 규모가 크고 가장 속도가 빠른 도시화 과정을 경험했고, 세계가 주목할 만한 성과를 얻었다"며 앞으로 환경과 삶의 질이 반영된 '중국 특색의 도시 발전'을 추구해야 한다고 강조했다.

(7) 중앙전면의법치국공작회의(中央全面依法治國工作會議)

2020년 11월 16일부터 이틀간 베이징에서 중국공산당 처음으로 중앙전면의법치국공작회의가 개최되었다. 시진핑은 회의에서 중국 특색의 사회주의 법치의 길을 굳건하게 계속 갈 것이며, 사회주의 현대화 국가를 전면적으로 건설하기 위해 힘 있는 법치를 보장해야 한다고 밝혔다.

시진핑은 "헌법에 따라 나라를 운영하고 헌법에 따라 집권해야 한다"면서 공산당은 자발적으로 헌법 범위 내에서 활동해야 한다고 강조했다. 이어 "모든 국가기관, 군, 정당 및 사회단체, 기업 등 모든 조직은 헌법에 근거 활동해야 하며, 또 헌법을 수호하고 실시해야 할 책무가 있다"며 "의헌치국(依憲治國)과 의헌집정(依憲執政)을 준수해야 한다"고 강조했다. 시진핑은 의헌치국과 의헌집정이 인민민주정치와 인민대표대회의 정체성을 유지할 수 있는 길이라고 덧붙였다.

시진핑은 "당의 의법치국에 대한 전면적 영도 견지, 인민 중심 견지, 중국 특색의 사회주의 법치의 길 견지, 의헌치국과 의헌집정의 견지, 법치의 길에서 국가치리시스템과 치리 능력 현대화 추진 견지, 중국 특색의 사회주의 법치체계 건설 추진 견지, 의법치국·의법집정·의법행정 공동추진 견지와 법치국가·법치정부·법치사회 일체화 건설 견지, 전면적으로 과학입법(科學立法)·엄격집법(嚴格執法)·공정사법(公正司法)·전민수법(全民守法) 추진 견지, 국내 법치와 외부 법치의 통일

추진 견지, 덕재(德才) 겸비한 질 높은 법치공작 대오 건설 견지, 영도 간부 '핵심 소수' 양성 견지"라는 11가지 사항을 강조하였고, 이와 관련한 내용들을 주요 언론에서 자세히 보도했다.

시진핑 국가지도자로서는 최초로 헌법 선서를 하다

시진핑은 2018년 3월에 개최되었던 제13차 전인대 제1차회의 5차 전체회의에서 국가주석과 국가 중앙군사위원회 주석으로 선출되었다. 왼손은 헌법 위에 올려두고, 오른손으로 주먹을 들어 올리며, 전체 인민대표를 바라보고 시진핑은 헌법선서를 하였다. 이는 중국 최고지도자가 최초로 헌법 선서를 한 것이다. 선서 내용은 다음과 같다.

"나는 선서한다. 중화인민공화국 헌법에 충성하고, 헌법의 권위를 수호하고, 법정의 직무상 의무를 이행하며, 조국에 충성하고, 인민에 충성하며, 직무를 끝까지 수행하며, 청렴하게 공무를 수행하며, 인민의 감독을 받으며, 부강민주문명과 화합하고 아름다운 사회주의 현대화 강국의 건설을 위하여 열심히 분투한다!"

제4장 중국 경제

    과거 2000년 역사에서 중국이 세계 시장에서 차지하는 비중은 20 ~30% 수준으로 지난 180년 동안을 제외하면 세계경제의 최선두에서 있었다고 할 수 있다. 그러나 아편전쟁 이후 몰락을 계속해 온 중국은 1978년 개혁·개방 이전까지 세계경제의 1%에 지나지 않게 된다. 1978년 12월에 개최된 제11차 3중전회에서 개혁개방을 선언하고 지난 40년간 중국의 성장은 기적에 가깝다. 세계 최대 경제대국 미국과 어깨를 나란히 하고 있기 때문이다. 멀지 않아 미국을 추월할 것으로 예측되고 있으나 앞에 가로놓인 장벽 또한 만만치 않다. 이 글에서는 중국의 과거와 현재를 진단해 보고 미래의 중국을 예상해 보고자 한다.

1. 전통 시대와 개혁개방 이전의 중국 경제

1) 전통경제 시대: 명·청 시기

세계 경제사에서 보면 적어도 유럽에서 산업혁명이 성공하기 전까지는 중국과 인도의 시대라고 해도 과언은 아닐 것이다. 두 국가가 전 세계 GDP의 약 절반을 차지하며 세계경제의 축을 형성하고 있었다.

중국의 GDP는 청나라 후반이던 1820년에 전 세계 GDP의 32.9%를 차지하고 있었다. 당시 유럽 전체가 약 23%, 신생국 미국이 약 1.8%를 차지하고 있었다. 그러나 1840년에 발생한 아편전쟁에서 영국에게 패배하면서 중국경제는 빠른 속도로 추락하기 시작하여 청나라가 멸망한 직후인 1913년에는 중국의 GDP가 전 세계 GDP의 9% 수준으로 급격하게 추락한다. 아편전쟁 패배로 인한 전쟁 배상금이 국가 경제에 크게 영향을 미친 것도 있었지만, 청나라 경제의 몰락은 영국에서 시작된 18세기 산업혁명에서 배제되면서 이미 예견된 것이었다. 산업혁명에 성공한 유럽은 1900년에 이미 중국을 크게 앞서 있었다.

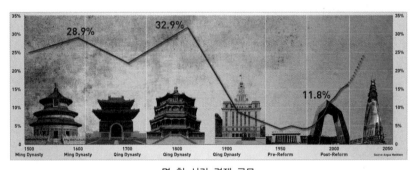

명·청 시기 경제 규모

고대 중국의 경제 규모

고대 중국의 경제 규모에 대해 경
제사학계에서는 일반적으로 한대(漢
代) 26%, 당대(唐代) 58%, 송대
(宋代) 80%, 명대(明代) 55%, 청
대(淸代) 35~10%로 추정하고 있으

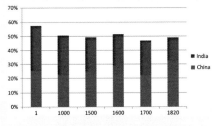

나 메디슨 프로젝트의 앵거스 매디
슨 교수에 의하면 서한 26.2%, 송대 22.7%, 명대 29.2%, 청대 32.9%로
추산하고 있다. 10세기까지는 인도가 세계경제의 가장 큰 부분을 차지하였으나
11세기 전후 중국의 인구가 급속하게 증가하고 송대 농업 및 상업의 비약적인
발전으로 17세기 경 인도의 인구를 추월하면서 19세기까지 세계 최대의 부국
으로 자리를 지키게 된다.

2) 계획경제 시대: 마오쩌둥 시대

(1) 스탈린식 계획경제 모델

1949년 중국은 사회주의 계획경제를 완성하기 위해 농민적 토지소
유제라는 토지 개혁을 실시하여 1952년에 이르면 1949년 대비 식량
증산이 40% 이상 증가한다. 1949년 건국 이후 중국의 경제 정책 목표
는 낙후된 농업국에서 벗어나 선진 공업국으로 나아가는 것이었으며,
이러한 목표 아래 1953년부터 대규모 공업화 건설이 시작된다. 소련
이 제1차(1928~1932), 제2차(1933~1937) 5개년 계획의 실시로 농업국에
서 신흥공업 강국으로 부상하자 소련 모델은 중국으로 하여금 적절한
벤치마킹 발전 모델로 시간과 비용을 절약할 수 있게 해 주었다. 공업
투자의 약 반 정도가 소련으로부터 수입한 기자재이거나 소련 설비의

공장시설을 지원하는 용도의 국내 프로젝트였다.

스탈린형 개발전략에서 채택된 계획제도는 중앙집권형 계획체제다. 즉, 자원 배분에 관한 결정권을 가능한 한 중앙에 집중시켜 중앙과 기업, 소비자 사이를 지령과 보고의 수직적 의사결정기구로 연결하는 계획제도이다. 1차 5개년 계획 기간(1953~57) 동안 주로 소련의 스탈린식 계획경제 모델에 입각한 중앙집권적 물자 배분체계를 운용했으나, 절대다수의 농업인구, 지역 간 경제 환경의 격차, 사회간접자본이 미비라는 중국의 실정으로 인해 소련 모델의 비효율성을 체감하게 된다.

계획(計劃)과 규획(規劃)

10차 5개년 계획까지는 '계획(計劃)'으로 명명했으나 계획경제의 색채를 희석시키고 시장 기능 강조를 위해 2006년 11차 5개년 시기(2006~2010)부터 기존의 '계획'에서 '규획(規劃)'으로 수정했다.

1950년대 스탈린 사후 소련에서의 스탈린 격하운동은 그의 추종자였던 마오쩌둥을 소련공산당으로부터 돌아서게 되는 계기가 된다. 결국 중·소 분쟁으로 이어지고 중국에 대한 소련의 원조 및 기술 지원이 중단되면서 마오쩌둥은 소련 모델에서 벗어나 마오쩌둥식 사회주의를 건설하기 위한 대약진운동으로 이어진다.

구분		생산과 분배의 운영 방식에 따라	
		시장경제	계획경제
소유 형태	자본주의	자본주의 시장경제 예) 미국 등	자본주의적 계획경제 예) 개발독재국가
	사회주의	사회주의적 시장경제 예) 중국	사회주의적 계획경제 예) 북한, 쿠바

(2) 대약진운동(大躍進, Great Leap Forward)

대약진운동 시기의 경제적 측면에서 보면, 과도하게 자원(특히 인적 자원)을 공업에 집중함으로써 산업 간, 특히 농공 간 균형을 파괴하고 농업 생산 기반을 와해시켰다. 게다가 이 기간에 가뭄 등 자연재해가 발생하여 농업생산이 급감하고 기근을 초래하였으며 인명 피해도 매우 심각하였다. 당시 대약진 동안 발생한 자연재해와 잘못된 명령으로 인해 기근은 4,000만 명 이상 아사(餓死)하였다. 특히 쓰촨과 구이저우에서는 1960년에 인구의 5%가 사망한 것으로 추산된다.

1957년 11월 13일자 중국 인민일보에 실린 사론(社論, 사설)에 "전 인민이 '40조 강요'를 익혀 농업 생산력을 극대화하는 데 매진하자(發動全民, 討論四十條綱要, 蹶起農業生産的新高潮)"이다. '40조 강요'란 1956년 마련된 농업 발전 목표로 1967년까지 식량 생산을 평균 250% 증산한다는 게 주요 내용이다.

마오쩌둥은 인민일보 사설과 류사오치의 언급을 구체화 해 1958년 5월 16일 제8차 2중전회에서 '대약진'의 개념을 제시했다. 초기에는 모든 게 순조로웠다. 대약진운동 원년인 1958년 알곡 생산은 처음으로 2억 톤을 넘어섰다. 당 지도부는 북한에 주둔하던 중공군 25만 명도 노동력 확충을 위해 중국으로 철수시켰다. 중공군 철수는 중국 내 경제집중화뿐만 아니라 당시 안보위협 및 막대한 주둔비 부담 등 복합적 요인이 존재

전국에 100만개가 넘는
토법고로(土法高爐, 재래식 용광로)가 설치되었다

한다.

1958년 8월 중공 중앙은 정치국확대회의를 개최하였고, "중공중앙 정치국확대회의가 전 당 전 인민에게 강철 1070만 톤 생산을 위해 분투할 것을 호소한다(中共中央政治局擴大會議號召全黨全民爲生産1070萬 吨鋼而奮鬪)"는 공보를 발표했다.

지역마다 세워진 집단 농장 겸 농공 병행 회사인 인민공사에 소집 된 농민들은 경작지를 개간하고 댐 건설 등 대규모 수리 공사에 나섰 다. 중공 당국은 영국과 맞먹는 연산 1070만 톤의 철강을 생산했다고 발표했다. 그러나 제강공정(탄소 및 불순물 제거)을 거치지 않은 깨지기 쉬운 무쇠(선철)로 품질이 낮아 사용할 수 없었다.

중앙에서 지시한 대로 전 인민이 동원돼 '곡식을 훔쳐가는 참새'의 씨를 말리는 통에 병충해가 들끓었다. 결국 1960년 수확량은 1억 4800 만 톤으로 떨어졌다.

마오쩌둥은 1955년 농촌에 현지 지도를 나갔다가 참새를 보고는 "참새는 해로운 새이다(麻雀是害鳥)"라고 하였다.

1955년 12월 21일 중공중앙은 전국 각 성에 "농업 17조(農業十七條)"를 하달하였다. 제13조는 "쥐, 파리, 모기, 참새를 모두 박멸한다."는 내용이었는 데, 일부 과학자들은 참새와의 전쟁이 생태계의 불균형을 초래할 것이라고 주장 하였으나 정부는 농민의 경험을 더 중시했다.

1956년 1월 23일 중공중앙정치국은 토론을 거쳐 농업 17조를 40조로 확대 보완하였는데, 정식 명칭은 "1956년부터 1967년까지 전국 농업 발전 강요(초 안)(一九五六年到一九六七年全國農業發展綱要(草案))"이었다. 동년 1월 26일 인민일보는 초안 전문을 전국에 발표하였다. 본 초안을 근거로 하여 각 지역에 서는 실천에 옮겼다. 초안의 제17조에는 "4해를 제거하는데, 1956년부터 시작 하여 5년, 7년 혹은 12년 내에 모든 가능한 지역에서 기본적으로 쥐, 참새,

파리, 모기를 제거한다."라고 하였다.

1958년 3월 중순, 정부의 위생 관련 부서에선 경쟁적으로 쥐, 참새, 파리, 모기의 박멸 기한을 앞당겼다. 중앙지도부의 지시를 따라 지방정부들은 4해(四害)를 소탕하는 목표 기한을 발표했다. 베이징은 2년, 허난성은 3년, 상하이는 3~5년, 장쑤성은 4년, 산둥성, 산시성(산서성), 저장성, 푸젠성, 광둥성, 윈난성, 간쑤성, 헤이롱장성은 5년, 안후이성은 5~8년이었다.

1959년 12월 29일에서 1960년 1월 9일까지 중국과학원은 '참새 문제 좌담회'가 개최했다. 전문 연구팀은 참새의 이로움을 집중적으로 부각시켰다. 1960년 3월 18일 마오쩌둥은 저장조사연구(浙江調研)에서 "중공중앙의 위생공작에 관한 지시(中共中央關於衛生工作指示)"를 발표하였는데, 내용에는 "참새는 더 이상 죽이지 말라. 참새 말고 이제는 빈대를 잡아라. 구호는 '쥐(老鼠), 빈대(臭蟲), 파리(蒼蠅), 모기(蚊蟲)를 제거하라!'이다."라고 하였다.

(3) 3선건설(三線建設)

1960년대 초반 중국 경제의 기본 성격은 대약진 기간의 폐해와 소련과의 갑작스러운 단절은 중국 경제의 발전에 중대한 변화를 초래하였다. 소련과의 단절은 중소분쟁뿐만 아니라, 베트남 전쟁의 발발에도 영향을 미쳤다. 이러한 군사화 전략으로 '3선건설'이라고 불리는 내륙지방 공업건설이 시행됨으로써 대규모의 공업투자가 입지의 경제성에 대한 고려 없이 쓰촨이나 구이저우 등의 서남부 내륙에 집중되었다. 내륙 공업기지는 본래 연안 중국에 대한 군사적 침략이 발생할 경우에도 독립적으로 운영이 가능한 지역적 공업체제를 구축하고자 하는 것이었다. 이러한 과정의 결과 경제에 막대한 낭비를 초래하게 된다.

1964년 하반기, 중국 정책결정자들은 국제정세에 따라 전쟁 준비를 해야 한다는 의견을 제시했다. 같은 해 8월 21일 정부 내 국가건설위원회(國家建委)는 베이징에서 '1, 2선 이전회의(一、二線搬遷會議)'를 열어 '넓게 분산하고 작게 집중하라(大分散, 小集中)'는 원칙을 제정했다. 곧 소수 국방 첨단 항목으로 "산을 끼고, 분산하고, 은폐한다(靠山、分散、隱蔽)"가 제시되었다.

전쟁에 대비해 '삼선(三線) 지역'은 공업시설을 분배받았다. 3선이란 중국 전역을 세 부분으로 나눈 것을 일컫는다. 1선 지역은 베이징, 상하이, 톈진, 헤이룽장성, 지린성, 랴오닝성, 네이멍구, 산둥, 장수, 저장, 푸젠, 광둥, 신장, 시짱이다. 3선 지역은 쓰촨(충칭 포함), 구이저우, 윈난, 산시(섬서), 간수, 닝샤, 칭하이 및 산시(산서), 허베이, 허난, 후난, 후베이, 광시 등이다. 1선과 2선 사이에 있는 지역이 2선이다.

충칭 푸링(涪陵) 바이타오제다오(白濤街道)에 위치한 '816 프로젝트' 지하 핵 시설은 '3선건설' 당시의 핵무기 제조기지 중 한 곳이며 총 건축면적은 10.4만m^2에 달하고 이곳에는 18개의 대형 동굴과 10개의 도로, 터널, 갱도 등이 포함되어 있다.

충칭(重慶) 푸링(涪陵) 바이타오제다오

이런 변화로 다음의 세 가지 측면에서 파악될 수 있다. 중국 경제는 첫째, 군사화되었으며, 둘째, 기술 흡수의 측면에서 고립되었고, 셋째, 중앙집권적 계획 능력의 약화와 분권화의 과정을 겪었다.

첫째 측면인 군사화는 지금까지 우방이던 소련과의 단절과 소련으로부터의 군사적 위협에 대한 대응이었고, 둘째 측면인 기술적 고립은 소련 기술의 수입 중단과 서방국가와의 교류 부재에 기인한 것이다. 셋째 측면인 분권화는 중앙정부 역할의 약화에 따른 것이다. 분권화는 중국이 자신의 경제를 군사화하고 기술적 고립에 대처하는 방법이었다.

2. 개혁개방 시대의 경제

마오쩌둥 시대 대약진과 문화대혁명을 거치면서 중국은 세계에서 가장 가난한 나라 중 하나로 전락한다. 개혁·개방 시대가 시작된 1978년까지 중국은 여전히 매우 가난했다. 인구의 거의 90%가 절대 빈곤에 처했으며 세계경제에서 차지하는 비중은 1.5%에 불과했다. 1인당 소득은 미화 300달러 수준으로 당시 미국의 5%에 불과했다. 그와 같은 빈곤을 탈피해서 오늘날 세계 2위의 경제 대국으로 성장하는 데는 개혁·개방 정책으로 중앙계획 모델에서 벗어난 데 그 원인을

개혁개방 주요 일지

1978	개혁·개방 선언
1980	선전(深圳), 주하이(珠海), 산터우(汕頭), 샤먼(廈門)을 경제특구로 지정
1983	농가책임제 도입: 각 농가의 잉여생산물을 각자 처분할 수 있도록 허용
1984	상하이 등 동남부 연안 도시 개방
1987	중국공산당 13차 전국대표대회, 중국 사회주의 건설 노선의 이론으로 '하나의 중심, 두 개의 기본점' 채택
1992	덩샤오핑의 남순강화
1992	1992년 중국공산당 14차 전국대표대회에서 '사회주의 시장경제' 공식화
1997	국유기업 개혁 본격 추진
2001	WTO 가입
2004	사유재산권 보호조항을 헌법에 명문화
2005	상하이 푸둥지구 종합개혁시험구 지정
2006	톈진 빈하이신구 종합개혁시험구 지정
2006	성장과 분배의 균형을 강조한 '조화사회' 건설 발표
2007	물권법 시행: 개인의 사유재산권 인정, 사유재산권 보호 규정

찾을 수 있다.

1978년 12월 제11차 3중전회에서 덩샤오핑을 중심으로 하는 반좌파 연합세력은 마침내 당내 다수파를 장악, '역사적 노선 전환'을 선언함으로써 중국은 마오쩌둥 시대와 전혀 다른 개혁의 시대로 전환하게 된다. 덩샤오핑을 중심으로 하는 개혁세력은 제11차 3중전회에서 우선 경제 발전과 4개 현대화를 당과 국가가 추구해야 할 최고 최대의 과제라고 선언하고, 이를 위해 사상해방, 체제개혁, 그리고 대담한 문호개방을 추진해야 한다고 주장하였다.

1978년 실권을 잡은 덩샤오핑은 제11차 3중전회에서 '선부론'을 주장하며 '빈곤은 사회주의가 아니며 공산주의도 아니다'라며 현대화를 주장한다. 중국공산당은 제11차 3중전회에서 개혁개방 정책을 정식으로 채택하였고 국가건설 현대화라는 목표를 설정하게 된다. "사회주의를 핵심으로 하되 경제는 사회주의 계획경제와 자본주의 시장경제 두 체제를 병행할 수 있다"는 것이었다. 덩샤오핑은 낙후된 중국의 공업, 농업, 국방, 기술 등 4개 분야를 발전시키기 위한 '4개 현대화'를 제시했다.

덩샤오핑의 개혁개방으로 '죽(竹)의 장막'이 걷히면서 중국의 대외개방은 급속하게 진행된다. 대외 개방의 첫 단계로 4개 특구를 설치하게 된다. 중국은 우선 경제 특구를 발전시키고, 성과가 있으면 연해

선부론(先富論)

1978년 12월 13일에 열린 중국 공산당의 '중앙공작회의'에서 덩샤오핑은 "일부 지역과 기업, 개인이 먼저 부자가 되게 해야 한다"는 선부론을 주장한다. 선부론은 12월 18일에 열린 제11차 3중전회에서 '개혁개방 선언'으로 이어졌고, 그 후 20년간 경제 발전의 핵심 이론으로 자리 잡게 된다.

지역으로 그 개방의 폭을 넓히고, 다시 내륙으로 개방과 발전 지역을 넓혀가고자 하는 점진적 개방 정책을 사용했다. 점(點)에서 선(線)으로, 다시 면(面)으로 확장시키는 점진적인 개방 정책의 첫 시험대가 바로 이 경제 특구였고, 대대적인 성공을 거두게 된다.

1) 덩샤오핑 시대

(1) 농촌 개혁

대약진부터 이어진 경제적 궁핍과 문화대혁명 과정에서 형성된 반좌파 세력은 마오쩌둥의 사망을 계기로 실용주의 노선을 걸었던 덩샤오핑을 중심으로 집결되어 1978년 제11차 3중전회에서 에서 당의 주도권을 장악하고, 사상해방과 경제 발전, 그리고 경제 구조와 정치체제의 개혁을 표방하면서 중국적 사회주의의 건설을 추진하게 된다.

농촌 지역에서는 '자본주의적 요소'라고 비판의 대상이 되었던 농민들의 개인 부업과 자유시장을 허용하고, 개별 농가에게 농업생산책

인민공사(人民公司)의 해체

인민공사(人民公司)는 낙후된 농촌문제를 해결하기 위해 대약진운동 기간 중인 1957년 최초로 조직되었다. 인민공사는 공사, 생산대대, 생산대, 가정 4부분으로 구성되어 있다. 중국 당국은 인민공사를 통해 농촌에서 집단소유제와 전인민소유제를 실시하였다. 공동생산, 공동분배 하에서 사적 영리 추구라는 인센티브가 사라지면서 생산성이 떨어져 마오쩌둥의 이상주의 실험은 농민 전체를 가난으로 내몰았다. 개혁·개방 이후 농가생산책임제 실시로 잉여 농산물에 대해 자율적인 처분이 가능하면서 생산성은 급속하게 증대된다. 이러한 성과에 힘입어 인민공사는 '구시대의 유물' 전락하여 1984년 공식적으로 해체되게 된다.

임제를 실시함으로써, 인민공사제도를 와해시키는 정책 전환을 실시하였다. 또한 개혁개방 정책을 통해 외국으로부터 자금과 기술 도입을 적극적으로 추진하기 시작하였다. 중국 정부는 개별 농가나 소규모 생산 집단에게 보다 많은 경제적 자율권을 부여함으로써 농촌경제를 활성화하려고 하였다. 농민들에게 사적 경제 영역을 확대 허용하였다. 중국 지도부는 개별 농가에게 일정한 경작지를 할당하고, 농업생산책임제를 부분적으로 허용하였다. 농업생산책임제는 토지와 주요 생산 수단에 대한 집체 소유권을 변경하지 않으면서도 그 사용권을 개별 농민들에게 부여하는 것이었다.

개혁개방 이후의 농촌경제 개혁은 일반 농민들의 적극적인 호응을 불러 일으켰으며, 중국 농촌사회를 활성화시키고, 농촌경제의 비약적인 발전을 촉진하기 시작하였다.

그런데 중국 농촌사회에서는 이전보다 소득 수준이 향상되면서 금전만능주의가 팽배해지는 현상이 나타났고, 공동체의식이 파괴되고 계층 간, 지역 간 불평등이 초래되는 사회적 문제가 등장하였다.

(2) 기업 개혁

개혁개방 이후 중국 지도자들은 국영기업에도 생산책임제를 확대 적용하고자 하였다. 개혁을 강조하는 지도자들은 '계획적 상품경제론'을 제창하면서 상품경제의 발전과, 시장과 계획의 결합을 통하여 중국경제의 활성화를 목표로 설정하였다. 국영기업을 비롯한 도시 부문의 경제 관리체제를 전면적으로 개혁하려는 청사진을 제시하였다.

1984년 이후 개혁파들은 경제 계획, 경제 관리, 가격 및 임금 구조의 개편에 착수하였다. 즉 계획경제의 영역을 축소 조정하고, 시장경제

1962: 흰 고양이든 검은 고양이든 쥐를 잡는 게 좋은 고양이다.

1974: 중국은 영원히 패권을 추구하지 않을 것이다.

1978: 과학기술은 제일의 생산력이다.

1982: 중국 특색의 사회주의를 건설하자.

1984: 하나의 나라 두 개의 정치체제를 건설하자.

1985: 일부 사람이 먼저 부자가 되도록 허용하자

1987: 가난이 사회주의는 아니다.

1992: 발전이 곧 불변의 진리다.

1992: 계획이 곧 사회주의가 아닌 것처럼 시장이 곧 자본주의도 아니다.

의 영역을 점차로 확대하는 조치를 취하였다. 가격 정책에 묶여 있던 상품을 대폭적으로 감축하였고, 민간기업 부문을 활성화할 수 있는 방안을 모색하였다. 뿐만 아니라 국영기업에서도 소유와 경영을 분리하여 경영의 합리화와 자율화를 확대하려고 하였다.

(3) 치리정돈(治理整頓)

개혁개방이 전개되는 과정에서 경기 과열과 통화 팽창, 인플레이션의 문제가 발생했고, 1988년에 들어와서는 매우 심각하게 전개되었다. 1988년 중국의 인플레이션은 17.7%에 달했고, 주요 도시의 경우에는 30%가 넘었다. 일부 지역에서는 사재기와 투기 현상이 나타나면서 사회 혼란과 불안이 가중되었다.

1988년 9월에 개최된 제13차 3중전회에서 경제 환경의 정비와 경제 질서의 정돈을 강조하는 정책을 채택하였다. 이때 새로운 실무관료 경제팀이 등장하여 가격 개혁을 연기하고, 긴축 정책을 실시하기 시작하였다. 이러한 과정에서 정치·경제 안정을 강조하는 보수파와 개혁 심화를 주장하는 개혁파 사이에 논쟁이 격화되었다.

진보적인 지식인들은 보수화로 기울고 있는 개혁 정책에 대한 불만을 공개적으로 표명하기 시작하였다. 게다가 소련에서 전개되고 있는 고르바초프의 혁명적 페레스트로이카 정책과 동구에서의 변혁운동이 알려지면서 중국의 비판적 지식인들은 경제 개혁의 심화와 더불어 보다 과감한 민주화를 지향하는 정치체제의 개혁을 요구하였다. 후야오방의 사망 이후 지속적인 학생운동은 보수적인 지도자들을 자극하였다. 이와 같은 상황에서 1989년에 천안문사건이 폭발하게 되었다. 6·4천안문사건 이후 보수파들은 개혁개방의 심화보다는 정치사회와 경제적 안정을 더욱 강조하였다. 즉 중국의 새로운 지도층은 안정과 단결이 모든 것보다 우선한다고 역설하면서 장쩌민을 중심으로 하는 새로운 지도체제를 강화, 안정화시키려고 하였다.

'반자산계급 자유화운동'을 전개하면서 사회주의 체제의 우월성을 강조하는 사상교육운동을 대대적으로 전개하였다. 그리고 '치리정돈'의 정책 노선에 따라 경제환경의 안정과 경제질서의 정돈을 적극적으로 추진하였다.

중국의 지도부는 경제 안정과 긴축재정 정책을 실시하고, 중앙의 통제력을 강화하면서도 제한된 범위에서 개혁과 개방의 심화를 전개하였다. 즉 일부 상품에 대하여 가격 조정과 가격 자유화를 단행하여 가격 메커니즘의 적용 범위를 점차 확대하는 가격 개혁을 지속적으로 추진하였다.

그리고 자오쯔양이 제기했던 연해 지역의 경제 발전 전략을 다시 강조하면서 외국 자본의 투자환경 개선을 위한 제도 개선도 실천하였다. 예를 들면 "외자기업에 의한 토지 종합 개발 경영에 관한 잠정 규정" 등을 제정하였고, 사회주의 국가로서는 처음으로 증권거래소를 상하이와 선전(深圳)에 개설하였다. 상하이의 포동지구(浦東地區)와 하이난성의 양포(洋浦)개발구 등을 건설하였다.

1992년 초 덩샤오핑이 선전과 광둥성을 순회하면서 '경제 발전 우선, 개혁과 개방의 가속화, 그리고 개혁개방에 반대하는 좌파에 대한 경고'를 강조했다는 '남순강화'가 발표되면서 보수파에 대한 개혁파의 정치 공세가 강화되었다. 1992년 10월에 개최된 제14차 전국대표대회에서 '사회주의 시장경제'를 표방하면서 본격적으로 전면적인 개혁, 개방화를 추진하기 시작하였다.

(4) 남순강화(南巡講話)

1989년 6·4천안문사건으로 중국의 개혁개방 정책이 주춤거리기 시작했지만, 1992년 1월 덩샤오핑이 선전, 주하이(珠海) 등 경제 특구와 상하이를 순방하면서 행한 이른바 '남순강화'를 계기로 개혁·개방은 다시 탄력을 받는다.

1992년 88세의 덩샤오핑은 "개혁개방은 대담하게 시도해야지, 전족을 한 여인처럼 걸어서는 안 된다. 바로 본 것은 대담하게 시험하고 대담하게 밀고 나가야 한다", "기본 노선(개혁개방)은 100년 동안 견지돼야 한다. 동요가 있어서는 안 된다"라는 연설을 통해, 당시 중국 사회에 대해 전면적 정치적 각성을 촉구한다. 이것이 이후 중국 개혁·개방 정책의 이론적 기초를 제공하는 이른바 '남순강화'다.

덩샤오핑의 '남순강화'의 주요 내용은 이른바 '삼개유리어(三個有利於) 표준'으로 집약된다. 중국이 가는 길이 자본주의의 길이냐 아니냐를 따질 게 아니라 세 가지 방면에서 어떻게 우위를 차지할 것이냐가 중요하다는 내용이다. 첫째 사회주의 생산력의 발전, 둘째 사회주의 국가의 종합 국력의 강화, 셋째 인민생활 수준의 제고. 이 세 가지 측면에서 유리한 것이 곧 현재 중국에 유리한 것이고, 가야 할 길이라는 것이다.

중국은 사회주의 중에서도 아직은 낮은 단계의 사회주의에 있는데, 이러한 초급 단계 사회주의에서 부득이하게 자본주의적 요소들 또는 시장기제들을 도입할 수밖에 없다는 것이 중국 특색의 사회주의 초급 단계 이론의 핵심이다. 이러한 초급 단계에서 일반적 사회주의로 넘어가기 위해 제시한 것이 '사회주의 시장경제체제'이며, 이것의 주요 기준이 '삼개유리어 표준'이라는 것이다.

2) 장쩌민과 후진타오 시대

(1) 장쩌민 시대

① 지도성 계획

장쩌민 정부 시기는 기존 계획 부문이 점진적으로 해체되고 시장이 경제 운영의 중심 원리로 정착되는 단계이다. 국가의 역할은 경제 전체에 대한 직접적 계획(지령성 계획)으로부터 거시경제 조절의 영역(지도성 계획)으로 축소되었고, 국유기업의 기업지배 구조와 금융 부문을 개혁함으로써 이들을 정상적인 자본주의 경제 주체로 전환하기 위한 시도가 지속적으로 추진되었다.

외국인 직접투자가 초기의 화교 자본에서 미국, 일본 등 선진국으로 확대되면서 수출 부문의 비약적 팽창과 내수시장의 동반 성장이 가속화되었고, 중국의 산업 구조 및 수출 구조도 이전의 노동집약적 산업에서 점차 자본·기술집약적 산업으로 고도화되는 경향도 나타나게 된다.

장쩌민 정부 시기에 발전 국가적 성장 모델이 확립·강화되면서 고도성장을 이뤄냈다. GDP성장률은 1992년 14.2%를 필두로 1995년까지 매년 두 자릿수 성장률을 달성했다. 3년 만에 GDP규모를 두 배 이상 끌어올렸다. 그리고 투자율(GDP 대비 총고정자본형성비율)은 1990년대 내내 35%대의 고투자를 지속했으며, 수출성장률도 1990~1995년 19%, 1996~2000년 11%를 기록했다. 1990년대 후반에는 동아시아 외환위기의 여파로 다소 하락했다.

② 사회주의 시장경제론

사회주의 시장경제론은 1992년 제14차 전국대표대회에서 제기되어 1993년 3월 29일 제8차 전인대에서 개정된 헌법에 명기됨으로써 중국의 경제체제 개혁의 목표로 확립되었다. 1993년 제14차 3중전회에서 "중공중앙의 사회주의 시장경제체제의 약간의 문제에 관한 결정"을 통과시켰다.

1982년 신헌법 제15조는 "사회주의적 공유제의 기초 위에서 계획경제를 실시"하며, 국가는 "계획경제의 종합적 균형과 시장 조절의 보조 기능을 통하여 국민경제의 균형 발전을 보장한다"고 규정하고 있다.

구헌법은 제15조에서 경제체제를 '계획경제'로 규정하고 국가의 종합계획을 근간으로 시장경제를 보조적으로 활용하여 국민경제의 소비와 투자, 각 산업 간의 균형을 조정하면서 발전한다는 것을 기본 방침으로 정하고 있었다.

그리고 신헌법 17조에서는 '사회주의 시장경제'체제 하에서 정부가 경제 입법과 거시경제적 수단을 사용하여 경제를 운용한다고 규정하였다. 신헌법에서는 생산 자료를 국가가 경영하되 경영은 기업이 담당하는 국유경제로 전환한 것인데, 이를 '사회주의 시장경제'라고 한다.

제14차 전국대표대회에서 장쩌민이 제기한 사회주의 시장경제는 다음과 같다.

(1) 사회주의적 시장경제체제는 사회주의 국가의 거시적 통제 하에서 시장이 자원 배분의 기초적 역할을 맡음으로써 이에 기초해 경제활동을 가치 법칙에 따르게 하고, 수요-공급 관계의 변화에 순응하도록 하는

것이다.

(2) 사회주의 시장경제체제는 사회주의의 기본 제도와 결합되어 있으며 소유제 구조에서 전인민적 소유와 집체 소유를 포함한 공동 소유를 주체로 하고 개인경제, 사영경제, 외자경제를 보조적 소유제로 하여 여러 가지 경제 요소를 장기간 같이 발전시켜야 한다.

(3) 국가소유기업과 집체소유기업이 주도적 역할을 발휘하게끔 해야 한다.

(4) 국가계획은 거시적 조절, 통제를 위한 중요한 수단의 하나이다. 계획에 대한 관념을 바꾸고 계획의 방법을 개선해야 한다. 국민경제와 사회 발전의 전략적 목표를 합리적으로 확정하여 경제 발전에 대한 예측, 총량에 대한 조절, 중요 산업 구조와 생산력 배치에 대한 계획을 원만히 하고 필요한 자금과 물력을 집중하여 중점 건설을 수행할 필요가 있다.

(5) 분배제도상에서 노동에 따라 분배함을 주체로 하고, 기타 분배 방식을 보충으로 하여 효율과 공평을 겸하여 고려한다. 이러한 내용의 중국적 사회주의 시장경제는 기존의 공유제를 혼합형 경제의 틀 안에서 유지시키면서도 기업경영과 노동자 채용 및 가격제도에서 자본주의 개념의 수용을 거의 허용하고 있는 것으로 평가할 수 있다.

③ 국유기업 개혁

마오쩌둥 시대 국가와 국민에 필요한 상품이나 서비스는 대부분 정부가 직접 또는 부속기구를 통해서 제공했다. 국가가 국유기업에 대한 생산 목표치, 판매량, 가격 등 모든 공급 과정과 인사권에 이르기까지 전반적인 경영 활동에 대한 결정권을 행사하였으며, 모든 이윤은 국가로 귀속되어 관리되었다. 당시 국유기업은 상공업 생산의 대부분을 담당했는데, 국가의 계획에 따라 할당된 종업원과 원부자재를 이용하여 생산하고 계획에 따라 생산물을 인도하는 작업만 수행할 뿐 서구적 의미의 경영활동은 하지 않았다. 또한 국유기업의 종업원은 평생 고용 조건하에서 임금뿐만 아니라 종업원과 그 가족에게 주택, 의료, 자녀 교육, 연금, 치안까지 제공하는 사회적 기능을 담당했다.

1978년 개혁·개방을 계기로 중국 국유기업은 새로운 국면을 맞으면서 본격적인 개혁이 시작된다. 가장 핵심적인 개혁은 1979년 9월 국무원의 "국영공업기업 경영 관리 자율권 확대에 관한 약간의 규정(關於擴大國營工業企業經營管理自主權的若干規定)"을 통해 국유기업의 경영자율권을 확대하였다는 점이다. 이는 국유기업이 과거 중앙집권적 경제체제에서 벗어나 이윤을 추구하는 시장경쟁으로의 전환을 의미한다.

국무원의 국유기업 자율권 확대 방침과 함께 '방권양리(放權讓利)' 조치가 시행됨으로써 국유기업의 이윤의 유보가 일정 부분 허용되었다. 방권양리란 '기업자주권(企業自主權)'을 확대하고 이윤의 분배를 허용하는 것을 가리킨다. 기업 자주권의 확대는 생산 단위가 계획에 따른 생산량을 달성한 후 위탁 생산을 인수하거나 남는 물자나 생산품을 판매하고, 중간 관리자를 채용하는 등의 행위를 허용하는 것을 의미한다. 이윤의 분배는 생산 단위가 기업 내부 유보 이윤의 일부를 종업원의 상여나 복지를 위하여 쓰는 것을 허용하는 것을 말한다.

또한 1983~1984년 두 차례에 걸쳐 시행된 이개세(利改稅)제도는 국유기업의 이윤 유보와 함께 국유기업의 경영 책임 및 자주권의 확대를 가져왔다. 이개세 도입으로 흑자의 국유기업(중·대기업의 경우)은 이윤에 대해 55%의 소득세를 납부하고, 납세 후 이윤은 다시 일부는 국가에 상납하고 나머지는 내부 보유율에 의해 기업에 유보하게 된다.

1987년부터 소유권과 경영권('양권분리(兩權分離)')의 분리를 통해 국유기업을 시장 지향의 독립된 기업 실체로 바꾸려 하였다. 구체적으로 대·중형 국유기업에 대해서는 경영청부책임제를 광범위하게 실시하고, 소형 국유기업에 대해서는 민간에 의한 임대 경영을 실시하였다.

경영청부책임제란 기업의 소유권은 국유로 계속 유지한 채, 기업의 생산 및 경영 활동은 공개 경쟁에 의해 선정한 청부경영책임제에게 청부시켜(청부 기간은 보통 3~5년) 계약 시 책정한 이윤액을 매년 국가에 상납하게 하고, 나머지는 기업 내에 유보시켜 사용할 수 있도록 한 제도이다. '청부경영책임제(承包經營責任制)'의 도입으로 국유기업은 독립적인 경영 주체로서 기업 경영에 대한 권리와 의무를 갖게 되었다. 그리고 임대경영이란 기업의 국유제적 성질은 불변인 채로 국가가 임대자로서 기업을 임차자에게 빌려주고, 임차자는 계약에 따라 임대료를 국가에 납부하고 기업을 자주경영하는 제도를 말한다. 임대경영자는 임대한 기업자산의 일정 비율분에 해당하는 개인자산을 담보로 잡히고, 임대료를 체납한 경우에는 이 담보에서 배상한다. 대신 임대 경영의 실적이 양호하면 경영자는 종업원 평균임금의 5배 한도 내에서 높은 보수를 받을 수 있다.

1993년부터 시작된 2단계 국유기업 개혁은 현대기업제도로의 전환을 개혁의 방향으로 채택하고 시장경제의 요구에 부합하는 재산권 및 권리의 명확화, 정부·기업의 분리, 과학적인 관리가 그 주요 내용이다. 또한 1995년 제14차 5중전회에서는 국유기업 개혁 방향으로 조대방소(抓大放小: 큰 것은 쥐고 작은 것은 놓는다) 방침을 채택하여, 국가의 역량을 대형 국유기업에 집중하고, 효율성이 떨어지는 중소형 국유기업은 합병, 매각, 임대 경영, 파산 등의 다양한 방식으로 개혁하여 활성화시키겠다는 것이었다. 이후 1999년 제15차 4중전회에서는 정부의 주식보유제도를 인정하고 전략산업을 제외한 대·중형 국유기업을 주식회사로 전환한다.

2003년부터 후진타오가 집권하면서 3단계로 접어드는데, 이 시기 국유기업 개혁에서 가장 핵심적인 변화는 국유자산관리체계에 관한 개혁이다. 2003년 3월에 효율적인 국유자산 관리를 위해 국무원 산하에 국유자산관리감독위원회(이하 '국자위')를 설립하였고, 대형 국유기업의 민간자본 및 외국자본 유치가 가능해져 주식상장을 통해 자금을 마련할 수 있게 되었다. 국자위는 국유기업의 경영에 대해서는 직접 관여하지 않지만, 국가를 대신해 국유기업의 지분을 소유할 뿐만 아니라 국유기업 경영자의 임명권, 중앙정부에서 직접 소유·관리하는 국유기업의 자산 합병 또는 매각 추진 등을 추진할 수 있는 권한을 가지고 있다.

2013년부터 4단계 시진핑 집권기의 개혁 방향은 국유기업 구조 조정 가속화와 상장 추진을 통한 혼합소유제 추진으로 국유기업을 정리·통합하고 증시 상장으로 경영 투명성과 효율성을 높이려는 것이

랑구논쟁(郎顧之爭)과 철본사건(鐵本事件)

랑구논쟁이란 2004년 랑셴핑(郎咸平) 홍콩대 교수와 구추쥔(顧雛軍) 중국 거린커(格林柯爾) 회장 간에 벌어진 사건으로 랑셴핑 교수는 구추쥔 회장이 국유기업 민영화 과정에서 회계 조작을 통해 기업의 가치를 낮춘 혐의가 있다고 폭로했다. 이후 경영자 매수(MBO)가 중지되고, 주룽지(朱鎔基) 총리 시대부터 이어져 오던 국유기업 민영화 방식이 체계적으로 전환되는 계기가 된다. 그리고 '철본사건'은 정부가 國退民進(국영기업은 약화하고 민간기업을 육성하는) 기조를 강화한 대표적 사건으로 기업의 시장화와 민영화 개혁이 정체기를 맞게 된다. 장쑤성의 한 민영기업이 정부의 지원 하에 840만 톤 분량의 철강사업에 착수했지만, 사업이 1/4 이상 진행된 상황에서 국무원이 "국가 산업 간 중복을 방지한다"는 명목으로 돌연 사업을 중단시킨 사건이다.

목표다. 혼합소유제는 국유기업 지분을 민간자본에 개방해 국가자본
과 민간자본의 상호 투자를 활성화하겠다는 것이다. 그러나 민간자본
투자를 허용하는 형태로 국유기업 발전을 도모함으로써 결과적으로
자본력이 우세한 국유기업 중심의 공유제를 더욱 공고히 하는 조치로
이해할 수 있다.

(2) 후진타오 시대

① 서부대개발(西部大開發)

서부대개발에 대한 구상이 처음 일반에 공개된 것은 1993년 3월
장쩌민 총서기의 발언을 통해서다. 그리고 2000년 3월 전국인민대표
대회에서 주룽지 총리가 정부사업 보고를 하면서 서부대개발 추진을
대내외에 선포하였고, 서부대개발영도소조가 결성되었다. 동년 10월
서부대개발영도소조는 향후 10년간 적용되는 서부 지역에 대한 각종
우대정책을 제시하였다. 2001년 3월 전인대 '제10차 5개년 계획'을
발표하면서 정부정책으로 공식화되었다. 동년 8월 국무원은 "서부대
개발 정책 실시에 대한 의견(關於西部大開發若干政策施策的實施意見)"을
편제하고 2001년 12월에 확정 발표하였다.

그리고 서부대개발의 주요 프로젝트 4개는 "서전동송(西電東送, 서부
의 전기를 동부로 보냄), 남수북조(南水北調, 남부의 수자원을 북부로 보냄),
서기동수(西氣東輸, 서부의 천연가스를 동부로 보냄), 칭짱철도(靑藏鐵道,
시닝과 라싸를 연결하는 철도)"이다.

중국 정부가 서부대개발정책을 추진하는 배경에 대해서는 여러 견
해가 있다. 우선, 동부와 서부의 격차 해소를 위해서라는 관점이다.
1999년 서부 지역 GDP가 중국 전체에서 차지하는 비중이 17.5%에

불과했기 때문이다. 둘째는 서부 지역에 매장된 풍부한 자원을 개발하려는 목적이라는 견해이다. 서부 지역에는 석유, 가스, 광물자원, 수자원, 관광자원 등이 풍부하게 분포해 있다. 서부 지역의 천연가스와 석유 매장량은 중국 전체의 80.2%, 31.3%를 차지한다. 이외 망간 매장량은 1억 4,667만 톤으로 중국 전체의 62.6%를 차지하고, 크롬은 570만 톤(98.8%), 철광석은 65억 톤(28.7%)이 매장되어 있다. 그리고 중국 전체 수자원의 82.5%가 분포되어 있고, 수력발전에 이용되는 수자원의 77%가 분포되어 있다.

서부대개발정책은 개혁개방 이후 동부 연해 지역을 우선 개발하는 정책에 따라 동서 지역 간, 민족 간, 도농 간의 격차가 지속적으로 확대됨에 따라 국토의 균형 발전과 지속적인 경제 성장을 도모하기 수립한 국가적 과제다.

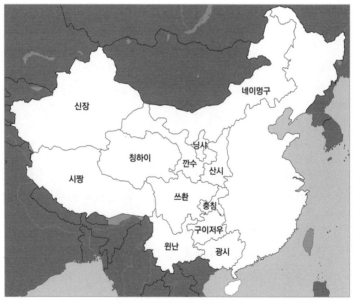

중국 서부대개발의 서부 지역

서부대개발의 대상은 중국 영토 3/4을 차지하지만 인구의 1/4만 거주하는 12개 지역이다. 서부대개발에서의 서부 지역은 충칭, 깐수성, 쓰촨성, 산시성(산서성), 구이저우성, 윈난성, 칭하이성 등 5개의 소수민족자치구이다.

서부 지역과 동부 해안 지역의 1인당 GDP 차이는 2000년 7천 위안에서 2018년 4만 위안으로 오히려 증가했다. 서부 지역 내에서도 각 성·시간의 불평등이 거의 좁혀지지 않았다. 인프라 투자 비중도 서부 지역은 21%에서 26%로 향상되었지만 동부 지역 투자는 52% 이상에서 42%로 줄었다. 하지만 정부의 적극적인 지원과 집중적인 투자에도 불구하고 서부 지역의 국가GDP 기여율은 2003년 17%에서 2016년 21%로 4% 증가하는 데 그쳤다.

② 균부론(均富論)

후진타오 정부의 경제 정책 기조는 경제 성장 우선에서 벗어나 균형 발전이나 질적 성장 등 새로운 산업화 전략을 제시한다. 2003년 10월에 "중공중앙 사회주의 시장경제체제 개선에 관한 약간의 문제에 대한 결정(中共中央關於完善社會主義市場經濟體制若干問題的決定)"을 발표했다. 여기에서 발전 전략으로 성장의 질(고용, 기술, 환경)을 중시하는 신형 공업화, 장기 성장을 위한 도농·동서·계층 간 균형 발전 전략, 공정 경쟁의 틀을 마련하는 경쟁 정책, 국유기업과 금융 부문의 구조조정의 지속 추진 등이 신지도부의 중점 사업으로 제시된다.

후진타오 정부의 발전 이념은 '과학발전관(科學發展觀)'이다. 이는 전면적인 샤오캉 사회 건설을 위해 고도성장을 최우선의 과제로 삼으면서도 에너지, 환경, 균형 발전 같은 다양한 요구들을 적극적으로 해결할 수 있는 종합적이고 총제적인 발전관을 수립한다는 것을 의미한다. 또한 2006년에는 과학발전관의 연장선이라 할 수 있는 '화해사회(和諧社會)' 이념도 당과 국가의 기본 방침으로 채택되었다.

3. 차이나 3.0: 시진핑 시대

1) 뉴노멀(New Normal)과 신창타이(新常態)의 비교

세계경제가 저성장·저물가·저금리·저고용의 장기 정체가 구조적으로 고착화된 상황을 '뉴노멀(New Normal)'로 규정할 수 있다. 그러나 중국의 신창타이는 새로운 성장 방식으로의 전환을 의미한다는 점에서 미국의 뉴노멀과는 다르다.

중국의 신창타이는 정부 주도의 구조를 개혁으로 새로운 성장 엔진을 발굴함으로써 저성장을 극복하고 경제를 안정적으로 관리하겠다는 의지를 내포하고 있다.

신창타이는 2014년 5월 시진핑 국가주석이 허난성을 시찰할 때 "중국의 발전은 여전히 중요한 전략적 시기에 놓여 있고 중국 경제 발전의 단계적 특징으로부터 시작해 신창타이에 적응하고 전략적 평상심을 유지해야 한다"라고 언급하면서 공식화되었다.

시진핑은 2015년 8월 '보아오 포럼(Boao Forum for Asia)' 기조연설에서 "신창타이에 들어선 중국 경제는 성장률에만 집착하지 않을 것이며 경제의 구조 조정을 중요한 위치에 놓고 개혁개방을 더욱 심화시켜 나갈 것"이라고 주장했다. 중국 경제는 성장 둔화뿐만 아니라 고속 성장의 후유증에 직면해 있다.

중국 국무원발전연구중심은 "현재 중국 경제는 과거의 구조적 모순을 해소하고 새로운 성장 모델로 전환하는 과정에 처해 있어 당분간은 중고속 성장을 유지할 전망"이라고 진단하였다.

신창타이는 성장률의 목표는 낮추되 지속적인 성장을 담보할 수 있도록 성장의 패러다임을 바꾸겠다는 것이다. 저임금에 기반한 밀어내기 수출의 성장 방식을 접고, 아시아 지역을 포괄하는 대규모 개발 사업과 육상과 해상을 아우르는 새로운 물류 네트워크 건설에서 새로운 성장 동력을 찾겠다는 것이다.

2) 신창타이 시대의 성장 전략

(1) 일대일로(一帶一路, One belt, One road)

일대일로는 시진핑 국가주석이 2013년 카자흐스탄을 방문해 처음으로 꺼내든 인프라 투자 프로젝트로, 중국 주도로 아시아, 유럽, 아프리카 70개국 이상을 도로, 철도, 해상 인프라로 연결해 새로운 실크로드를 만든다는 구상이다. 북미와 유럽에 대항해 중국의 세계적인 영향력을 확대하는 게 목적이다.

'일대'란 중앙아시아와 유럽을 잇는 육상 실크로드이고, '일로'는 동남아시아와 유럽, 아프리카를 연결하는 해상 실크로드를 뜻한다. 전략적으로 보면, 일대일로 정책은 중앙아시아 국가들과의 관계를 더욱 공고히 하고, 카스피 해로 이어지는 석유 파이프라인을 통해 중국 서부의 에너지 공급을 원활히 보장하며, 중국 중심의 새로운 세계 질서를 구축하는 역할을 하고 있다.

중국이 일대일로 정책에 투자한 자금은 날이 갈수록 불어나 미국의 마셜 플랜의 규모를 훨씬 뛰어 넘는 4,040억 달러에 이르고 있다. 그리고 중국에게 이 투자는 이제 상당한 이익을 안겨주고 있다. 베이징은 이제 유럽 대륙의 항만 물동량 중 10%를 통제할 수 있게 되었고, 새로운 원재료 공급처들과 수출 시장들을 확보해 주었다.

일대일로 정책은 저개발 국가들로 하여금 중국의 '빚의 함정(debt

「시진핑 일대일로 5년… 1123조원 쓴 中·참여한 80개국 '파열음'」(서울신문, 2018.09.07, 10면)

trap) 외교' 희생양이 되게 하여 그들이 중국에 종속되게 하는 악 영향도 끼치고 있다. 많은 분석가들은 중국이 이미 스리랑카와 같은 국가들에 대한 상당한 통제력을 확보했다고 보고 있다.

중국이 신용도가 낮은 저개발 국가들에게 대규모 자금을 공여해주며 그 위험도 역시 계속 증가하고 있다. 중국은 베네수엘라에서만 200억 달러에 달하는 투자금을 회수하지 못했다. 그리고 30억 달러(3조 3000억 원)를 빌려준 잠비아가 2020년 11월 14일(현지시각) 해외 채권단에게 4,250만 달러(470억 원)의 이자를 지급하지 못하겠다고 밝히며, 코로나 이후 첫 디폴트(default, 채무 불이행) 국가가 되면서 일대일로가 기로에 서 있다.

(2) 아시아인프라투자은행(AIIB)

아시아인프라투자은행(Asian Infrastructure Investment Bank, AIIB)은 2013년 10월, 시진핑 중국 국가주석이 아시아 국가들을 순방하던 중 처음으로 공식 제안했고, 이후 2014년 10월, 설립을 공식 선언하고 2016년 1월 16일에 베이징에서 개막식과 창립 총회를 열어 공식 출범

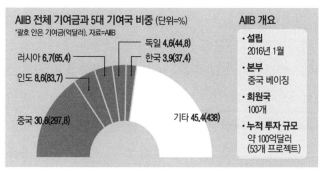

「[단독] AIIB 부총재직 놓치고 국장자리도 날렸다」(매일경제, 2019.12.06)

하였다.

2020년 7월 아시아인프라투자은행 제5차 이사회의 연례 화상회의 개막식에서 시진핑 국가주석은 "아시아인트라투자은행은 57개 참가국에서 6대주 102개 참가국으로 성장하였다"고 밝혔다. 2020년 7월, 라이베리아의 가입이 최종적으로 결정되어, 참가국은 총 103개 국가로 늘어났다.

아시아인프라투자은행은 중국이 주도하는 다자개발은행(Multilateral Development Bank, MDB)으로서, 아시아 역내 인프라 투자를 지원하여 역내 국가들의 경제 성장과 발전을 촉진하기 위해 설립되었다.

표면적으로는 세계 2위의 경제 대국으로 떠오른 중국이 아시아 국가들의 발전에 필요한 인프라 구축에 나서겠다며 설립을 주도했지만, 미국과 일본 중심으로 움직이는 세계 금융시장에서 패권을 차지하기 위해서 은행을 설립했다는 시각이 지배적이다.

현재 추진되는 사업의 특징은 대략 네 가지로 압축된다. 첫째는 일대일로 연선(沿線)국가의 인프라 투자, 둘째는 원조 대상국의 정부 제안, 셋째는 다른 다자개발은 행과의 협조 융자, 넷째는 비교적 소액 규모의 융자이다. 이렇게 축적된 사업 역량을 바탕으로 독자사업 비중을 늘리면서 일대일로 전략을 금융 측면에서 지원한다.

둥덩신(董登新) 우한과기대학(武漢科技大學) 금융증권연구소장은 "지금까지 아시아인프라투자은행의 대출은 대부분 일대일로 프로젝트로 갔다"고 말하였다. 그는 아시아인프라투자은행은 앞으로도 일대일로 프로젝트에 중점적으로 지원하고 회원국의 확대에 따라 아시아인프라투자은행의 대출 범위도 넓어질 것이라고 밝혔다.

2019년 진리췬(金立群) 아시아인프라투자은행 총재는 "새로 가입한 나라를 포함해 아시아인프라투자은행 참가국이 세계 인구의 78%, 글로벌 GDP의 63%를 차지한다"고 밝혔다.

아시아인프라투자은행이 5년 동안 투자한 프로젝트 수는 108개이고, 투자액도 2016년의 16억 9000만 달러(약 1조 8700억 원)에서 2020년에는 99억 8000만 달러로 증가하였다. 미국의 국제전략문제연구소(CSIS)는 "아시아인프라투자은행의 전체 기금 규모는 2020년 9월 기준 307억 8000만 달러로, ADB의 2500억 달러와 8배 차이가 나고, 세계은행의 6000억 달러와는 20분의 1 수준이다"라고 밝혔다.

한편, 아시아인프라투자은행은 달러를 주요 활용 통화로 사용하고 있는데, 2019년 5월에는 처음으로 25억 달러 규모의 달러화 표시 채권을 발행하였다.

(3) 포괄적 경제 동반자 협정(RCEP)

2011년 11월 ASEAN 정상회담 시 ASEAN은 ASEAN과 FTA를 체결한 6개국(한국, 중국, 일본, 호주, 뉴질랜드, 인도)으로 구성된 다자간 무역협정으로 RCEP을 제안하였다. 중국은 TPP에 대응할 만한 동아시아 경제통합의 필요성을 느껴 RCEP 출범에 협력하였다. 중국과 인도의 의견 차이로 협상 타결이 지연되기도 하였다.

2018년 이후 보호무역주의 기조 및 세계경제의 불확실성이 고조되는 가운데 빠르게 추진되었다. 2019년 11월 인도를 제외한 RCEP 협상 참여 15개국은 RCEP 협정문 타결(Concluded text-based negotiations)을 선언하였다. 2020년 11월 15일 제4차 RCEP 정상회의에서 15개 국 간 RCEP 협정 최종 서명이 이루어졌다.

RCEP 체결로 중국이 새로운 시기에 개방형 경제 신체제를 구축하고, 내수를 주체로 하되 국내외 쌍순환을 촉진하는 새로운 발전 국면

역내 포괄적 경제 동반자 협정(RCEP)과 다른 경제권 비교

단위: %, 2018년 기준 전세계(100) 비중

	인구	GDP	수출	수입	투자(FDI)
RECP (15개국, 인도 제외)	29.7	28.9	25.0	24.2	38.3
북미자유무역협정 (NAFTA)	6.5	27.3	10.7	4.6	28.3
유럽연합 (EU, 28개국)	6.8	21.9	34.6	32.7	4.2
환태평양경제동반자협정 (CPTPP)	6.6	12.9	13.5	13.5	24.1
아세안 (ASEAN, 11개국)	8.6	3.5	7.3	6.9	12.9

자료: 세계은행-대외경제정책연구원(KIEP)

을 형성하는 데 큰 역할을 할 것으로 예상하고 있다. 그리고 중국의 영향력이 증가함에 따라 아시아에서 미국의 영향력이 감소하고 미국 기업의 경쟁 환경이 악화될 것으로 예상된다. 중국과 RCEP 가입 국가의 무역 총액은 1조 550억 달러에 달한다. 중국 대외 무역 총액의 3분의 1에 달하는 규모다.

4. 사회주의 현대화 강국(社會主義 現代化 强國)

중국 정부가 목표로 삼은 중국의 꿈(中國夢)은 '국가부강(國家富强), 민족부흥(民族復興), 인민행복(人民幸福)'으로 요약할 수 있다. 그러다보니, "중화민족의 위대한 부흥과 부강한 중국을 목표로 하는 중국의 꿈"이라고 표현한다. 중국은 2035년까지로 사회주의 현대화를 기본적으로 실현하고자 한다. 2050년까지 완성된 사회주의 현대화를 건설하여, 사회주의 강대국 실현을 강조하고 있다.

시진핑은 2017년 제19차 전국대표대회에서 '집권 1기' 성과를 설명하며 "새로운 시각의 이론 탐색으로 혁신적 성과를 거뒀다"고 평가했다. 시진핑은 5년간 국내총생산(GDP)이 54조 위안에서 80조 위안으로 세계 2위의 경제 대국으로 올라서고 세계경제 기여도가 30%를 초과했다고 소개했다. 그러나 2018년부터 시작된 미국과의 갈등이 시작되면서 정치와 외교 및 경제 등에서 충돌이 빈번하게 발생하고 있다.

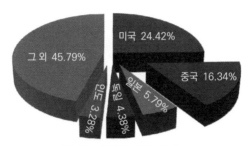

2019년 세계 경제(GDP) 규모

1) 미중 무역전쟁

2018년 5월 27일 중국산 수입품에 대한 미국의 대규모 관세부과 계획 발표로 촉발된 미중 무역 갈등은 중국의 보복 관세부과와 미국의 잇따른 맞대응으로 계속 악화되었다.

트럼프 행정부가 지속적으로 제기하는 중국의 불공정 무역 행위는 수입과 경쟁으로부터 국내 기업 보호, 세계 시장에서 중국산 제품의 점유율 확대, 핵심 자원의 확보와 통제, 전통 제조업에서 지배력 확대, 핵심 기술 및 지적 재산권 탈취, 폐쇄적인 금융시장 등 매우 다양하다.

트럼프 행정부는 중국의 불공정 무역 행위가 기술 경쟁력을 지속적으로 향상시켜 핵심 기술 분야에서 대외 의존도를 낮추고, 미래 경쟁력을 견인할 첨단산업을 육성하는 정부 주도의 포괄적이고 장기적인 산업화 전략의 일환이라고 판단했다. 미국의 입장에서 볼 때, 불공정 무역 행위의 본질은 중국의 '경제적 침공(economic aggression)'이라는 것이다.

트럼프 통상정책의 시작이자 끝은 무역수지 적자 해소이다. 무역수지 적자 해소를 위해 트럼프 대통령은 상호 호혜적이고 공정한 무역을 내세우며 상대국에게 '미국산 구매·미국인 고용'이라는 정책으로 압박한다.

중국과의 무역전쟁을 불사하는 트럼프 대통령의 의중에는 경제적 정치적 전략적 세 가지 동기가 복합적으로 작용하고 있다. 첫째 하루 억 달러 규모의 기록적인 대중 무역수지 적자를 획기적으로 해소하는 것이고, 둘째 미중 통상 문제를 해소하여 정치적 입지를 강화하고, 셋째 미국의 패권을 위협하는 중국의 도전을 극복하여 미국의 위상을 강화하는 것이다.

중국은 미중 무역 불균형을 글로벌 가치 사슬 내에서 중간재 중심의 무역이 증가하는 구조적 문제로 보고 있다. 중국의 전체 무역에서 중간재 교역 비중이 전체 무역의 약 1/3을 차지하고 있기 때문에 다국

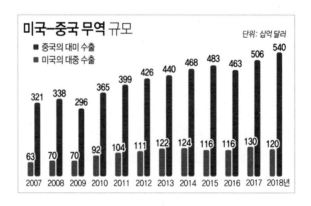

미국—중국 무역 규모

단위: 십억 달러

- 중국의 대미 수출
- 미국의 대중 수출

	2007	2008	2009	2010	2011	2012	2013	2014	2015	2016	2017	2018년
중국의 대미 수출	321	338	296	365	399	426	440	468	483	463	506	540
미국의 대중 수출	63	70	70	92	104	111	122	124	116	116	130	120

적 기업들이 글로벌 가치 사슬을 효율적으로 활용하는 가운데 미국 등 특정 국가들을 대상으로 무역 불균형이 발생하고 있다는 것이다.

중국의 입장에서 볼 때, 미중 무역 불균형은 세계 주요국들이 경쟁력을 유지, 강화하기 위해 최적의 입지를 선택하여 지구적 가치 사슬을 형성한 결과라고 할 수 있다.

미·중 경제 전쟁의 핵심은 기술 전쟁이다. 중국의 최대 수출시장, 핵심기술 공급처이자 인력 양성과 과학기술 학습 기지였던 미국은 중국과의 연결고리를 끊으려고 한다. 미국 의회는 여야 합의로 미국에서의 중국 자본의 인수합병을 통한 기술 획득에 대해 감시를 강화하고 제재의 수위를 높이는 법안을 통과시켰다.

미국 대학은 중국의 세계적 통신기업인 화웨이와의 산학협력을 중단하고 있다. 무역·투자·기술·과학·인력 교류 등 곳곳에 장벽이 세워지고 있다. 중국과 미국을 연결한 글로벌 가치 사슬은 분리되고 와해될 수밖에 없다.

트럼프 행정부 출범 첫 해, 미국은 '국가전략보고서'에서 중국을 미국의 안보를 위협하는 패권국으로 규정했다. 이와 같이 미중 무역 전쟁은 경제와 안보 분야의 경쟁이 긴밀하게 연계되어 진행되고 있다. 2021년 집권하는 바이든 행정부도 트럼프 행정부와 같은 형태는 아닐지라도 중국을 압박하는 기조를 바꿀 가능성은 낮을 것으로 예상된다.

2) 4차 산업혁명

(1) 중국제조 2025(中國制造 2025)

2015년 5월 18일 중국 국무원은 2025년까지 제조 강국에 진입하는 것을 목표로 하는 '중국제조 2025'를 발표했다. '중국제조 2025'의 가장 큰 변화는 전산업 공동의 체질 개선, 산업정책의 병행과 개방 확대로 4차 산업혁명에 대응한 중국의 경쟁력 확보 의지가 보인다. 노동집약적 제조 방식에 ICT기술을 접목, 품질 및 브랜드 가치 향상, 환경보호 등의 질적 성장을 도모하며, 스마트 공장, 녹색제조 등과 10대 유망산업 육성정책을 병행한다.

2020년까지 핵심 소재·부품 40%, 2025년까지 70%를 자급자족하고 2035년엔 독일·일본을 제친 뒤, 건국 100년이 되는 2049년 미국을 추월하겠다는 계획이다. 이를 위해 중국은 AI·반도체 등 첨단기술, 로봇, 항공우주, 선진 철도, 친환경 에너지, 전력, 농업 기계, 신소재,

'중국제조 2025' 10대 산업 발전 계획

1. 신에너지자동차	전기자동차, 연료전지차 및 배터리 부품 개발
2. 첨단 선박 장비	심해 탐사, 해저정거장, 크루즈선 등 개발
3. 신재생에너지 장비	신재생에너지 설비 등 개발
4. 산업용 로봇	고정밀·고속·교효율 수치제어 기계 개발, 산업용·헬스케어·교육·오락용 로봇 개발
5. 첨단 의료기기	원격진료시스템 등 장비 개발
6. 농업기계·장비	대형 트랙터와 수확기 등 개발
7. 반도체 칩 (차세대 정보기술)	반도체 핵심 칩 국산화, 첨단 메모리 개발, 5G 기술 개발, 사물인터넷·빅데이터 처리 앱 개발
8. 항공우주 장비	무인기, 첨단 터보엔진, 차세대 로켓, 중형 우주발사체 등 개발
9. 선진 궤도 교통설비	초고속 대용량 궤도 교통설비 구축
10. 신소재	나노 그래핀 초전도체 등 첨단 복합소재 개발

기술굴기(崛起)

최근 미국과 중국의 패권경쟁에서, 특히 기술이 두드러지는 핵심 분야가 되고 있다. 시진핑은 2017년 제19차 전국대표대회에서도 중국몽(中國夢)을 여러 차례 언급하며 2050년까지 세계 최강국으로 자리하겠다는 목표를 제시한 바 있다. 시진핑은 중국몽의 실현을 위해 첨단기술 강국을 목표로 '기술 굴기'를 본격화하고 있다.

중국은 반도체 굴기를 필두로 전기자동차, IT, 블록체인, 우주, AI, 게임 등 과학기술 굴기에 박차를 가하고 있는데, 특히 반도체 부분은 2014년 이후 정부가 1조 위안을 반도체 산업에 집중 투자했다. 중국 내 반도체 생산 규모는 2014년 117억 달러에서 2018년 238억 달러로 2배 증가하였으나, 높아진 기술 난이도와 천문학적 비용, 미국 견제 등이 반도체 산업이 지속적으로 성장하는 데 걸림돌로 작용하고 있다. 그럼에도 불구하고 IT, 전기자동차 등의 발전으로 시너지 효과를 기대할 수 있어 향후 중국의 반도체 산업은 지속적으로 발전할 것으로 예측된다.

전기자동차 부분에서, 현재 전 세계에서 가장 큰 전기차 시장은 유럽과 중국이다. 중국은 국가 주도로 세계 전기차 시장의 선두주자가 되겠다는 야심을 감추지 않고 있다. 중국 정부의 전방위적인 총력 지원 하에 오는 2025년 신에너지 차량의 판매 비중을 20%까지 늘릴 계획이다.

그 외 우주 굴기는 지난 2013년 창어(嫦娥) 3호가 달 표면에 처음 착륙한 바 있고, 2020년 7월 무인탐사선 톈원(天問) 1호를 화성으로 쏘아 올렸으며 2021년 2월에 화성에 도착할 예정이다. 또한 2022년 우주정거장 건설 등도 계획하고 있다. 중국이 우주정거장을 건설하면 러시아, 미국에 이어 세 번째로 자체 기술로 우주정거장을 보유한 나라가 된다. 또한 중국 정부의 적극적인 지원 하에 중국의 세계 게임시장 점유율은 2019년 기준 18.7%로, 1위 미국(20.1%)을 바짝 추격했다. 전체 게임시장의 42.5%를 차지하는 세계 모바일 게임시장 매출 상위권에서 중국 게임이 차지하는 비율은 대략 30%에 이른다.

중국의 기술 굴기는 정부의 자본 투입에 의한 성장으로 요약된다. 2025년까지 신형 인프라 투자에 10조 위안이 투입될 예정으로 향후 기술 굴기의 성과에 따라 미국과의 기술 패권에서 성패가 판가름 날 가능성이 높다.

바이오, 해양 장비·첨단 선박 등 10개 분야를 전략 산업으로 삼았다. 이 계획은 중국 공산당 창당 100주년(2021년)과 중국 건국 100년(2049년)을 말하는 '2개의 100년'의 계획과 궤를 같이 한다. 건국 100년을 목표로 제조업에서도 세계 헤게모니를 장악하겠다는 중국의 의지를 보여주는 것이라고 추측 가능하다.

(2) 인터넷플러스(互聯網+)

2015년 7월 4일, 국무원은 "인터넷플러스(+) 적극 추진에 관한 행동지도의견(關於積極推進'互聯網+'行動的指導意見)"(이하 '지도의견')을 발표하고, 향후 3년 및 10년간의 인터넷플러스 발전 목표를 제시하고 2018년까지 인터넷과 경제·사회 각 분야의 융합 발전을 통해 인터넷을 기반으로 한 신성장 동력을 창출하고, 인터넷경제와 실물경제의 융합 발전 체제를 구축하는 내용이다.

중국 경제의 성장이 정체되는 가운데, '인터넷플러스'는 산업 구조 혁신 및 경제 성장의 새로운 동력으로 주목된다. '세계 공장'으로 자리했던 중국이 인건비 상승, 중국 내 경제 둔화, 글로벌 경제 위기로 경기 침체가 지속되고 있고 아울러 국내 소비 부진과 전통 산업 생산 과잉이 동반되어 있어 중국 산업 구조 조정의 시급한 상황에서 인터넷을 플랫폼으로 클라우드컴퓨팅, 빅데이터 등 첨단 기술 활용을 핵심으로 한 '인터넷플러스'가 제조업, 나아가 산업 전반에 걸쳐 효과를 낼 것이라는 전망이다.

(3) 산업인터넷(工業互聯網)

시진핑은 제19차 전국대표대회 보고를 통해 "제조 강국 건설, 선진 제조업 발전을 가속화하기 위해 인터넷, 빅데이터, 인공지능과 실질 경제의 심층 융합을 추진해야 한다."고 강조하였다. 2017년 11월 27일 중국 국무원은 "'인터넷+선진제조업' 심화와 산업인터넷 발전 지도의견(關於深化'互聯網+先進制造業'發展工業互聯網的指導意見)"을 발표하였다. 이 '의견'은 '제조 강국과 인터넷 강국 동시 건설'을 목표로 인터넷과 실물경제의 심도 깊은 융합을 추진한다는 내용을 담고 있다.

산업인터넷은 시스템을 통해 '인터넷, 플랫폼, 안전'이라는 3대 기능을 구축하여 '사람(人)-기계(機)-물(物)'이 전면적으로 연결되는 새로운 형태의 네트워크 기반을 만든다는 것이다. 그리고 인공지능화 발전을 견인하여 새로운 업무 형태와 응용 방식을 만들어내어 제조 강국과 인터넷 강국 건설을 추진하는 중요한 기초라고 강조하고 있다.

(4) 인공지능(人工智能)

인공지능 분야는 중국의 핵심 전략 산업으로 등장했다. 인공지능이 중국 정부의 정책적 관심사로 공식화된 것은 2015년 7월 인공지능이 국무원의 "인터넷+적극 추진에 관한 행동지도의견"에 포함되면서부터라고 할 수 있다.

인공지능산업이 4차 산업혁명시대를 열어가는 중국의 핵심적 국가 전략으로서 자리매김하면서 2030년까지 인공지능 분야의 세계 최고 수준을 달성하겠다는 국가 전략을 제시하였다.

첫 번째 단계로 2020년까지 인공지능 핵심 산업 규모를 1500억 위안(약 25조 2천억여 원), 관련 산업 규모를 1조 위안(약 168조 5천억여 원) 초과 달성을 목표로 하였다.

두 번째 단계인 2025년까지 인공지능 기술과 응용에서 글로벌 선두 수준에 오르는 것을 목표로 한다. 제조, 의료, 도시, 농업, 국방 등 광범위한 영역에 적용되고 핵심 산업 규모는 4000억 위안(약 67조 4천억여 원)을 초과하고, 관련 산업은 5조 위안(약 842조 7천억여 원)을 초과하는 것이다.

세 번째 단계인 2030년까지 인공지능 이론, 기술과 적용 등 전체 분야에서 글로벌 수준에 도달하고, 세계 주요 인공지능혁신센터와 스마트경제, 스마트사회라는 명확한 성과를 얻는 것을 목표로 하고 있다.

(5) 7대 신형 인프라 건설(新基建)

2020년 5월에 개최되었던 제13차 전인대 제3차 회의에서 중국판 뉴딜 전략인 '양신일중(兩新一重)'정책을 강조했다. '양신일중'은 2개의 '신경제'인 '신형 인프라 건설(新建基礎設施)'과 '신형 도시화(新型城

중국 신인프라 7대 사업 투자액		중국 역대 경기 부양책			
	2020년 예상 투자액	국가지도자	경제 위기	주요 인프라 투자 영역	투자액
5G 기지국 건설	2400억위안(약 40조원)	장쩌민	1997년 아시아 금융 위기	고속도로(2004년 기준 전국 고속도로 총 2만km 건설)	1조1200억위안 (약 190조원) (1997년부터 2004년까지)
데이터센터	1200억위안(약 20조원)				
고속철도	5400억위안(약 93조원)				
인공지능	1200억위안(약 20조원)	후진타오	2008년 글로벌 금융 위기	고속철도(2012년 기준 전국 고속철도 총 1만km 건설), 고속도로, 공항	4조위안 (약 690조원)
산업 인터넷	1200억위안(약 20조원)				
전기차 충전소	200억위안(약 3조원)	시진핑	2019년 '코로나19' 사태	5G, 데이터센터, 고속철도, 인공지능, 산업인터넷, 전기충전소, 특고압 설비	34조위안 (약 5900조원) 전망
특고압 설비	800억위안(약 13조원)				

자료=중국 신랑차이징 · 자료=중국 화사일보

「무려 5900조원 "중국판 뉴딜의 맛을 보여주마"」(조선일보, 2020.04.16)

鎭化) 건설'과 1개의 중대 프로젝트인 '교통과 수리 등의 프로젝트'를 말한다.

'양신일중'에서 가장 핵심적인 것은 '신형 인프라 건설'이다. 5G, 데이터센터(IDC), 인공지능(AI), 궤도열차, 초고압설비(Ultra High Voltage, UHV), 전기차 충전설비, 산업인터넷 등 7대 신형 인프라 건설 중점 추진 분야가 제시됐다.

중국의 신형 인프라 투자는 철도, 도로 등 전통 인프라와는 구분되는 개념으로 인공지능(AI), 5G, 사물인터넷(IoT) 등 신산업 육성을 위한 디지털 인프라라고 할 수 있다.

주목해야 할 점은 신형 인프라 투자의 경우, 1달러 투자가 20달러를 창출하여 승수 효과가 기존 인프라 투자에 비해 최대 5~6배에 달한다는 점이다. 또한 교통·운수 중심의 전통적 인프라 투자에 비해 과잉 투자의 우려가 적고 민간 부문과의 협력을 통한 혁신 및 경제 구조 개혁 목표에도 부합된다. 특히 전자결제 등 디지털 경제와의 연계를 통해 효율성 제고뿐만 아니라, 지역 간 격차 축소를 통한 균형 발전에도 촉진시키는 것으로 평가되고 있다. 신형 인프라 투자로 중국 경제의 성장과 함께 질적 성장을 더욱 촉진시킬 것으로 전망된다.

3) 신경제(新經濟)

(1) 제14차 5개년 규획과 '쌍순환(雙循環)'

2020년 10월에 개최된 제19차 5중전회에서 "중공중앙 국민경제사회 발전 제14차 5개년 규획(2021~25, 14·5규획)과 2035년 장기목표에 관한 건의(中共中央關於制定國民經濟和社會發展第十四個五年規劃和二〇三五

年遠景目標的建議)"(이하 '건의')가 발표되었다. '건의'에서 전면적인 사회주의 현대화 국가 건설을 목표로 하는 중국 '사회주의 발전 2단계'의 주요 경제 정책에 대한 방향을 제시하였다. '건의'에서 2035년까지 과학기술 자주혁신, 산업 구조 고도화, 녹색성장, 문화 소프트파워 강화, 국방 현대화, 국민의 삶의 질 제고(提高) 등 종합적인 국가 역량을 키워 혁신형 선진국 대열에 합류하겠다는 목표를 제시하였다. '14·5규획'의 6대 목표는 "경제 발전의 새로운 성과 달성, 개혁개방의 새로운 전진, 사회문화 수준의 새로운 향상, 생태문명 건설의 새로운 진보, 민생복지의 새로운 도약, 국가 거버넌스의 새로운 제고"이다.

'14·5규획'은 대내적으로 중국 경제의 안정적 성장과 질적 제고를 도모하고, 대외적으로 미·중 갈등 심화와 장기화에 대응하여 대외 리스크를 줄이는 것을 목표로 한다. 그리고 미국이 중국의 '중국제조 2025'를 견제하고 있는데, 이에 중국은 '9대 전략적 신흥 산업' 집중 육성 계획이 제시되었다. 이때 국가안보와 관련이 있는 항공우주와 해양설비 분야가 새로이 강조되었다.

'14·5규획' 기간 동안 실시될 주요 6개 분야는 "'쌍순환' 발전 전략, 혁신 주도 성장, 산업 구조 고도화, 내수시장 활성화, 신성장 동력 창출(디지털 경제 및 녹색성장 전환), 대외 개방 전략"이다. 이 중에서 '쌍순환(雙循環, 이중순환)'은 '국내대순환'을 중심으로 '국내·국제 순환'을 상호 촉진한다는 새로운 발전 전략이다. 미·중 갈등의 심화와 장기화에 대한 대응으로, 중국은 거대한 내수시장을 활용하여 스스로 선순환할 수 있는 경제체제 구축을 목표로 삼았다. 시진핑 국가주석은 '건의'와 관련하여 "중국 경제는 2025년까지 고소득 국가에 이르고, 2035년까지 중국 GDP 또는 1인당 소득이 2배 성장할 것"이라고 언급하였다.

(2) 글로벌 기업

중국은 경제 발전의 중심에는 기업이 존재한다. 미국의 경제전문지 『포춘(Fortune)』지는 매출 기준으로 매년 세계 500대 기업을 선정 발표한다. 2020년 세계 500대 기업에서 중국은 홍콩을 포함해서 124개 기업이 이름을 올렸다. 121개인 미국을 추월했다. 특히 상위 10위권 중국영 석유사인 시노펙(中國石油化工

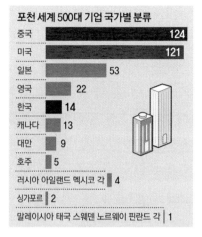

集團公司, Sinopec Group), 중국국가전력망공사(國家電網), 중국석유천연가스(中國石油天然氣集團公司, CNPC)가 2~4위를 차지하고 있어 중국 기업의 무서운 성장을 확인할 수 있다. 1990년만 해도 글로벌 500대 기업에 중국 기업은 1개도 없었다. 불과 30년 만에 이룬 성과다.

포천 선정 2020 '글로벌 500'

순위	기업	국가	순위	기업	국가
1위	(1) 월마트	미국	6위	(6) 아람코	사우디아라비아
2위	(2) 시노펙	중국	7위	(9) 폭스바겐	독일
3위	(5) 국가전력망공사	중국	8위	(7) 브리티시페트롤리엄	영국
4위	(4) 중국석유천연가스	중국	9위	(13) 아마존	미국
5위	(3) 로열더치셸	네덜란드·영국	10위	(10) 도요타 모터	일본

※ ( ) 안은 2019년 순위

(3) 유니콘(Unicorn) 기업

미국과 중국은 유니콘 기업(기업 가치가 10억 달러 이상의 비상장 스타트업 회사) 최대 보유국이다. 2020년 글로벌 유니콘 500대 기업 중 중국은 217개로 미국을 추월해서 세계 최고의 벤처 강국으로 자리하고 있다. 2013년도만 해도 2개에 불과하던 중국 유니콘 기업의 성장은 신경제의 핵심 동력이 될 것으로 기대된다.

중국의 유니콘은 과거에는 알리바바나 바이두와 같이 중국 내수의 도움을 받는 전자상거래 업체가 대부분이었다. 최근에는 AI, 핀테크, 교통, 인터넷 보안, 헬스케어, 교육, 미디어 등 다양한 분야의 기술 벤처가 대부분이다.

유니콘 중에서 기업 가치가 10조 원 이상인 기업을 데카콘(Decacorn)으로 부른다. 현재 데카콘은 대부분은 미국과 중국 기업이다. 유니콘에 대한 거품론도 제기되고 있지만 유니콘 기업의 수는 국가 혁신 수준의 간접적 척도로 작용하고 있고 차세대 성장 동력으로 인식되고 있어 투자는 계속 늘어날 것으로 기대된다.

2020년 상위 10대 유니콘 기업

순위	국가	기업명	기업 가치(달러)	순위	국가	기업명	기업 가치(달러)
1위	중국	바이트댄스	1400억	6위	중국	콰이서우	180억
2위	중국	디디추싱	620억	7위	미국	인스타카트	177억
3위	미국	스페이스X	460억	8위	미국	에픽게임스	173억
4위	미국	스트라이트	360억	9위	인도	원97커뮤니케이션스	160억
5위	미국	에어비앤비	180억	10위	미국	도어대시	160억

4) 회색 코뿔소(Grey Rhino, 灰犀牛)

'회색 코뿔소'는 미셸 부커(Michele Wucker) 세계정책연구소장이 2013년 스위스 다보스포럼에서 제기한 용어이다. 개연성이 높고 파급력이 크다 하지만, 사람들이 쉽게 간과하는 위험 요소를 뜻하는 것으로 예측 불가능한 위험 요소인 '블랙 스완(Black Swan, 黑天鵝) 위험'과 대비되는 개념이다.

블랙 스완 위험은 2008년 미국의 서브프라임 사태나 2020년 코로나 19 펜데믹(세계적 대유행)이 대표적이다. 중국 경제의 '4대 회색 코뿔소'로는 중국의 '그림자 금융, 비금융 제조업 부채, 부동산 버블, 지방정부 부실'을 가리킨다. 여기에 '불법으로 자금 모으기'를 포함시키거나 '자금 해외 도피'를 포함시키면서 '5대 회색 코뿔소'라고 부르기도 한다.

(1) 그림자 금융(Shadow Banking, 影子銀行)

그림자 금융은 은행시스템이 아닌 제2금융권 등에서 이뤄져 제대로 관리되지 않는 기업 대출을 말한다. 중국에선 건설업과 제조업, 인프라 투자 등 산업 전반에 걸쳐 광범위하게 연결돼 있을 뿐 아니라 펀드 업계와도 맞물려 있어 문제가 생기면 중국의 전체 금융시장을 뒤흔들 수도 있다.

이러한 우려로 중국은 2016년 하반기부터 그림자 금융에 대한 규제를 본격적으

「[차트로 보는 중국] 中 그림자금융 發 위기 시나리오」(매일경제, 2019. 03.19)

로 강화해 왔다. 그러나 현재 3조 달러에 달하는 것으로 추산되는 중국 그림자 금융은 중국의 저성장으로 인한 기업 디폴트가 가파르게 증가하면서 상황이 악화되고 있다. 그림자 금융이 뿌리째 흔들리면서 건설업과 제조업을 중심으로 유동성 공급이 마비되고 실물 경기에 한파가 몰아치는 상황이 올 수 있다.

(2) 비금융 제조업 부채: 국유기업의 높은 레버리지

2018년 10월 국무원은 제13차 전인대 상무위원회 2017년 전국 국유기업 현황 보고를 하였다. 국무원 발표에 의하면 국유 기업(금융회사 제외한 일반기업)의 부채는 총 118조 5000억 위안(1경 9400조 원)에 이른다. 13조 4572억 달러(약 1경5300조 원, IMF 기준 2018년)인 중국 국내총생산(GDP)의 1.3배에 해당하는 규모이다.

은행 보험 등 금융 부분의 국유기업 총자산은 241조 위안이고, 총부채는 217조 3000억 위안(약 3경 5640조 원)이다. 중국 기업들의 재정난과 채권 발행 추세 등을 고려하면 GDP 대비 부채비율은 지속적으로 높아질 전망이다.

중국 국유기업은 비금융 부문을 국유자산관리위원회가 현황을 공개해 왔고, 금융 부문은 재무부가 현황을 공개해 왔다. 국무원 차원에서 국유기업의 자산 부채 현황 등 국유기업의 주요 정보를 공개한 것은 이번이 처음이다.

(3) 부동산 버블(房地産泡沫)

골드만삭스에 따르면 2019년 기준 중국 부동산에 몰려 있는 돈은

52조 달러(6경 2748조 원)다. 이는 미국 부동산 시장의 두 배에 이른다. 30년 이상 계속되는 중국의 부동산 붐은 전례 없는 것으로 베이징, 상하이, 선전의 주택 가격은 평균 연간소득의 40배를 넘었다.

주택이 70%를 차지하는 부동산 투자는 중국의 경제 발전의 주된 엔진이고, GDP 대비 13%를 넘고, 밀접한 관계가 있는 건설 부문을 합치면 GDP의 30%에 육박한다. 자산(주택, 주식, 채권 등)에 차지하는 주택의 비율은 78%에 달한다.

2017년 주택공실률은 베이징, 상하이 등의 1선(線) 도시에서 17%, 2~3선 도시에서 20% 이상이었다. 가

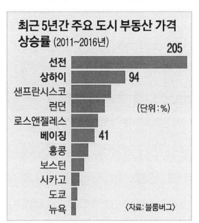

「中 부동산 거품, 왜 잇단 정부 대책에도 꺼지지 않나」(서울신문, 2016.10.03, 13면)

계부채는 GDP 대비 2008년의 18%에서 2018년의 60%로 상승했다.

주택 수요는 둔화, 공급은 과잉이고 선행주택구매연령층의 인구 감소, 소득 신장 둔화가 전망된다. 중국 부동산 시장에 있어 가장 큰 문제는 대부분의 투자가 사실상 투기라는 점이다. 올해 1분기 중국 가계의 가처분소득 대비 부채비율은 57.7%로 역대 최대치를 기록했다. 고위험 그림자 금융의 대출이 급증하면서 중국 부동산 자산의 거품 붕괴 위험에 대한 경고가 커지고 있다.

2019년 정부 고위층은 여러 차례 부동산 문제에 대해 표명하였다. 동년 4월 19일 중앙정치국 회의에서 "집은 거주하는 데 사용해야지, 투기하는 데 사용해서는 안 된다"라는 것이 정립되었다. 그리고 일성일책(一城一策)과 인성시책(因城施策), 도시정부의 주체적 책임의 장기적인 규제 메커니즘을 실현해야 한다고 하였다. '일성일책'은 도시

별로 해당 지역 상황에 부합한 '맞춤형' 부동산 투기 규제 정책을 가리킨다. 그리고 '인성시책'은 도시 속성에 근거하여, 구역을 1선, 2선 등 몇선 도시로 나눠 서로 다른 집값을 채택하고, 서로 다른 부동산 정책을 제정한다. 인성시책은 2016년 5월 1일을 시작으로 부동산업은 영개증(营改增, 영업세를 증치세로 고치다)을 전면적으로 실시하고, 영개증 후에, 부동산 기업 세비(세금과 비용) 부담은 한층 하락했고, 기업 이윤과 활력을 제고시켰다.

최근 중국 각 지역 각 부문에서는 '방주불초(房住不炒)'와 '일성일책' 정신에 근거하여, 금융자원 배치를 최적화하여 금융 위반이 부동산시장에 유입하는 것을 엄격하고 막고 있다. '방주불초(房住不炒)'는 '집은 거주 목적이어야지 투기 목적이 되어서는 안 된다'는 정책이다. 중위안부동산연구센터(中原地産硏究中心)가 발표한 통계에 따르면, 2020년 상반기 중국 전역에서 총 304차례의 부동산 안정을 위한 규제 정책이 발표되었다.

(4) 지방정부 부실(地方債務)

중국 지방정부들은 일자리 창출과 공장 가동을 위해 지속적으로 부채를 늘려 왔다. 중국 지방정부의 부채 급증은 그동안 경기 부양을 위해 다양한 인프라 건설사업을 추진하면서 사업자금 조달을 위해 채권을 쏟아내듯 발행했기 때문이다.

여기에 미중 무역전쟁 여파와 코로나 19로 인한 경기 둔화가 덮치면서 세수 부족으로 인한 재정 악화가 가속화되고 있다. 중국 정부는 지방 부채 총계를 2조 5000억 달러(약 2925조 원) 규모라고 밝히고 있지만, 전문가들은 8조 달러 규모를 넘을 것으로 추정하고 있다.

강현구, 「사회주의 시장경제, 헷갈린다 해」, 『주간동아』, 2004년 11월 16일자.

경제지식네트워크, 「중국의 일대일로 정책」, 『fenkorea』, 2019,
   https://fenkorea.kr/bbs/bbsDetail.php?cid=global_info&idx=8335

공봉진 외 6명, 『시진핑 시대의 중국몽』, 한국학술정보, 2014.

공봉진 외 7명, 『21세기 중국! 소통과 뉴 트렌드』, 산지니, 2015.

공봉진, 「중국 '사상해방(思想解放)' 논쟁에 관한 연구」, 『중국학』 33, 대한
   중국학회, 2009, 299~328쪽.

공봉진, 「중국의 개인인권변화에 관한 연구: 호구제도와 독생자녀제를 중
   심으로」, 『동북아 문화연구』 26, 동북아시아문화학회, 2011, 445~
   459쪽.

공봉진, 「중국의 문화굴기와 소수민족문화의 세계화전략」, 『21세기정치학
   회보』 29(3), 21세기정치학회, 2019, 95~115쪽.

공봉진, 『시진핑 시대, 중국 정치를 읽다』, 한국학술정보, 2016.

공봉진, 『이슈로 풀어본 중국의 어제와 오늘』, 이담북스, 2009.

공봉진, 『중국공산당 CCP 1921~2011』, 이담북스, 2011.

공봉진, 『중국지역연구와 현대 중국의 이해』, 오름, 2007.

공봉진·김태욱, 『차이나 컨센서스: 중국발전의 실험과 모델』, 한국학술정
   보, 2013.

공봉진·이강인, 『중국 대중문화와 문화산업』, 한국학술정, 2013.

공봉진·이강인·조윤경, 『한권으로 읽는 중국문화: 중국의 전통문화와 소
수민족문화 그리고 대중문화』(개정판), 산지니, 2016.

권홍우, 「(오늘의 경제소사) 대참사로 끝난 '대약진운동'」, 『서울경제』, 2019
년 11월 12일자

김건식, 「중국 국유기업의 민영화: 중국 기업지배구조의 서론적 고찰」, 『중
국법연구』 26, 한중법학회, 2016.

김상배, 『4차 산업혁명론의 국제정치학: 주요국의 담론과 전략, 제도』, 사
회평론아카데미, 2018.

김윤태, 「중국 경제 특구, 왜 남부 연해에 몰려 있나?」, 『프레시안』, 2015년
10월 22일자.

김종수, 「미국의 '뉴노멀'과 중국의 '신창타이'」, 『중앙일보』, 2015년 04월
08일자.

김창경 외 3명, 『쉽게 이해하는 중국문화』, 다락원, 2018.

김창경 외 3명, 『중국 문화의 이해』, 부경대학교 출판부, 2018.

김창경, 「중국 무형문화유산과 국가적 정체성 고찰: 소수민족 무형문화유
산등재 문제점을 중심으로」, 『동북아 문화연구』 42, 동북아시아문
화학회, 2015, 185~204쪽.

김창도, 「중국 서부대개발, 2라운드 시작: 2020년까지 생활 수준 대폭 개선」,
『ISSUE ANALYSIS』, 포스코경영연구소, 2011.

동북아역사넷, '중국', 동북아역사재단.
http://contents.nahf.or.kr/item/item.do?levelId=edeah.d_0006_0030
_0020_0010

문익준 외, 「중국 국유기업의 개혁에 대한 평가 및 시사점」, 『KIEP 연구보
고서』, 2014.

박수찬, 「'우주夢' 다가선 중국, 2022년 하늘 위 정거장 갖는다」, 『조선일보』, 2020년 05월 07일자.

박은경, 「시진핑, 3시간 반 연설 '사회주의 현대화·부국강병'」, 『경향비즈』, 2017.

박형중, 「남북연합기 북한 지역에 시장제도 정착 방안」, 통일연구원, 2002.

서석홍, 「중국 국유기업 개혁의 현황, 문제점 및 전개방향」, 『KIEP』 정책연구(98-13), 1998.

서재진 외, 「사회주의체제 개혁·개방 사례 비교연구」, 통일연구원, 1993.

서진영, 『현대중국 정치론』, 나남출판, 1997.

안상현, 「中정부 탄압의 역설… 밖으로 진출한 중국 게임, 1위 미국 턱밑까지」, 『조선일보』, 2021년 01월 04일자.

양평섭·나수엽, 「중국경제 60년 평가와 전망」, 『오늘의 세계경제』, 대외경제정책연구원, 2009.

윤상우, 「중국 발전모델의 진화와 변동: 발전국가를 넘어 국가자본주의로?」, 『아시아리뷰』 7(2)(통권 14호), 2018, 33~61쪽.

윤석만, 「15세기 유럽 전체보다 GDP 많던 중국이 신대륙 발견했다」, 『중앙일보』, 2020년 08월 16일자.

이강인, 「개혁개방과 그에 따른 중국사회 변화에 대한 지아장커(賈樟柯) 영화의 시대적 해석」, 『중국학』 68, 대한중국학회, 2019, 27~41쪽.

이강인, 「영화 〈적벽대전〉과 〈집결호〉를 통한 중국 전쟁영화에 대한 소고」, 『국제언어문학』 20, 국제언어문학회, 2009, 159~183쪽.

이성규 외, 「중국 시진핑 정부의 국유기업 개혁과 에너지산업」, 『세계 에너지현안 인사이트』 15(3), 에너지경제연구원, 2015.

이승주, 「미중 무역 전쟁: 트럼프 행정부의 다차원적 복합 게임」, 『국제·지역연구』 28(4), 서울대학교 국제학연구소, 2019년 겨울, 1~34쪽.

이현승, 「2000조원 뿌렸는데 돌아온 건 '디폴트'…中 일대일로 '휘청'」, 『조선일보』, 2020년 11월 25일자.

이현태·김준영, 「AIIB가 제시하는 아시아의 미래」, 『세계와 도시』 16, 서울정책아카이브, 2016.

장위·김창경, 「淺析公演藝術産業化革新: 以雲南楊麗萍文化傳播股份有限公司爲案例」, 『중국학』 67, 대한중국학회, 2019, 355~366쪽.

진남·김창경, 「인터넷스타 현상을 통한 중국 인터넷 문화연구: 인터넷스타 현상을 통한 중국 인터넷 문화연구」, 『동북아 문화연구』 21, 동북아시아문화학회, 2009, 349~364쪽.

진남·김창경, 「중국 '팡누(房奴)'주거현상의 요인과 특징에 대한 연구: 바링허우(80后) 세대 '팡누(房奴)'를 중심으로」, 『동북아 문화연구』 24, 동북아시아문화학회, 2010, 339~357쪽.

최강 외, 「ASAN 국제정세 전망 2016: 뉴 노멀=New normal」, 아산정책연구원, 2015.

최병일 외, 「확대되는 미중 무역전쟁, 한국은 어디로?: 새로운 패러다임에 기초한 통상정책 설계도 마련 필요」, 『EAI 스페셜 리포트』, 동아시아연구원, 2018.

최병일, 「미·중 패권전쟁의 시나리오」, 『월간중앙』 202007호, 2020.06.17.

하종대, 「개혁개방 40년」, 『신동아』, 2018년 9월호.

현상백 외, 「중국 14차 5개년 규획(2021~25)의 경제정책 방향과 시사점」, 『KIEP 오늘의 세계경제』 20(29), 2020.

Economy, Elizabeth C., *The Third Revolution: Xi Jinping and the New Chinese State*, Oxford University Press, 2019.

Garnaut, Ross·Song, Ligang·Fang, Cai, *China's 40 Years of Reform and*

Development, ANU Press, 2018.

Naughton, Barry J., *The Chinese Economy*, The MIT Press, 2018.

Zheng, Xinli, *China's 40 Years of Economic Reform and Development: How the Miracle Was Create*, Springe, 2018.

"撈撈族"要撈之有度 https://www.sohu.com/a/418450452_162758

　　(검색일: 2020.7.1)

"郎顧之爭"再回首 https://www.sohu.com/a/309036699_99923264

　　(검색일: 2020.7.16)

"十四五"規劃建議解讀之一: 框架與主要內容

　　http://www.lianmenhu.com/blockchain-23254-1

　　(검색일: 2020.12.31)

"月光族"兩大類型, 你屬於哪一類? https://zhuanlan.zhihu.com/p/35725276

　　(검색일: 2020.7.1)

"河南省文化産業特色鄉村"公示 20村榜上有名

　　http://www.cnci.net.cn/content/2020-12/18/content_23820301.htm

　　(검색일: 2020.12.31)

≪關於解決無戶口人員登記戶口問題的實施意見≫全文

　　https://www.66law.cn/laws/833490.aspx (검색일: 2020.12.31)

1949年≪中國人民政治協商會議共同綱領≫全文

　　https://news.qq.com/a/20111116/000896_1.htm (검색일: 2020.7.1)

1985年-1996年中國戶籍制度:藍印戶口出臺 條件準入擴大

　　http://cn.chinagate.cn/news/2015-08/21/content_36372123.htm

　　(검색일: 2020.7.1)

1997-2001年戶籍制度:小城鎮戶籍政策改革全面推進

http://cn.chinagate.cn/news/2015-08/21/content_36372181.htm

(검색일: 2020.7.1)

2017年中央城市工作會議全文

http://www.kunsfc.cn/zpdt/gangweizhineng/d3f50c585016c45aa8fe
5a7d9ebb92f5.html (검색일: 2020.12.1)

2020年電影票房收入近200億元 國産片擎起"大旗"

http://www.ce.cn/culture/gd/202012/31/t20201231_36175055.shtml

(검색일: 2021.1.1)

798藝術區

https://baike.baidu.com/item/798%E8%89%BA%E6%9C%AF%E5
%8C%BA/9501879?fr=aladdin (검색일: 2020.6.29)

80'後

https://baike.baidu.com/item/80%27%E5%90%8E/5053350?fr=alad
din (검색일: 2020.7.1)

'90'後和'00'後

https://baike.baidu.com/item/%2790%27%E5%90%8E%E5%92%8
C%2700%27%E5%90%8E (검색일: 2020.7.1)

99族 https://baike.baidu.com/item/99%E6%97%8F (검색일: 2020.7.1)

M50創意園

https://baike.baidu.com/item/M50%E5%88%9B%E6%84%8F%E5%
9B%AD/4482067?fr=aladdin (검색일: 2020.6.29)

TikTok

https://baike.baidu.com/item/TikTok/53322039?fromtitle=Tik%20
Tok&fromid=22565674&fr=aladdin (검색일: 2020.6.29)

wuli https://baike.baidu.com/item/wuli/3891681?fr=aladdin

（검색일: 2020.7.1)

開展"不忘初心、牢記使命"主題教育的根本遵循

　　http://www.qstheory.cn/dukan/qs/2019-07/01/c_1124691451.htm

　　（검색일: 2020.7.1)

居住證暫行條例

　　https://baike.baidu.com/item/%E5%B1%85%E4%BD%8F%E8%AF

　　%81%E6%9A%82%E8%A1%8C%E6%9D%A1%E4%BE%8B/18737

　　048?fr=aladdin（검색일: 2020.7.1)

堅持"房住不炒"因城施策更突出"分類調控"

　　https://baike.baidu.com/item/%E5%9B%A0%E5%9F%8E%E6%96

　　%BD%E7%AD%96/19506024?fr=aladdin（검색일: 2020.11.16)

廣電總局進一步加強網絡視聽節目創作播出管理

　　http://media.people.com.cn/n1/2017/0602/c40606-29312998.html

　　（검색일: 2020.7.1)

摳摳族

　　https://baike.baidu.com/item/%E6%8A%A0%E6%8A%A0%E6%97

　　%8F/6444879?fr=aladdin（검색일: 2020.7.1)

歐巴是什麼意思: 歐巴不能隨便對人叫

　　https://www.ixinwei.com/2019/06/11/106995.html

　　（검색일: 2020.7.1)

窮忙族

　　https://baike.baidu.com/item/%E7%A9%B7%E5%BF%99%E6%97

　　%8F/1407708?fr=aladdin（검색일: 2020.7.1)

緊盯銀行業"灰犀牛"穿透式監管料出重拳

　　https://finance.huanqiu.com/article/9CaKrnK4o5N

(검색일: 2020.11.16)

農家樂(休閑形式)

https://baike.baidu.com/item/%E5%86%9C%E5%AE%B6%E4%B9
%90/17777?fr=aladdin

藍印戶口

https://baike.baidu.com/item/%E8%93%9D%E5%8D%B0%E6%88
%B7%E5%8F%A3/1632284?fr=aladdin (검색일: 2020.7.1)

郎顧之爭

https://baike.baidu.com/item/%E9%83%8E%E9%A1%BE%E4%B9
%8B%E4%BA%89/7645565?fr=aladdin (검색일: 2020.7.16)

兩會

https://baike.baidu.com/item/%E4%B8%A4%E4%BC%9A/1009697
?fr=aladdin (검색일: 2020.10.1)

零零後(2019年張同道執導的紀錄片)

https://baike.baidu.com/item/%E9%9B%B6%E9%9B%B6%E5%90
%8E/23685062 (검색일: 2020.7.1)

李捷: 落實"四個全面"戰略布局須過好四大關口

http://theory.people.com.cn/n/2015/0918/c148980-27604367.html
(검색일: 2020.7.1)

馬光遠: 五大"灰犀牛"與中國人的財富危機

http://finance.sina.com.cn/dav/zl/2017-07-28/doc-ifyinvyk164855
8.shtml (검색일: 2020.11.16)

網絡紅人(走紅於網絡的人)

https://baike.baidu.com/item/%E7%BD%91%E7%BB%9C%E7%BA
%A2%E4%BA%BA/893109?fr=aladdin (검색일: 2020.6.29)

泛90槪念

  https://baike.baidu.com/item/%E6%B3%9B90%E6%A6%82%E5%B
  F%B5/10175843 (검색일: 2020.7.1)

北大教授狠批朱蘇力: 寧要社會主義的草, 不要資本主義的苗?

  http://net.blogchina.com/blog/article/709692 (검색일: 2020.7.1)

北戴河會議(1958年)

  http://www.chinadaily.com.cn/dfpd/18da/2011-04/20/content_157
  82415.htm (검색일: 2020.7.1)

散客旅遊

  https://baike.baidu.com/item/%E6%95%A3%E5%AE%A2%E6%97
  %85%E6%B8%B8/730277?fr=aladdin (검색일: 2020.6.29)

西九龍區管理局 - West Kowloon Cultural District

  https://www.westkowloon.hk/en (검색일: 2020.10.3)

關於2020年報告文學的閱讀

  http://www.ce.cn/culture/gd/202012/31/t20201231_36175913.shtml
  (검색일: 2021.1.1)

習近平新常態指的是什麽? 新常態是什麽意思?

  http://www.52qj.com/0/92/7221.html (검색일: 2020.7.1)

習近平在中央全面依法治國工作會議上强調 堅定不移走中國特色社會主義
  法治道路 爲全面建設社會主義現代化國家提供有力法治保障

  http://www.xinhuanet.com/politics/leaders/2020-11/17/c_1126752
  102.htm (검색일: 2020.12.31)

習近平出席全國網絡安全和信息化工作會議並發表重要講話

  http://www.gov.cn/xinwen/2018-04/21/content_5284783.htm
  (검색일: 2020.7.1)

習近平出席中央政法工作會議並發表重要講話

　　http://www.legaldaily.com.cn/zt/content/2019-01/16/content_7747
　　330.htm (검색일: 2020.7.23)

啃老族(行業人物)

　　https://baike.baidu.com/item/%E5%95%83%E8%80%81%E6%97%
　　8F/1115699 (검색일: 2020.7.1)

新理念引領新常態 新實踐譜寫新篇章

　　http://dangjian.people.com.cn/n1/2017/0630/c412885-29374506.html
　　(검색일: 2020.7.1)

新修訂≪宗教事務條例≫全文條例

　　https://sise.fjut.edu.cn/cf/d5/c4185a118741/pagem.htm
　　(검색일: 2020.7.23)

新時代在黨史、新中國史上的重要地位和意義

　　http://theory.people.com.cn/BIG5/n1/2019/1004/c40531-31384486.
　　html (검색일: 2020.10.1)

深刻理解習近平新時代中國特色社會主義思想的科學體系

　　http://www.qstheory.cn/dukan/qs/2019-07/16/c_1124750192.htm
　　(검색일: 2020.10.1)

什麼是"灰犀牛"? 我國經濟五大灰犀牛指的是什麼?

　　https://www.zqt888.cn/html/cgxt/4011.html (검색일: 2020.11.16)

閱文集團

　　https://baike.baidu.com/item/%E9%98%85%E6%96%87%E9%9B%
　　86%E5%9B%A2/16690270?fr=aladdin (검색일: 2020.6.29)

五位一體 http://theory.people.com.cn/n/2012/1125/c40531-19687892.html
　　(검색일: 2020.10.1)

月光族

    https://baike.baidu.com/item/%E6%9C%88%E5%85%89%E6%97%

    8F/113878?fr=aladdin (검색일: 2020.7.1)

爲什麽新冠疫情是"灰犀牛", 而不是"黑天鵝"?

    https://baijiahao.baidu.com/s?id=1670519723665128163&wfr=spid

    er&for=pc (검색일: 2020.11.16)

遊客(漢語詞語)

    https://baike.baidu.com/item/%E6%B8%B8%E5%AE%A2/1082?fr=

    aladdin (검색일: 2020.6.29)

以雙循環新發展格局重塑我國經濟優勢

    https://baijiahao.baidu.com/s?id=1680309362895640050&wfr=spid

    er&for=pc (검색일: 2020.12.31)

人民日報五論協調推進"四個全面"

    http://cpc.people.com.cn/pinglun/n/2015/0302/c78779-26620196.html

    (검색일: 2020.10.1)

一城一策

    https://baike.baidu.com/item/%E4%B8%80%E5%9F%8E%E4%B8

    %80%E7%AD%96/23272996?fr=aladdin (검색일: 2020.11.16)

低頭族(長時間低頭玩手機的群體)

    https://baike.baidu.com/item/%E4%BD%8E%E5%A4%B4%E6%97

    %8F/9203773 (검색일: 2020.7.1)

全國宗教工作會議在京召開 習近平講話 李克强主持

    http://www.gov.cn/xinwen/2016-04/23/content_5067281.htm

    (검색일: 2020.7.1)

第五批國家級非遺代表性項目名錄推薦項目名單公示

http://www.ce.cn/culture/gd/202012/22/t20201222_36140705.shtml

(검색일: 2020.12.31)

走出一條中國特色的城市發展道路

http://theory.people.com.cn/n1/2016/0113/c40531-28048258.html

(검색일: 2020.7.1)

中共中央 國務院關於促進中醫藥傳承創新發展的意見

http://www.gov.cn/zhengce/2019-10/26/content_5445336.htm

(검색일: 2020.7.1)

中共中央關於制定國民經濟和社會發展第十四個五年規劃和二○三五年遠景
目標的建議 http://www.lianmenhu.com/blockchain-22848-1

(검색일: 2020.12.31)

中國經濟的四只"灰犀牛", 危險!

https://cj.sina.com.cn/article/detail/1790671321/377497?cid=76478

(검색일: 2020.11.16)

中國共産黨章程(全文) http://www.12371.cn/special/zggcdzc/zggcdzcqw

(검색일: 2020.7.1)

中國共産黨中央委員會黨校

https://baike.baidu.com/item/%E4%B8%AD%E5%9B%BD%E5%85
%B1%E4%BA%A7%E5%85%9A%E4%B8%AD%E5%A4%AE%E5%
A7%94%E5%91%98%E4%BC%9A%E5%85%9A%E6%A0%A1/222
45561?fr=aladdin (검색일: 2020.7.1)

中國共産主義青年團簡介 http://www.cctv.com/special/1072/-1/6.html

(검색일: 2020.7.1)

中央經濟工作會議在北京擧行

https://baijiahao.baidu.com/s?id=1686472190644470345&wfr=spid

er&for=pc （검색일: 2020.12.31)

中央軍委關於深化國防和軍隊改革的意見

    http://www.mod.gov.cn/topnews/2016-01/01/content_4637631.htm

    （검색일: 2020.10.1)

中央城市工作會議

    https://baike.baidu.com/item/%E4%B8%AD%E5%A4%AE%E5%9F

    %8E%E5%B8%82%E5%B7%A5%E4%BD%9C%E4%BC%9A%E8%

    AE%AE/18872925?fr=aladdin （검색일: 2020.7.23)

中央城市工作會議在北京舉行

    http://www.xinhuanet.com//politics/2015-12/22/c_1117545528.htm

    （검색일: 2020.7.1)

中央全面依法治國工作會議

    https://baike.baidu.com/item/%E4%B8%AD%E5%A4%AE%E5%85

    %A8%E9%9D%A2%E4%BE%9D%E6%B3%95%E6%B2%BB%E5%

    9B%BD%E5%B7%A5%E4%BD%9C%E4%BC%9A%E8%AE%AE/5

    4676328?fr=aladdin （검색일: 2020.12.31)

中央政法工作會議召開　習近平對政法工作作出重要指示

    http://www.81.cn/xue-xi/2020-01/17/content_9720283.htm

    （검색일: 2020.7.23)

中華人民共和國憲法

    http://www.npc.gov.cn/npc/c505/201803/e87e5cd7c1ce46ef866f4ec

    8e2d709ea.shtml （검색일: 2020.7.1)

中華人民共和國戶口登記條例

    http://www.gd.xinhuanet.com/web/gdga/huzheng/ga5c-8.htm

    （검색일: 2020.7.1)

評論: 强化"國內大循環、國內國際雙循環"新發展格局法治保障,

    http://www.cnr.cn/yn/ynkx/20201230/t20201230_525379485.shtml

    (검색일: 2020.12.31)

賀歲片

    https://baike.baidu.com/item/%E8%B4%BA%E5%B2%81%E7%89

    %87/5690624?fr=aladdin (검색일: 2020.6.29)

合吃族

    https://baike.baidu.com/item/%E5%90%88%E5%90%83%E6%97%

    8F (검색일: 2020.7.1)

黃群慧: "雙循環"新發展格局對中國意味著什麼?

    https://baijiahao.baidu.com/s?id=1683772355662023576&wfr=spid

    er&for=pc (검색일: 2020.12.31)

黑孩子 怎麼落戶口 國家有什麼規定嗎

    https://zhidao.baidu.com/question/390591100186364245.html

    (검색일: 2020.7.1)

지은이 소개

김창경: 부경대학교 중국학과 교수로 재직하고 있다. 현재 동북아시아문화
학회 회장으로 재임하고 있고, 대학중국학회 회장을 역임하였다.
중국 북경대학교 중문학과에서 문학박사를 취득하였다. 연구 영역
은 중국 문학, 문화와 문화산업, 중국지역 연구이며, 주요 저역서로
는 『쉽게 이해하는 중국문화』(공저), 『중국문화의 이해』(공저), 『중
국문학의 감상』(공저), 『단절』, 『중국인의 정신』, 『그림으로 읽는
중국문학 오천년』(공역), 『해양문명론과 해양중국』(공역), 『삼파집』
(공역) 등이 있다.

공봉진: 부경대학교 중국학과와 부산외국어대학교 G2(영중)융합학부 강사
로 재직하고 있으며, 국제지역학(중국 지역학)을 전공하였다. 국제
통상지역학회 회장을 역임했으며, 동아시아국제정치학회 편집위
원장과 총무이사 등을 역임했다. 중국 민족, 정치, 사회, 문화 등에
관심이 많고, 중국 민족정체성에 주된 관심을 갖고 있다. 중국 민족,
정치, 문화 등을 주제로 한 책과 논문을 집필하고 있다. 주요 저서로
는 『중국지역연구와 현대 중국의 이해』, 『중국공산당 CCP 1921~
2011』, 『시진핑 시대, 중국 정치를 읽다』, 『중국민족의 이해와 재해
석』, 『차이나 컨센서스』(공저), 『중국 대중문화와 문화산업』(공저),
『한 권으로 읽는 중국문화』(공저), 『중국문화의 이해』(공저), 『중국

발전과 변화! 건국 70년을 읽다』(공저)등이 있다.

이강인: 현재 부산외국어대학교 글로벌비즈니스대학소속 교수로서 중국 복단대학교에서 중국 현당대문학의 화극과 영화를 전공하였다. 부산대학교와 부경대학교에서 연구원으로 중국문학과 영화를 연구하였다. 그리고 한국시민윤리학회의 이사와 국제지역통상연구원으로 중국 지역 연구에 연구 영역을 넓혔으며, 현재 중국영화와 중국 정치에 관한 논문에 집중하고 있다. 주요 저서로는『중국 대중문화와 문화산업』(공저),『중국지역문화의 이해』(공저),『시진핑 시대의 중국몽: 부강중국과 G1』(공저),『중국 현대문학작가 열전』(2014),『21세기 중국! 소통과 뉴 트렌드』(공저),『중국문화의 이해』(공저),『중국 문학의 감상』(공저),『중국 현대문학작가 열전』외 다수가 있다. 그리고 논문으로는「학교장치에서 보이는 영화〈로빙화〉의 교육-권력과〈책상서랍 속의 동화〉의 규율: 권력의 의미적 탐색」,「중국문학과 노벨문학상의 의미적 해석: 가오싱젠과 모옌을 중심으로」,「TV드라마에서 보여 지는 중국 도시화에 따른 문제들에 대한 小考」외 다수가 있다.

김태욱: 전 부경대학교 국제지역학부 강사로 국제지역학을 전공했다. 현재 한국세계지역학회 이사로 재임 중이며, 동아시아국제정치학회 편집이사를 역임했다. 중국의 정치 특히 민주화와 시민사회에 관심이 많으며, 최근에는 현대 중국에서 시민사회가 어떻게 변용될지를 연구 중이다. 주요 저서로는『차이나 컨센서스: 중국발전의 실험과 모델』(공저),『중국문화의 이해』(공저),『중국 문학의 감상』(공저)등이 있다.

[지 은 이]

김창경(부경대학교 중국학과 교수)
공봉진(부경대학교 중국학과, 부산외국어대학교 G2(영중)융합학부 강사)
이강인(부산외국어대학교 글로벌비즈니스대학 교수)
김태욱(전 부경대학교 국제지역학부 강사, 현 한국세계지역학회 이사)

키워드로 여는 **현대 중국**

© 김창경·공봉진·이강인·김태욱, 2021

1판 1쇄 인쇄__2021년 02월 20일
1판 1쇄 발행__2021년 02월 28일

지은이__김창경·공봉진·이강인·김태욱
펴낸이__양정섭

펴낸곳__경진출판
　　　　등록__제2010-000004호
　　　　이메일__mykyungjin@daum.net
　　　　사업장주소__서울특별시 금천구 시흥대로 57길(시흥동) 영광빌딩 203호
　　　　전화__070-7550-7776 팩스__02-806-7282

값 15,000원
ISBN 978-89-5996-797-1 93300